Écrivez votre réussite

*7 étapes pour éveiller l'écrivain abondant
qui sommeille en vous*

Renee Rose

Traduction par
Juliette Leprun Rouré

Traduction par
Valentin Translation

Renee Rose Romance

Copyright © 2025 Écrivez votre réussite par Renee Rose

Tous droits réservés. Cet exemplaire est destiné EXCLUSIVEMENT à l'acheteur d'origine de ce livre électronique. Aucune partie de ce livre électronique ne peut être reproduite, scannée ou distribuée sous quelque forme imprimée ou électronique que ce soit sans l'autorisation écrite préalable des auteures. Veuillez ne pas participer ni encourager le piratage de documents protégés par droits d'auteur en violation des droits des auteures. N'achetez que des éditions autorisées.

Publié aux États-Unis d'Amérique

Renee Rose Romance

 Réalisé avec Vellum

À Lee Savino, qui, depuis le jour de notre rencontre, est mon acolyte dans ce voyage vers l'abondance pour écrivains et qui a été infiniment bienveillante lorsque je lui ai proposé de coécrire avec moi, avant de changer d'avis pour décider que je voulais écrire ce livre toute seule.
Je t'aime !

Chapitre 1
Introduction

Ka-ching !
C'est en décembre 2020, huit ans après avoir publié mon premier roman d'amour et démarré ma carrière d'écrivain, que j'ai fini par entendre ce fameux *ka-ching* sur BookReport[1], qui m'annonçait officiellement ma première année à sept chiffres. Je venais de gagner un million de dollars en droits d'auteur – mon rêve était devenu réalité !

Il était enfin là, mon succès « du jour au lendemain ». Je rêvais littéralement de ce jour depuis la publication de mon premier livre, et mon tour était venu. Pour fêter ça, j'ai découpé quelques tranches d'un gâteau gourmand, ouvert une bouteille de vin, allumé des cierges magiques avec mes enfants, et nous avons tous dansé dans ma cuisine – et moi, j'avais comme le vertigineux sentiment d'avoir réussi.

Ma méthode avait enfin porté ses fruits. J'avais suivi

---

1. NDLT : BookReport est une extension Google qu'utilisent les auteurs indépendants et les éditeurs pour suivre leurs ventes et leurs chiffres d'affaires.

toutes les étapes, et en transformant mon état d'esprit, j'avais constaté un réel retour sur investissement. Aujourd'hui, je vais partager avec vous ces sept étapes concrètes.

Je tiens à commencer en vous disant que vous êtes formidable.

Vous avez déjà réussi. Vous avez écrit un livre ! Peut-être même tout un catalogue de livres. C'est bien plus que ce dont rêvent la plupart des gens.

Mais je vous comprends – vous voulez tout et plus encore. Vous voulez être un écrivain à six ou sept (ou même huit !) chiffres. Vous voulez acheter cette nouvelle voiture, envoyer vos enfants à l'université, aider votre conjoint à prendre sa retraite. Vous voulez un public de fans en délire qui attendent désespérément la sortie de votre prochain livre. Qui feront la queue au prochain salon du livre pour avoir accès à votre table. Si vous êtes comme moi, vous rêvez même de voir vos œuvres adaptées à la télévision ou au cinéma.

Vous voulez tout et plus encore.

Je suis comme vous !

Et pourquoi pas, après tout ?

Il y a de fortes chances que j'aie déjà été dans la situation où vous vous trouvez. Vous êtes écrivain. Peut-être avez-vous déjà écrit un livre, peut-être en avez-vous écrit cent, mais vous avez toujours de grands rêves, et malgré tout ce que vous avez fait, ils ne se sont pas encore réalisés. Vous savez déjà ce qui est du domaine du possible. Vous avez été témoin du succès fulgurant de *Cinquante Nuances de Grey* et des succès plus modestes d'autres écrivains, qu'ils soient vos amis ou vos collègues.

Peut-être avez-vous déjà goûté au succès vous-même, mais que par la suite, vous avez stagné. Que vous ayez gagné trois, quatre, cinq ou six chiffres par an en tant qu'écrivain, vous en voulez plus. Vous avez joué au jeu des comparaisons, et parfois, ce jeu vous a mis à plat et démoralisée.

Vous faites tout ce que vous êtes censée faire pour réussir dans ce domaine.

Vous travaillez dur. D'arrache-pied, même. Vous posez vos fesses sur votre chaise tous les jours et vous vous mettez à écrire. Vous utilisez les réseaux sociaux de toutes les manières possibles et imaginables. Vous travaillez votre relationnel, vous faites du marketing, de la publicité. Mais même si vous alimentez ce rêve pour le maintenir en vie, votre tour n'est pas encore venu. Ou bien si, mais vous en voulez plus.

Ce livre est fait pour vous.

Le métier d'écrivain-autoentrepreneur n'est pas de tout repos. C'est un travail solitaire, et nous nous sentons souvent seules. Il peut y avoir un fort esprit de compétition, beaucoup d'appelées pour peu d'élues sous les projecteurs. Des pensées négatives peuvent se faire un chemin dans nos esprits. Le syndrome de l'imposteur. La crainte que vos livres ne soient pas assez bons, ou de ne pas savoir comment les vendre correctement. Il est facile de penser que si vous disposiez de CE renseignement crucial, le seul et l'unique, vous pourriez tout mettre en œuvre simplement.

Si vous êtes animée par un sentiment de faim et d'effort qui touche au désespoir, ainsi que par la peur constante de l'échec, sachez que vous n'êtes pas seule. Vous regardez les autres arriver à la première place sur Amazon ou sur la liste de l'*USA Today*[2] et vous vous demandez : « Pourquoi pas

---

2. NDLT : *USA Today* est un quotidien national étasunien qui depuis 1993 publie toutes les semaines une liste des 150 meilleures ventes de livres ou *best-sellers*, tous genres confondus. Aux États-Unis, la liste de l'*USA Today* est une institution pour la plupart des auteurs de best-sellers.

moi ? », ou vous vous dites : « Je n'y arriverai jamais. » Vous entendez parler de la façon dont ils ont réussi et vous pensez « Ils ont eu de la chance, ils sont arrivés avant l'essor des ebooks/des livres audio/des publicités Facebook », ou « Cette méthode ne fonctionne pas pour moi ».

Être un artiste peut être douloureux, quel que soit le domaine. Vos livres sont vos bébés, et vous voulez qu'ils connaissent le succès. Peut-être avez-vous fixé un délai à votre rêve. Par exemple : « Si je n'arrive pas à payer les factures avec ces livres d'ici à la fin de l'année, j'arrête d'écrire. »

Ne renoncez pas, je vous en prie. Je veille sur vous.

La méthode *Écrire votre réussite* vous permettra d'éliminer la douleur dans votre carrière d'écrivain. Si vous suivez les étapes de ce livre, l'abondance commencera à couler à flots. Vous vous débarrasserez de ce sentiment d'échec ou de ce syndrome de l'imposteur ainsi que de vos blessures liées à l'argent et de vos obstacles à l'abondance, qui vous empêchent d'avoir la carrière d'écrivain que vous désirez. Vous prendrez conscience de votre propre pouvoir en tant qu'artiste et créatrice, vous aurez confiance en vos livres, et vous saurez comment les promouvoir correctement.

En somme, vous apprendrez comment je suis passée d'un emploi payé à neuf dollars de l'heure à une carrière de romancière millionnaire, étape par étape – et je vous montrerai comment vous pouvez y arriver, vous aussi.

Est-ce que vous voulez :

- attirer des fans inconditionnels,
- voir vos livres devenir des tendances,
- vous hisser jusqu'en haut des listes de *best-sellers*,

- trouver l'inspiration et aimer à la fois vos livres et votre processus,
- créer de la richesse à partir de vos livres, au-delà de tout ce que vous auriez pu imaginer ?

Avant de commencer à me sentir abondante, j'ai connu des réussites éclair, mais je n'obtenais jamais de résultats constants. Je poursuivais le succès depuis une posture de manque. Si vous adhérez à la loi de l'attraction, ou à la loi de l'hypothèse – selon ce que vous préférez – vous savez que vos pensées créent votre réalité. C'est ainsi que ma recherche désespérée du succès et ma peur de l'échec se sont transformées en un manque de succès consistant et un sentiment de ne pas être à la hauteur.

La solution à ce problème, c'est de travailler plus dur.

Je plaisante !

Voilà ce que je pensais. Voilà ce que m'avait inculqué ma mère, travailleuse acharnée élevée dans une ferme. Ça, ainsi que la conviction de ne pas être à la hauteur, et que seules l'humilité, les bonnes œuvres et les économies de bouts de chandelle me permettraient de m'élever. Autant d'énergies sur lesquelles j'ai dû énormément travailler pour arriver à les dissiper et être en mesure de recevoir l'abondance.

Non, la réponse réside dans un état d'esprit abondant, ce qui va bien au-delà de la pratique de la gratitude ou de l'adorable attitude positive de Ted Lasso – même si j'aime profondément cette série de tout mon cœur.

Je ne suis pas en train de vous dire que la gratitude et la positivité ne fonctionnent pas ou ne font pas partie intégrante de l'abondance, mais si vous n'êtes pas dans cet état d'esprit, tout cela peut vous sembler mièvre et mensonger. Ce serait comme répéter des affirmations auxquelles on ne croit pas. Ce livre va aller au cœur de vos problèmes et vous donnera le pouvoir de vous en libérer, de puiser dans votre propre génie et d'invoquer votre vie future dès maintenant.

La méthode *Écrire votre réussite* est un processus en sept étapes pour créer l'abondance. Elle ne fonctionne pas seulement pour les auteurs. Cette méthode peut être utilisée pour manifester tout ce que vous voulez dans votre vie, mais vu que je suis romancière, je l'ai utilisée avec ce prisme-là.

La méthode *Écrire votre réussite* va vous aider à révolutionner votre état d'esprit, reprogrammer votre énergie et votre abondance pour mieux la recevoir, et vous immerger à nouveau dans le plaisir d'écrire.

Il s'agit d'une pratique détaillée de toutes les facettes impliquées dans la manifestation de la carrière dont vous rêvez. La méthode vous fait d'abord éliminer vos croyances limitantes, pour mieux clarifier vos intentions par la suite, et termine en vous enseignant à avoir plus confiance et à savoir recevoir.

Attention, spoiler : je n'ai pas les réponses à vos questions.

C'est vous qui les avez. Vous savez déjà tout ce qu'il y a à savoir, et lorsque ce ne sera pas le cas et que vous en aurez besoin, vous attirerez facilement l'information à vous.

Vous ne copierez pas mon propre voyage vers le succès parce que nous avons tous notre propre génie et nos propres chemins à suivre. Une partie de la méthode *Écrire votre réussite* consiste à vous apprendre à puiser dans vos outils personnels : votre savoir, votre intuition ou votre conscience, pour créer votre meilleur avenir.

Écrivez votre réussite

Je n'ai pas écrit ce livre pour vous expliquer comment je suis devenue un écrivain à sept chiffres si ce n'est pour vous parler de mon état d'esprit. Les étapes que j'ai suivies ne seront pas celles que vous suivrez pour réussir. L'abondance ne viendra pas toquer à votre porte de la même façon qu'elle a toqué à la mienne – ou peut-être bien que si. Je ne vais pas partager les derniers trucs et astuces du monde du livre – comment réaliser de bonnes vidéos TikTok ou optimiser vos publicités Bookbub[3]. Que vous soyez déjà bien au courant de tout ça ou que vous n'en ayez jamais entendu parler, sachez que ce qui fonctionne aujourd'hui pour moi ne sera plus valable dans trois mois, ou peu importe le temps qui se sera écoulé avant que vous ne lisiez cet ouvrage. En vérité, ce manuel est plutôt conçu pour exposer les sept étapes concrètes qui vous permettront d'attirer l'abondance dans votre carrière d'écrivain et de réaliser vos rêves.

Il existe énormément de livres qui vous donneront les mêmes informations sous un angle plus scientifique ou psychologique, avec des études étayant toutes ces théories. Je ne suis pas une scientifique : je suis une créatrice. Je suis mon instinct lorsque j'écris mes livres et que je les commercialise. Je parle le langage de l'énergie, et je l'utilise pour créer mon entreprise, mes livres et mon avenir. Toutefois, je ne fais pas que dans l'ésotérique. Ce livre contient tout un tas d'outils pratiques que vous pouvez appliquer en tant qu'écrivain, y compris des exercices pour vous aider à accéder à votre propre intuition et qui vous aideront à créer l'avenir dont vous rêvez.

Ce livre est à la fois un manuel et un cahier d'exercices.

---

3. NDLT : Bookbub est un site web qui aide à la découverte de livres, il a été créé pour aider les lecteurs à trouver de nouveaux auteurs.

Je vous suggère d'y revenir sans cesse – à chaque fois que vous vous sentirez prête à faire passer votre carrière au niveau supérieur.

J'ai mis un grand nombre de ressources à votre disposition pour vous aider à progresser dans la méthode *Écrire votre réussite*. J'aimerais beaucoup que vous rejoigniez le groupe Facebook *Author Abundance*[4] et que vous y fassiez part des révélations que vous aurez en lisant ce livre. Ce groupe est une merveilleuse communauté d'écrivains qui vous soutiendront et vous encourageront pendant que vous vous ouvrirez à l'abondance. En bonus de ce livre, j'ai mis à votre disposition des méditations guidées. Et pour un accompagnement plus complet ou une évolution plus rapide, vous pouvez envisager de rejoindre le club des écrivains abondants[5], qui propose des appels vidéo mensuels pour répondre à toutes vos questions, purifier votre énergie et vous accompagner dans votre démarche, ainsi que toute une bibliothèque de méditations guidées.

Mon expérience

Il y a une vingtaine d'années, avant que le film *Le Secret* ne sorte et ne vienne nous enseigner que nos intentions et nos pensées créent notre réalité, l'une de mes voisines avait adhéré à cette croyance intéressante selon laquelle si on faisait savoir à l'Univers[6] ce que l'on désirait, l'Univers nous répondait.

---

4. NDLT : il n'existe pas d'équivalent francophone pour ce groupe Facebook.
5. NDLT : le programme de Renee Rose s'appelle "Author Abundance monthly membership", ici traduit comme « le club des écrivains abondants ». Plus d'informations ici : https://write2riches.com/ (en anglais).
6. NDA : dans ce livre, je me réfère à « l'Univers » comme à une force cosmique à laquelle nous pouvons tout demander et dont nous pouvons tout recevoir. C'est un terme qui me plaît, mais vous pouvez le remplacer

C'était aussi simple que ça.

Après avoir vu des miracles se produire très rapidement dans sa vie, j'ai suivi l'exemple de ma voisine. J'ai fait savoir à l'Univers que j'aimerais acheter une maison, même si j'avais un emploi payé neuf dollars de l'heure, que je n'avais pas d'économies et que j'avais vécu dans cinq endroits différents au cours des deux dernières années – chose que, comme je l'ai découvert plus tard, les sociétés de prêt ne voient pas d'un bon œil. Je lui ai aussi fait savoir que je voulais avoir un travail qui me permettrait d'utiliser mon double diplôme en langue anglaise et création littéraire tout en me laissant un emploi du temps flexible pour la danse professionnelle, afin de remplacer le poste de secrétaire à mi-temps que j'avais accepté pour conserver une certaine flexibilité dans mes répétitions.

Dans les semaines qui ont suivi, sans rien savoir des intentions que j'avais posées, mon père m'a demandé de but en blanc si je voulais qu'il m'aide à acheter – vous l'aurez deviné – une maison. Quelques semaines plus tard, une amie de ma compagnie de danse m'a raconté qu'il y avait un poste de rédactrice technique à pourvoir dans une société d'ingénierie, et croyez-le ou non, ils étaient disposés à me faire travailler seulement trente heures par semaine pour que j'aie le temps de répéter... Tout cela à une époque bien antérieure aux modalités de travail flexible. Le travail venait même avec une augmentation et un ensemble d'avantages très intéressants.

Boum.

---

par le subconscient, votre moi supérieur, Dieu, tout ce qui est, les intrications quantiques ou n'importe quel concept qui trouvera un écho en vous. Comme pour tout ce qui figure dans ce livre, vous pouvez prendre les outils qui fonctionnent ou qui vous conviennent, et laisser ceux qui ne vous conviennent pas.

Je suis devenue accro à la magie de la manifestation.

Bien des années plus tard, après qu'une amie m'a donné un roman de Jennifer Crusie, je suis tombée amoureuse de la romance. Dans mon programme d'écriture créative à l'université, on nous avait enseigné que seule la fiction littéraire valait la peine d'être lue et écrite. Par conséquent, je méprisais la littérature de genre. Mais la romance et ses histoires qui finissent bien ont parlé à mon cœur rempli d'amour à ras bord et fervent croyant de la loi de l'attraction. Pourquoi est-ce que j'irais lire de la fiction littéraire et son message « la vie, c'est nul, mais j'ai appris des choses », alors que je pouvais lire ce qui me faisait du bien ? Pourquoi est-ce que je voudrais une ambiance triste, alors que je pouvais vibrer sur une ambiance heureuse ?

J'ai commencé à lire de la romance, puis j'ai passé une année entière à écrire une romance médiévale terriblement longue qui n'a jamais vu la lumière du jour. Mais l'Univers me soutenait. Une autre amie m'a parlé de ce phénomène appelé *Cinquante Nuances de Grey* qui était en train de révolutionner le monde de la lecture et de l'écriture, et j'ai entendu les anges chanter. Les rapports de force *kink*[7] dans la romance, *c'était ma came*. Lorsque j'ai compris qu'il existait un marché, je me suis assise à mon bureau, j'ai écrit une histoire de 25 000 mots en six jours et l'ai envoyée à une maison d'édition spécialisée dans le *kink*. Comme par hasard – ou par le biais d'intrications quantiques – un tout nouvel éditeur venait de prendre ses fonctions dans cette maison, et mon histoire a été la première à arriver sur son bureau. Deux semaines plus tard, le livre était publié, et

---

7. NDLT : la sexualité kink ou « kinky sex » en anglais, se traduit par une sexualité « tordue », une sexualité qui sort de l'ordinaire, hors norme, BDSM.

parce qu'on était en 2012 et que l'ebook en était à ses débuts, le petit livre a été mis en vente sur Amazon. J'ai reçu mon premier chèque de 4 800 $ – de quoi payer mon prêt.

J'ai eu l'impression de recevoir un message de l'Univers. J'avais trouvé ma vocation. Je pouvais utiliser mon diplôme – et mes fantasmes – pour gagner ma vie.

Bien entendu, tout ne s'est pas passé aussi facilement à partir de là. Vous le savez certainement aussi bien que moi : ce qui fonctionne aujourd'hui dans ce milieu ne fonctionnera plus dans trois mois. Les résultats de mes livres suivants ont été médiocres, mais je n'ai rien lâché. Pendant quelques années, j'ai enchaîné les romans et gagné entre 40 000 $ et 50 000 $ par an, ce qui était un revenu décent, si l'on considère que quatre-vingt-dix pour cent des auteurs n'atteignent jamais les cinq chiffres par an, mais je rêvais en grand. En bien plus grand.

J'avais aussi des difficultés. Des doutes. Des réinventions. J'ai persévéré.

J'ai appris à suivre les tendances et à écrire pour le marché. En 2017, j'ai essayé la méthode *rapid release* sur Kindle Unlimited[8], et mes revenus annuels sont passés de 50 000 $ à 250 000 $.

Mes revenus augmentaient en même temps que mon catalogue. Grâce aux publicités Facebook, j'ai pu doubler ces revenus l'année suivante, mais ensuite, comme tous les

---

8. NDLT : la *rapid release* ou « parution rapide » est une technique de Kindle Unlimited, conçue pour augmenter les bénéfices et les pages lues en maximisant la visibilité des nouveaux livres sur Amazon et en jouant sur leurs algorithmes. L'avantage d'une *rapid release* pour un auteur est qu'elle met en avant un certain nombre de livres successivement et rapidement, et comme les lecteurs n'ont pas à attendre longtemps entre deux livres, l'auteur espère augmenter le nombre de lectures et maintenir plusieurs livres en haut du classement Amazon.

autres auteurs apprenaient aussi à utiliser les publicités Facebook, j'ai stagné à nouveau, en passant d'un demi-million de dollars en 2018 à 650 000 $ en 2019, et ce avec un budget publicitaire bien plus élevé.

En 2020, j'ai élargi ma diffusion[9] et publié des traductions en allemand, en français, en italien et en espagnol, ce qui m'a permis d'atteindre mon objectif à sept chiffres – celui dont je rêvais depuis le tout début. Celui qui à l'époque me semblait absolument irréalisable. L'année suivante, j'ai encore doublé ce chiffre en faisant traduire une autre partie de mon catalogue.

Est-ce que j'ai travaillé comme une dingue ?

Oui.

On pourrait penser que j'y suis arrivée parce que j'ai persévéré et que j'ai travaillé dur, mais c'est un état d'esprit dont je m'efforce de me défaire. Après tout, et si on pouvait réaliser tous nos rêves en toute simplicité ? Certes, j'ai eu la tête dans le guidon pendant des années. J'ai travaillé dur, j'ai écrit beaucoup de livres et investi dans le marketing. J'ai étudié toutes les astuces possibles et imaginables.

Mais je n'attribue pas mon succès à la *rapid release*, ni à l'écriture pour le marché[10], ni aux publicités Facebook, ni même à la chasse aux tendances – même si tout cela a été déterminant pour moi. J'attribue mon succès à la guérison de mes blessures liées à l'argent, à l'invocation de l'abon-

---

9. NDLT : le terme « diffusion » fait référence à toute stratégie d'éditeur ou d'auteur autopublié (comme c'est le cas de Renee Rose ici) visant à mettre en vente un livre sur plusieurs plateformes et auprès de plusieurs détaillants (ou libraires). C'est l'inverse de la vente exclusive sur un seul canal (comme Kindle Unlimited, par exemple).

10. NDLT : écrire pour le marché est une manière d'écrire un livre en visant un public spécifique. On oppose souvent cette forme d'écriture à une écriture plus personnelle, plus « organique ».

dance. Je considère que ça a fonctionné parce que j'ai suivi mon instinct et que je me suis ouverte à la réception. J'attribue mon succès au pouvoir de l'intention et de la manifestation. J'ai eu du succès parce que tous les matins, je buvais mon café dans ma tasse d'écrivain millionnaire, et parce que je me suis débarrassée de mes pensées négatives. Parce que j'ai arrêté de me juger, que je me suis débarrassée de mes croyances limitantes et que j'ai enfin reconnu mes points forts. Parce que je me suis accrochée à cette conviction inébranlable qu'un jour, je deviendrais un écrivain millionnaire. J'ai utilisé la méthode *Écrire votre réussite* pour voir quelles étaient mes opportunités et j'ai eu assez foi en moi pour choisir ce qui fonctionnerait et ce qui ne fonctionnerait pas. Ce sont essentiellement les étapes que je vais vous enseigner avec ce livre.

Alors, attrapez votre stylo, préparez-vous une tasse de thé ou de café, installez-vous confortablement dans un fauteuil, et plongeons-nous dans l'aventure.

Étape 1 : Faites place nette

Chapitre 2

Soignez vos blessures liées à l'argent et débarrassez-vous de vos croyances limitantes

La première étape pour manifester quoi que ce soit, c'est de vous débarrasser de vos croyances limitantes et de guérir vos blessures. Vous ne pouvez pas créer l'avenir dont vous rêvez si vous ne croyez pas qu'il puisse exister ou si vous pensez ne pas en être digne.

Je suppose que si vous avez choisi ce livre, vous êtes déjà à bord du train de la loi de l'attraction. Si ce n'est pas le cas, le principe de base est le suivant : nos pensées créent notre réalité. L'énergie dans laquelle nous vivons est l'énergie que nous attirons. Si vous passez votre temps à penser au manque dans votre carrière, à en parler et à le stimuler – n'importe quel type de manque : le manque de droits d'auteur, de bonnes critiques, le manque en tout genre – c'est exactement ce qui continuera à se manifester.

La première étape pour guérir la douleur dans votre carrière d'écrivain est d'identifier, de traiter et d'éliminer toutes les pensées qui maintiennent en place votre réalité actuelle. Au premier abord, vous croyez peut-être ne pas avoir ce genre de pensées – ou seulement quelques-unes – mais la réalité, c'est que même si vous vivez déjà votre vie de rêve, il y a toujours quelque chose à éliminer. C'est un processus continu, comme quand on épluche un oignon.

Nous avons tellement tendance à nous rabaisser ! Nous sommes pétris de croyances limitantes qui nous empêchent d'avancer, et nous y pensons tous les jours, toute la journée. La plupart de ces croyances sont comme des programmes en arrière-plan qui tourneraient sur un ordinateur. Nous ne nous en rendons même pas compte, nous fonctionnons à partir de ces croyances comme si elles étaient des vérités absolues, et non des mensonges auxquels nous avons décidé de croire pour nous empêcher de devenir grands.

Ces choses-là s'installent dans votre champ énergétique et le tirent vers le bas. Ce n'est pas vous, mais vous pouvez très bien en avoir l'impression. Le vrai vous – votre moi profond, votre être infini – ne fonctionne pas à partir de la douleur ou des limites.

Vous pouvez avoir tout ce que vous voulez. Des romans à succès, une carrière d'écrivain à temps plein, des millions de lecteurs à travers le monde qui adorent vos livres. La seule personne qui vous empêche de créer cet avenir, c'est vous. Et plus précisément, vos croyances limitantes.

La réalité, c'est que tout ce que vous souhaitez est à portée de main. Oui, même l'argent. La seule raison pour laquelle vous n'avez pas encore ce que vous voulez, c'est parce que vous l'avez repoussé. Je suis passée par là. Nous repoussons l'argent parce que, dans une certaine mesure, nous le percevons comme une menace ou une erreur, peut-être même quelque chose de négatif, de compliqué, de trop différent de ce que nous sommes. Comme une chose qui ne serait pas notre vérité propre, un facteur de changement trop important, ou parce que nous n'en sommes pas dignes ou que « nous ne faisons pas le poids ».

« Et si les gens n'aiment pas mon livre ? Et si je reçois de mauvaises critiques ? Et s'ils me traitent d'écrivaillon ? Peut-être que je ne suis pas un vrai écrivain ? Et si j'étais un imposteur ? »

Ça vous rappelle quelque chose ? Les doutes qui vous habitent ne sont peut-être pas aussi évidents. Mais même si vous n'êtes pas consciente de penser ces choses-là, l'énergie sous-jacente est bel et bien présente.

Nous nous racontons toutes sortes d'histoires qui détruisent nos chances de réussir. Des choses comme : « Je ne suis pas aussi douée que ___ (insérer votre auteur préféré), et je ne le serai jamais. »

« Cette parution n'a pas aussi bien fonctionné que la précédente. Peut-être que les lecteurs n'aiment plus _____. »

Ou encore, avez-vous déjà entendu quelqu'un dire : « J'ai essayé de démarrer une newsletter, et ça n'a pas marché », ou « j'ai essayé les publicités Facebook, et ça ne fonctionne pas » ? Ou encore : « Bookbub me déteste. Ils ne me proposent jamais d'offre. » Ou peut-être celui-là : « J'ai tout essayé, mais je n'ai aucune idée de ce que je peux bien faire d'autre. »

Avez-vous déjà pensé cela ?

La première étape consiste à commencer à remarquer ce que vos pensées révèlent, si vous avez le courage de les écouter.

À chaque fois que vous ne vous sentez pas légère en pensant à quelque chose, à n'importe quoi, penchez-vous sur cette sensation et demandez-vous : « À quel mensonge suis-je en train de croire »

Parce que notre état normal, l'état de notre être infini, c'est la joie. La croissance. L'abondance. La gratitude. Alors, si vous ne vous sentez pas dans cet état-là, c'est que vous avez cru à un mensonge.

Dans cette étape, nous allons déterrer et effacer tous les mensonges que vous hébergez autour de votre processus créatif, de votre écriture, de la commercialisation de vos livres et de l'argent. Tous les mensonges à propos de l'abondance.

Avant de commencer à créer, il est primordial de faire place nette.

Avant de nous plonger véritablement dans cette étape, je tiens à vous avouer quelque chose. Lorsque j'ai commencé à travailler avec la loi de l'attraction, je l'ai utilisée pour ignorer les peurs ou sentiments qui ne me plaisaient pas. J'ai essayé de changer les choses qui me faisaient peur en les dissimulant, en les déguisant et en empilant ce que je voulais par-dessus.

Si j'avais l'impression d'être un mauvais écrivain, je me détournais de l'angoisse que suscitait ce sentiment et je plaçais fermement une nouvelle affirmation pile en face. Il y avait certaines choses qui ne fonctionnaient pas dans mon mariage, mais au lieu de les creuser et de m'y atteler sérieusement, je cachais ma tête dans le sable, en espérant que si je manifestais assez fort, je les ferais disparaître. Je pensais que je pouvais excréter mes peurs.

Vous pouvez manifester de cette façon. Parfois, ça fonctionne. Par exemple, j'ai réussi à manifester pour que mon mari m'apporte des fleurs à la maison après une dispute parce que je l'avais visualisé, mais il n'avait pas vraiment envie de m'apporter les fleurs, ni lui ni moi n'étions satisfaits, et le cadeau que j'avais créé ne résolvait pas le problème fondamental.

Ce processus qui consistait à essayer d'évacuer mes peurs et mes émotions a abouti à un succès mitigé, autant dans ma carrière d'écrivain que dans ma vie personnelle. Parfois, je parvenais à manifester ce que je désirais, parfois non. Mais les angoisses fondamentales – la peur de ne pas être à la hauteur, de ne pas y arriver, de ne pas être à ma place – ne disparaissaient pas. En dessous, cette souffrance était toujours présente. Je créais toujours à partir d'une énergie frénétique, de la croyance que je n'y arriverais jamais.

Vous arrive-t-il de ressentir la même chose ?

Éliminer vos blessures fondamentales

Si vous écrivez de la fiction, vous avez sûrement l'habitude d'identifier les blessures fondamentales de vos personnages. C'est leur plus grande croyance limitante qui les empêche d'obtenir ce qu'ils désirent vraiment. Une fois que vous connaissez leur blessure principale, leur histoire devient facile à écrire. En romance, c'est ce qui pousse les personnages à résister à l'amour et à le refuser complètement – ça arrive pendant le *black moment*[1]. Le dénouement heureux ne peut arriver qu'après qu'ils ont guéri cette blessure et qu'ils ont choisi de passer outre, avec courage et détermination.

Nous devons changer pour connaître notre fin heureuse. Si vous n'identifiez pas vos blessures fondamentales, vous ne pouvez pas les guérir. Vous ne pouvez pas voir qu'elles sont coupables, lorsque votre état d'esprit sombre lentement dans l'abîme du désespoir.

En ce qui me concerne, mes blessures fondamentales sont l'idée que je ne fais pas le poids, la peur de l'abandon et celle de ne pas réussir à m'intégrer. C'est pour ça que j'écris de la romance qui met en scène des mâles possessifs, comme

---

1. NDLT : dans une romance, le *black moment* est un moment de crise qui survient lorsque les protagonistes perdent espoir en l'amour. Le problème principal les empêche d'atteindre le bonheur ou *happily-ever-after*. En général, ils finissent par accepter l'amour de l'autre et le dénouement est heureux.

des loups-garous, des aliens ou des mafieux qui revendiquent farouchement et fermement la femme de leur vie. Elle est toujours suffisante à leurs yeux – en fait, elle représente tout ce dont ils ont besoin – et jamais ils ne la laisseront partir (*comme c'est chou*).

C'est Lyz Kelley, autrice de *best-sellers* citée par l'*USA Today*, qui m'a aidée à cristalliser tout cela pour en faire le point fort de mon écriture. Elle aide les auteurs à créer leurs accroches en fonction de leurs blessures fondamentales et de ce qu'ils essaient de résoudre, alors elle m'a aidée à trouver la mienne : « Réclamée par l'amour. »

Mais je ne peux pas attendre qu'un loup-garou dominant vienne me réclamer pour guérir mes blessures. Je dois croire que je me *suffis* à moi-même. Savoir que je peux compter sur moi-même et que jamais je ne m'abandonnerai. Voir que j'ai bel et bien ma place, partout où je veux être. Il y a une place pour moi à la table des écrivains de *best-sellers*.

Je reconnais que j'ai tendance à me victimiser (j'attends encore qu'un héros dominant débarque pour me sauver) et à être un peu pathétique. Aucune de ces énergies ne crée l'avenir que je désire. Au lieu de ça, je dois plutôt me rendre compte du moment où ces énergies se présentent et faire le choix conscient de ne pas fonctionner à partir d'elles, de m'en débarrasser, et de me placer dans une posture de puissance et de choix clair.

Comme je l'ai déjà mentionné auparavant, un mensonge profondément enraciné en moi auquel j'adhère est que « je ne suis pas assez bien ». C'est en partie ce qui m'a poussée à travailler si dur pour gagner un million de dollars. J'essayais de prouver, prouver, prouver qu'en fait, peut-être que j'étais assez bien. Une fois de plus, vous sentirez le relent de désespoir derrière cette tentative.

Et si je décidais que j'étais à la hauteur, tout simplement ? Je n'arrêterais pas de créer, mais je le ferais depuis la joie et non plus depuis une nécessité angoissante.

À plusieurs moments dans ma vie, j'ai su exactement ce que je devais faire pour réussir dans un domaine donné, mais parce que l'image que j'avais de moi-même ne correspondait pas à cette réussite, je refusais de franchir les étapes que je voyais pourtant clairement tracées. Je n'étais pas sûre d'en être digne. Je ne savais pas si je serais capable de monter en grade.

J'ai commencé en écrivant des romans érotiques, et j'ai eu honte de mon image de romancière. Je n'étais pas une « vraie » autrice. Je n'étais pas « grand public ». Je ne pensais pas avoir ma place à la table des vrais écrivains. Je me suis rendue à ma première convention de la RWA[2], la peur chevillée au corps d'être méprisée, avec mes romans – heureusement, ça n'est pas arrivé, ou alors ça ne m'a pas atteinte.

Avec le temps, mon estime de moi s'est améliorée, mais cela m'a demandé un effort conscient. Et aujourd'hui encore, ça me demande des efforts conscients ! Il y a quelques années, ma coautrice Lee Savino et moi-même avons trouvé la façon de faire traduire et commercialiser nos livres en Allemagne. En sachant que d'autres auteurs peinaient à le faire et conscientes que ce serait une excellente source de revenus, nous avons mis sur pied une petite agence de traduction et avons commencé à diffuser les œuvres d'autres auteurs. Mais l'image que j'avais de moi-même était toujours celle de l'écrivain en difficulté – celle

---

2. NDLT : la RWA ou *Romance Writers of America* est une association étasunienne composée d'écrivains de littérature romantique qui soutient les débuts des auteurs et promeut leurs intérêts professionnels.

qui doit tout faire par elle-même, alors que les journées sont si courtes – et non pas celle du chef d'entreprise qui peut embaucher des personnes compétentes et tout superviser en seulement quelques heures par semaine. Lorsque j'ai avoué à mon *business coach* que j'avais des difficultés et qu'il me fallait ralentir la cadence avant de craquer, il m'a suggéré d'embaucher un éditeur allemand à temps plein pour superviser l'ensemble du programme, travailler avec les traducteurs et optimiser. Il m'a dit :

« Là, c'est le moment d'appuyer sur l'accélérateur, pas sur le frein. »

Je n'ai pas suivi son conseil, même si je savais à l'époque, et encore aujourd'hui, que c'était judicieux. L'image que j'avais de moi-même ne se développait tout simplement pas assez vite pour que j'arrive à me visualiser à la tête d'un empire éditorial. Je sentais encore que je devais tout faire moi-même, et j'étais incapable de me concentrer sur tout à la fois.

Nous avons freiné des quatre fers. C'était il y a presque deux ans, et nous commençons tout juste à envisager de redémarrer. Aujourd'hui, j'ai moins de mal à m'appuyer sur un assistant virtuel et à me considérer comme un chef d'entreprise, et non plus comme la personne qui doit tout faire elle-même.

Je ne considère pas ces obstacles comme des échecs. Je ne me juge pas pour cela. Au fil des années, j'ai appris à être compatissante envers moi-même et à m'accepter. Mais à mes yeux, il est tellement évident – si douloureusement évident – que si j'avais suivi ces étapes avant et que je m'étais autorisée à devenir la reine des abeilles, j'aurais réussi avec beaucoup plus d'aisance, au lieu de boiter jusqu'au succès.

J'ai connu le même vacillement lorsque j'ai dû prendre la parole en public en tant que coach en abondance pour écrivains. Toutes mes angoisses étaient à l'appel – pour qui je me prenais ? Et si j'échouais ? Étais-je *vraiment digne* de ce rôle ?

Aujourd'hui encore, je travaille sur ces doutes, mais le fait est que j'en suis consciente. À présent, ils ne sont plus enfouis dans mon subconscient, à mener la danse. Je les expose à la lumière du jour pour les examiner et les mettre au rebut.

J'en ai également fini avec d'autres mensonges, d'autres jugements et d'autres excuses que j'utilisais, dont :

« Je ne suis pas douée pour développer mon réseau. »
« Il faut que je fasse plaisir à tout le monde. »
« Je suis maladroite en société. »
« Mes livres ne sont pas assez profonds/bien écrits. »
« Je suis désorganisée. »
« Les ventes/lecteurs pourraient disparaître demain. »
« Je ne suis pas prête. » (Pour tout un tas de choses.)

Je me rends compte que toutes ces autocritiques étaient en réalité des barrières que j'avais mises en place pour dissimuler à moi-même mes plus grandes forces. Comme si en entrant dans cette vie, je m'étais autohandicapée afin de ne pas surpasser tous ceux qui m'entourent avec ma grandeur. Si j'éliminais ces barrières, je pourrais voir que ces domaines sont en réalité des domaines pour lesquels j'avais des capacités spéciales et non pas des lacunes.

Parmi les autres façons dont nous nous limitons, il y a la procrastination, la peur, le doute, le regret, la honte, la culpabilité. Le fait de se victimiser. Le fait de se rendre pathétique, de se faire tout petit pour s'adapter aux autres.

Même si j'ai effectué un travail approfondi sur moi-même, je dois constamment me débarrasser de mes croyances limitantes. Récemment, la conduite d'eau principale de ma maison s'est rompue et j'ai vite vu un lac se former devant chez moi. Ça ne devrait pas constituer un trop gros problème. À présent, j'ai assez d'argent pour réparer ce genre de choses, donc mon angoisse économique n'a pas pointé le bout de son nez. Et pourtant, j'ai vu réapparaître les anciennes énergies qui me poussaient à me faire toute petite dès qu'il était question de réparations domestiques – c'était mon ex qui s'occupait de ce genre de choses. Je me suis remise en question. J'ai douté pour savoir qui appeler. J'ai douté quant à la gestion du problème. Fallait-il remplacer la totalité de la ligne ou seulement la fuite ? Pouvais-je faire confiance au type de l'entretien, ou devais-je demander trois devis différents ? Je parie que rien dans cette situation ne vous semble décourageant, et pourtant, bizarrement, à mes yeux, ça l'était. Parce que cette situation se trouvait sous une pile de « Je ne peux pas faire ça », de « Je ne sais pas ce que je suis en train de faire » et de « Je ne peux pas me fier à mon propre jugement ».

Dieu merci, j'ai les outils nécessaires pour avancer à travers ces situations-là. La première étape a été de constater quelles étaient les pensées et les croyances. Je savais pertinemment qu'il ne valait mieux pas appeler une amie pour me plaindre de cette situation – mon ancien *modus operandi* dès que quelque chose se passait mal dans ma vie. Ça n'aidait en rien, sauf à mariner dans une énergie dont je ne voulais pas. À la place, j'ai cherché à savoir pourquoi je trouvais cela aussi stressant, et j'ai exhumé la croyance que je ne pouvais me faire confiance dans une telle situation.

Je me suis débarrassée de cette croyance (nous approfondirons plus tard dans cette section la façon de se débarrasser des croyances) et j'ai utilisé mon intuition pour faire mon choix entre les artisans. Je me suis instantanément sentie plus légère et j'ai cessé de me remettre en question. Quelques jours plus tard, alors que je n'avais toujours pas de nouvelles de l'artisan que j'avais choisi, mon intuition m'a soufflé de changer de plan. Au lieu de penser des choses comme « waouh, j'ai mal choisi, c'est vrai que je n'ai aucune idée de ce que je suis en train de faire », j'ai reconnu que l'énergie était une chose en perpétuel mouvement. Il était fort probable que je ne sois pas au courant de tout. Peut-être que cet artisan avait dû gérer une urgence et n'était de ce fait plus la personne adéquate. Qui sait ? J'ai fait confiance à mon instinct. L'autre artisan est venu et m'a été d'une aide précieuse.

Bien entendu, ce livre n'est pas un manuel de bricolage, mais notre état d'esprit a une influence sur la façon dont nous nous sentons, et ce à chaque instant. Chaque fois que vous ne vous sentirez pas expansive, libre, abondante, à l'aise, vous pourrez utiliser ces outils pour vous créer une nouvelle réalité.

Votre mission pour cette étape est d'avoir recours aux exercices d'écriture suivants pour commencer à identifier toutes vos croyances limitantes, vos blocages et vos blessures. Faites une liste. Si vous le voulez, partagez vos découvertes dans le groupe Facebook, parce que vos réflexions aideront les autres. Ensuite, choisissez aujourd'hui de vous débarrasser de tout cela. À la fin de cette étape, je vous fournis un certain nombre d'outils à choisir pour nettoyer et guérir ces blessures, pour que vous puissiez prendre un nouveau départ et inviter l'abondance à entrer dans votre vie.

Voici des schémas de pensée courants qui nous empêchent de faire ce pour quoi nous sommes ici sur Terre, qui n'est autre que *briller de mille feux*. Certains de ces schémas vous semblent-ils douloureusement familiers ?

- « Je n'y arriverai jamais. »

•Remettre la faute sur les autres : « ____ [Amazon, Bookbub, Facebook, ou un autre auteur] m'a trahie. »

- « Je commets des erreurs impardonnables. »
- « Je n'ai pas confiance en moi. »
- Penser depuis la peur : « Je ne peux faire confiance à personne. »
- Se victimiser : « C'est toujours à moi que ça arrive. »
- Le « tout ou rien » : « C'est comme ça que ça doit être fait, sinon ça ne marchera jamais. »
- « Je suis une mauvaise personne. »
- Les affirmations du type : « Je dois____ [écrire 5 000 mots par jour, publier tous les mois, envoyer ma newsletter, et____]. »
- Les déclarations depuis le manque : « Je ferais mieux si seulement_____. »
- « Je n'en suis pas digne/J'en suis plus digne que les autres. »
- Les exagérations : « Facebook a fermé mon compte publicitaire, donc ma carrière d'écrivain est terminée. »
- Les déclarations réductrices : « Je n'ai pas besoin d'un correcteur. Je lis mes livres à voix haute. C'est suffisant. »
- Le prendre personnellement : « Bookbub me déteste. »

Écrivez votre réussite

- Dramatiser : « Mon dernier lancement a échoué, ma carrière est terminée. »
- Généraliser à outrance : « La *fantasy* ne se vend pas. Les newsletters ne marchent pas. Facebook est *has been*. »
- « Je suis une ratée/Je vaux mieux que tout le monde. »

Exercice d'écriture libre : puisez dans votre génie

Attrapez votre carnet ou votre journal. Lorsque vous abordez ces réflexions, traitez-les comme vous le feriez pour un exercice d'écriture libre. Gardez votre stylo en mouvement sur la page et fermez la porte à votre correcteur interne. N'y réfléchissez pas – écrivez, tout simplement. Vous allez puiser dans votre subconscient ou votre intuition pour obtenir les réponses qui contribueront réellement à votre abondance et au futur que vous essayez de créer. Vous contemplez tout en écrivant – vous déballez tout – chaque pensée, chaque élan, chaque sentiment, chaque image – tout ce qui vient à votre esprit. Autorisez tout. Commencez par la première chose qui vous passe par la tête. N'essayez pas d'obtenir la bonne réponse ou de répondre à partir de votre cerveau cognitif – les conclusions limitent vos possibilités. Au lieu de cela, utilisez votre perception et votre sensibilité pour accéder à vos contemplations et leur donner de l'espace, à la fois sur la page et dans votre conscience.

Souvenez-vous de bien laisser le stylo en mouvement sur la page. C'est un endroit où l'on se permet des choses, un lieu de liberté, de courage. Ce n'est pas le moment de vous corriger. Permettez à vos idées de circuler, afin de pouvoir puiser dans votre subconscient et de réellement creuser dans les réponses intuitives qui vous apporteront un maximum de compréhension. Plus vous vous autoriserez à jouer avec vos contemplations, plus vite vous éliminerez les obstacles à l'abondance. Vous êtes prête à être surprise ?

Écrivez jusqu'à ce que plus rien ne sorte, puis passez à la réflexion suivante. Si vous fatiguez ou que vous vous sentez épuisée, faites une pause et revenez-y plus tard. Ce n'est pas une course. Vous vous dirigez vers une vie dans laquelle vous incarnerez et vivrez réellement l'abondance. Où la richesse est chose aisée. Lorsque vous vous permettez vraiment d'explorer les choses à fond, ça peut constituer un gros bloc d'informations pour votre système nerveux. Vous amenez tout ce qui constitue l'anti-conscience – le savoir auquel vous résistez dans votre vie – dans votre conscience. Il existe de nombreuses choses à propos desquelles nous faisons l'autruche – cet exercice les dévoilera. Il se peut même que votre conception tout entière de la réalité vole en éclats, et ça ne fait rien. C'est ce que nous voulons. Après tout, de quoi vous débarrassez-vous ? Du manque. Des limites. Des croyances qui vous emprisonnent. Si vous voulez vous faire nouvelle, vous devez être prête à laisser l'ancien derrière vous. Êtes-vous prête à apprendre quelque chose de nouveau à propos de vous-même ? Êtes-vous prête à vous explorer réellement ? À tout voir ?

Exhumons ensemble les blessures fondamentales dont vous souffrez certainement. Ne réfléchissez pas. Écrivez simplement tout ce qui vous vient à l'esprit, même si ce n'est pas une pensée entière :

1. Je ne peux pas être un écrivain millionnaire parce que _____.

2. Les mensonges auxquels je crois et qui m'empêchent d'être la meilleure version de moi-même sont _____.

3. Je me raconte ce mensonge depuis _____.

4. La peur ou l'angoisse qui me freine vient de_____.

5. C'est en faisant _____ que je m'empêche de devenir le brillant écrivain millionnaire que je suis.

Est-ce que vous attendez que quelqu'un d'autre vienne vous découvrir ? Que cette personne vous donne la permission ? Selon vous, que doit-il arriver pour que vous passiez au niveau suivant ? Répondez à ces réflexions en notant les étapes que vous pensez devoir franchir en premier :

(Attention, il se peut que ce soit faux. Vous les utilisez tout bêtement comme excuses pour ne pas vivre votre avenir dès maintenant.)

1. Je deviendrai un écrivain à succès quand _____.

2. Ma plus grande peur à propos du succès, c'est_____.

3. Ma plus grande peur de l'échec, c'est_____.

4. Je m'empêche de devenir mon moi futur en_____.

5. Mes excuses pour expliquer pourquoi je ne peux pas encore aller de l'avant sont_____.

Ce qui est génial à propos de ces réflexions, c'est que vous pouvez toujours y revenir. Il se peut bien que vous acceptiez de laisser certains aspects d'une croyance pénétrer dans votre conscience, et ensuite, lorsque vous y revenez, quelque chose d'autre en ressort. Éliminer les croyances limitantes n'est pas un processus unique et fini. Avec chaque couche de l'oignon que nous nous autorisons à retirer, nous atteignons la vérité, notre identité profonde, et à partir de cet endroit élargi, nous pouvons plonger encore et encore, et recevoir en continu.

Chapitre 3

Comment nettoyer la saleté

Félicitations ! Vous venez de générer un grand nombre de pensées, de croyances et de schémas dont vous pouvez vous débarrasser, afin de passer au niveau supérieur. Dès que vous aurez identifié les blocages et les résistances, vous pourrez tout laisser filer.

Consultez votre journal ou votre cahier de travail et entourez les plus gros blocages ou les blessures les plus profondes que vous avez fait apparaître. Maintenant, choisissez celle que vous souhaitez travailler. Je vous suggère de faire ce qui vous semble léger – vous pouvez commencer par votre blessure la plus importante, la plus profonde, ou peut-être choisir une blessure facile pour démarrer. Il n'existe pas de bonne façon de procéder, si ce n'est en faisant comme bon vous semble.

Le simple acte de découvrir l'écriture libre pour révéler vos blocages fait ressortir les pensées et les croyances de l'anti-conscience ou du subconscient et les amène à votre attention. Cela suffit à amorcer la guérison, mais pour soutenir votre changement d'état d'esprit, nous allons les éliminer complètement de votre champ énergétique.

Nommez la blessure ou la croyance limitante sur laquelle vous travaillez. Pour les besoins de notre explication, je vais en choisir une, par exemple : « Je ne peux pas devenir un écrivain millionnaire, parce que mes livres ne sont pas assez bons. »

Tout d'abord, notez qu'il s'agit d'un mensonge. Si vous vous fiez à vos émotions ou à vos réactions comme à un guide, sachez que tout ce qui vous fait vous sentir mal est un mensonge. Par conséquent, cette affirmation ne peut pas être vraie. Vous me suivez ?

À vrai dire, tout ce que vous avez à faire, c'est de choisir de le changer. Si vous pensez que le choisir n'est pas suffisant, sachez qu'il existe de nombreuses méthodes de nettoyage.

Ça peut être aussi simple que d'écrire la croyance sur un bout de papier et de le brûler. Ça ne doit pas forcément être magique ou mystérieux.

Vous pouvez aussi remonter à la source de cette croyance en vous demandant pourquoi.

Pourquoi est-ce que je crois que mes livres ne sont pas assez bons ?

Pourquoi est-ce que je crois ça ?

Pourquoi est-ce que je crois ça ?

Encore et encore, jusqu'à ce que vous retrouviez l'endroit où la croyance que vous n'êtes pas à la hauteur est née. Ensuite, reconnaissez le mensonge originel – le mensonge qui a donné naissance à cette croyance.

Maintenant que vous avez percé un mensonge à jour, voyons voir si nous pouvons créer quelque chose de différent :

. . .

1. Faites un choix

Vous comptez continuer à fonctionner à partir de ce mensonge ? Ou alors êtes-vous prête à vous échapper de ce schéma et à vivre l'avenir auquel vous aspirez ? Si vous n'êtes pas prête à faire un choix, creusez un trou et restez-y. Soyez pathétique et attendez que quelqu'un vienne arranger les choses à votre place – je suis certaine que ça finira par marcher. Ou sinon, entourez-vous de personnes qui viendront s'asseoir avec vous dans ce trou (bien entendu, j'utilise le sarcasme avec beaucoup d'amour).

Sinon, vous pouvez faire un choix nouveau. Vous pouvez changer la posture depuis laquelle vous fonctionnez, et éliminer une croyance limitante pourrait être aussi simple que d'affirmer : « Je choisis de changer. Je refuse de continuer à fonctionner à partir de cette limitation. »

Le fait de prendre conscience du problème, de le sortir de notre subconscient (ou même de l'anti-conscience – c'est-à-dire de l'endroit d'où vous refusiez d'examiner le problème) et de le mettre au grand jour crée un changement. C'est en choisissant activement de changer que nous façonnons le plus puissamment notre avenir.

Cela dit, vous pouvez très bien prendre conscience de vos limites et les utiliser comme une restriction supplémentaire. Par exemple, vous venez peut-être de comprendre que vous craignez le succès parce que vous risquez d'éclipser votre meilleure amie. Vous avez peut-être peur qu'en devenant millionnaire, vous n'ayez plus l'occasion de vous plaindre du monde du livre ensemble sur un canapé autour d'un verre de vin, ou alors qu'elle vous en veuille et que l'amitié soit brisée... N'en déduisez pas que c'est une preuve que vous devez continuer à vous retenir. Maintenant que vous en êtes consciente, vous ne pouvez plus vous en servir comme excuse... Eh bien, si, vous le pouvez – vous avez le choix ! Mais je vous suggère de faire le choix qui créera votre avenir. Je pense qu'à ce stade, si vous êtes toujours avec moi, vous voulez aussi créer quelque chose de différent.

2. Verbalisez votre choix de l'éliminer

Après avoir choisi de sortir de cette énergie, de la virer de votre vie, verbalisez votre choix en disant : « À tout endroit où je crois que " je ne peux pas être un écrivain millionnaire parce que mes livres ne sont pas assez bons " [insérez votre croyance limitante ici], je l'efface de tous les niveaux, toutes les couches, toutes les dimensions et toutes les vies. »

En prononçant cette phrase, en l'affirmant à voix haute, vous posez une intention claire pour vous et à l'attention de l'Univers.

3. Visualisez-la en train de quitter votre champ énergétique

- Fermez les yeux et imaginez votre corps entouré d'une gigantesque boule de lumière qui s'étend sur un mètre de diamètre dans toutes les directions.
- Imaginez, sentez, ou ressentez chaque endroit de votre corps et de votre champ énergétique, là où la blessure fondamentale pourrait se trouver. Vous pouvez le visualiser comme un voile blanc qui obscurcit votre champ énergétique, ou bien un lieu où l'énergie est plus dense ou plus sombre. Vous pouvez le ressentir. Même si vous ne voyez pas, ne sentez rien, ou n'expérimentez rien, inventez-le – votre imagination fera le travail nécessaire pour l'éliminer

de votre champ. Croyez-y, même s'il n'y a pas de preuve tangible.

•Imaginez que vous l'aspirez en utilisant un aspirateur ou un aimant géant pour la faire sortir. Vous pouvez aussi vous visualiser en train de déplacer une flamme violette à travers votre champ pour tout « brûler ». Continuez à aspirer, à tirer ou à brûler jusqu'à ce que tous les résidus et les marques de cette blessure fondamentale ou de cette croyance aient disparu et que le champ d'énergie vous paraisse clair ou propre.

•Respirez profondément et expirez tous les blocages restants.

•Répétez le processus jusqu'à ce que vous vous sentiez plus légère ou lucide.

4. Changez le scénario

Remplacez la croyance limitante par une croyance source de pouvoir. En gros, vous prenez votre croyance limitante, par exemple : « L'argent est la source de tous les maux », et vous la transformez en une croyance qui créera davantage, comme : « J'apporte des changements positifs avec mon argent. »

Reprenons notre exemple du « Je ne peux pas être un écrivain millionnaire, parce que mes livres ne sont pas assez bons ». Nous pouvons la remplacer avec un « Mes livres sont extraordinaires, et j'attire des millions de lecteurs qui les adorent » ou « N'importe quel écrivain peut devenir millionnaire dès lors qu'il est prêt à recevoir ». Est-il nécessaire de vous rappeler qu'une romancière novice a écrit une fanfiction *Twilight* et a gagné des millions ?

Ce que nous faisons ici, c'est créer des possibilités.

En parlant de « Positif », évitons d'avoir une charge, qu'elle soit positive ou négative, sur quoi que ce soit – le jeu de tir à la corde que cela engendre est une forme de limitation. Cette croyance que quelque chose est blanc ou noir, bien ou mal, bon ou mauvais est une notion destructrice. Lorsque vous essayez de créer quelque chose, c'est à toutes les énergies que vous voulez avoir accès. Chaque fois que vous décidez qu'une chose est bonne et une autre est mauvaise, vous limitez votre inspiration. L'Univers ne fait pas de distinction entre le bon et le mauvais. Il contient tout ce qui est. Donc, si nous voulons créer de la même manière que l'Univers, nous voulons avoir accès à tout ce qui est, et cela nécessite de rester dans le flux et de s'éloigner des polarités. D'un point de vue énergétique, avec chaque décision que vous prenez et chaque jugement que vous faites, c'est comme si vous construisiez un placard – ou une pièce – dans lequel vous vous enfermeriez toute seule. Ça revient à construire des murs. Lorsque vous avez tous ces murs et ces barrières qui vous entourent et vous enferment, il est beaucoup plus difficile d'attirer et de recevoir.

Dans le dernier exemple, utiliser l'affirmation « J'apporte des changements positifs avec mon argent » n'a probablement pas de charge positive ou négative (malgré l'utilisation du mot « positif »). Si c'est une affirmation qui vous fait vous sentir ouverte et libre, où l'énergie peut circuler, c'est très bien. Ce que vous ne voulez pas, c'est arriver à une conclusion comme : « Je ne dépense mon argent que pour aider les gens. » Vous sentez comment ça peut bloquer les choses ? Il y a un jugement implicite : l'idée qu'utiliser cet argent pour aider les gens est positif, et que le dépenser de manière égoïste est négatif.

En fait, certains d'entre nous pourraient être bien plus égoïstes lorsqu'il s'agit de leur argent, de leur attention et de leur temps. Rejeter cette notion *d'égoïsme* ne rendra pas le monde meilleur. Par contre, prendre soin de soi et se permettre de réussir et de recevoir l'abondance, oui. En étant généreuse avec vous-même, vous pouvez être généreuse avec d'autres, et cela ne videra pas votre réservoir. En fait, c'est le contraire. Votre réservoir deviendra illimité.

Pour éviter la polarité, faites attention aux mots comme « jamais » ou « seulement » dans des affirmations telles que celles-ci :

- « Je ne serai plus jamais pauvre. » Dans ce cas-là, le fait de s'opposer à la pauvreté l'attirera à vous. Au lieu de résister à ce que vous ne voulez pas, formulez votre demande à l'Univers avec des termes qui définissent ce que vous voulez créer. Par exemple : « L'argent afflue vers moi en toute simplicité. » Dites-le à voix haute et remarquez ce que vous ressentez lorsque vous prononcez ces mots. Fermez les yeux, détendez-vous et répétez cette phrase plusieurs fois. Vous pouvez ressentir de l'inconfort, une certaine résistance, des tiraillements, voire une forme de mal-être. Penchez-vous sur cette sensation et regardez si vous arrivez à sentir ce qui se cache sous la résistance. Vous ressentez peut-être une aisance et une fluidité totales. Remarquez cela.

- « Je n'ai pas assez d'argent pour ça » pourrait devenir « Chaque sou que je dépense me reviendra au décuple ». Comment vous sentez-vous lorsque vous prononcez cette phrase à voix haute ?

- « Bookbub me déteste » pourrait devenir « Bookbub m'adore », ou si vous n'arrivez pas encore à y croire, essayez « Chaque proposition que je fais me rapproche d'un *Featured Deal*[1] chez Bookbub ». Est-ce que vous vous sentez

---

1. NDLT : un *Featured Deal* ou « offre en vedette » chez Bookbub est

légère, ou est-ce qu'il subsiste des tensions ? Quelles déclarations pouvez-vous verbaliser pour vous permettre de vous connecter à la croyance que vous aurez un livre en vedette sur Bookbub, si c'est ce que vous voulez ?

• « Je fais tout ce qu'il faut faire, et mon tour ne vient pas » pourrait devenir « Mon tour viendra ». Comment vous sentez-vous ?

• « Je ne peux pas parce que... » pourrait se transformer en « Je ne sais pas comment, mais je crois que ça pourrait arriver ». Que ressentez-vous ?

Pour m'aider à mieux équilibrer les polarités, j'aime répéter à la fois le positif et le négatif, jusqu'à ce qu'il n'y ait plus de charge ni sur l'un ni sur l'autre. Par exemple, l'une des choses qui me freinent est ma peur de l'échec couplée à mon envie de réussir, alors je répète : « Je suis une réussite. Je suis un échec. Je suis une réussite. Je suis un échec », en boucle, jusqu'à ce que je n'aie plus l'impression d'avoir de charge ni sur l'un ni sur l'autre.

En voici une que tout le monde devrait essayer. Répétez : « J'aime l'argent, j'aime l'argent, j'aime l'argent », jusqu'à ce que vous puissiez le dire sans faire la grimace. Jusqu'à ce que vous puissiez vous l'approprier. L'être. L'avoir. Lee Savino, ma coautrice et mon associée de coaching en abondance, m'a défiée de le faire, et il m'a fallu un peu d'entraînement avant de pouvoir me débarrasser de cette résistance. Essayez de dire « J'aime les riches »

---

l'occasion pour un auteur ou un éditeur de présenter son livre à des lecteurs qui sont intéressés par son genre. Ils peuvent ainsi augmenter drastiquement leurs ventes et même figurer sur la liste des best-sellers du site Internet.

(puisque c'est un club que vous allez bientôt rejoindre !). Entraînez-vous à le dire jusqu'à ce que vous éliminiez toute résistance à ces mots !

* * *

D'autres méthodes de nettoyage

Ce sont les étapes de nettoyage que j'utilise. Si vous n'êtes pas convaincue, vous pouvez choisir une ou plusieurs autres méthodes de nettoyage pour vous aider à éliminer vos croyances limitantes.

Séances de nettoyage énergétique

J'aime travailler énergétiquement sur presque tous les aspects de ma vie. Vous pouvez trouver un guérisseur énergétique qui effectuera ce travail pour vous. Je propose également des méditations guidées et des nettoyages énergétiques dans le cadre du club des écrivains abondants. Si vous en voulez un avant-goût, j'ai mis à disposition une méditation guidée de dix minutes qui vous permettra d'atteindre votre quantité de mots en douceur.

Vous pouvez l'écouter ici :

https://millionaire-author-coaching.teachable.com/p/a-meditation-for-fast-writing[2]

Pour rejoindre le club des écrivains abondants, cliquez ici : https://millionaire-author-coaching.teachable.com/p/author-abundance-membership

Emotional Freedom Technique (EFT) ou « tapping »

L'EFT est un outil merveilleux qui fonctionne très bien pour éliminer les perturbations de notre système nerveux.

---

2. NDLT : en anglais.

Chaque fois que vous vous sentez énergétiquement chargée par quelque chose, que vous ressentez le stress dans votre corps, ou que vous voulez éliminer une croyance limitante ou une émotion, l'EFT peut vous aider à équilibrer votre système nerveux. Je n'essaierai pas de donner de leçon sur la manière de l'utiliser, car il existe pléthore de connaissances et de tutoriels sur Internet, y compris de merveilleuses vidéos sur YouTube. Les gens publient souvent leurs coups de cœur sur mon groupe Facebook, alors n'oubliez pas de le rejoindre si vous souhaitez des recommandations. L'une de nos membres a récemment partagé une vidéo d'une session de tapping de six minutes pour gagner 3 000 $ de plus par mois, et c'est exactement ce qu'elle a gagné après l'avoir fait pendant un mois !

La méthode Sedona®

C'est un livre de Hale Dwoskin, disponible en format audio. Il présente une méthode en cinq étapes, très claire et simple, pour lâcher prise. Je suis très anxieuse lorsque je voyage. Un jour, j'ai lu ce livre juste avant un voyage, et j'ai utilisé la méthode pendant mon trajet jusqu'à l'aéroport. À mon arrivée, j'étais tellement à l'aise et détendue que je me sentais comme sur un petit nuage !

La formule de nettoyage d'Access Consciousness®

En voilà une que j'utilise tout le temps. C'est une série de mots qui sont des abréviations de centaines d'autres mots pour nettoyer et aborder les choses à tous les niveaux, toutes les couches, les dimensions, le temps et l'espace. Par exemple, j'ai une croyance limitante comme : « Je n'ai pas assez de temps dans la journée pour écrire. » Dès que je m'en rends compte ou que je me surprends à raconter cette triste histoire à quelqu'un, je l'efface en disant : « Je détruis et j'annule la croyance que je n'ai pas assez de temps dans la journée pour écrire. Juste et faux, raison et tort, bon et mauvais, bien et mal, POD/POC, tous les 9, raccourcis, les gars, POVADs, au-delà. » Je me rends bien compte que tout cela n'a aucun sens, voire que ça ressemble à de la sorcellerie, mais c'est parce que c'est un raccourci pour éliminer votre croyance limitante partout où elle pourrait être coincée. Vous pouvez lire tout ce que cela signifie sur le site Internet d'Access Consciousness®[3].

Hypnose ou autohypnose

Je suis une grande fan de l'autohypnose pour reprogrammer un état d'esprit. Je l'ai utilisée pour me débarrasser des migraines et pour mes deux accouchements à domicile (mon deuxième bébé est arrivé seulement quarante minutes après la première contraction – mon mari a été obligé de l'attraper parce que la sage-femme n'était pas encore arrivée !). Il existe tellement de merveilleuses ressources en ligne pour l'hypnose guidée. Vous pouvez également demander à un hypnothérapeute de travailler avec vous et de vous donner un enregistrement à écouter le soir pour éliminer vos croyances limitantes et vos habitudes.

Access Bars®

Cette méthode de nettoyage nécessite qu'un praticien travaille sur les Bars de votre corps. La séance travaille sur 32 points énergétiques qui se trouvent sur la tête pour éliminer les croyances limitantes et les blocages énergétiques. Je suis une grande fan. Ma première séance m'a permis d'ouvrir mon intuition d'une manière nouvelle et puissante pour éliminer l'un de mes plus gros blocages – je me faisais petite en permanence pour que les autres ne se sentent pas inférieurs. Je n'ai pas remarqué le changement

---

[3]. https://www.accessconsciousness.com/fr/about/how-it-works/the-clearing-statement/

immédiatement, mais quand je suis allée donner un cours de danse quelques jours après, j'ai soudainement compris à quel point j'avais masqué mon propre éclat par peur d'éclipser les autres.

Les séances d'Access Bars peuvent traiter l'anxiété et la dépression, et éliminer jusqu'à dix mille idées-formes en une seule fois !

J'ai vécu des expériences magiques avec les Bars. Un jour, une amie m'a raconté l'histoire bouleversante d'une collègue qui lui avait volé tous ses clients. Offensée en son nom, je me suis attelée à raconter l'histoire à quelques personnes, en faisant ressortir le caractère dramatique de la situation. Après ma séance de Bars, la fois suivante où j'ai ouvert la bouche pour raconter cette histoire, j'ai distinctement entendu une voix dans ma tête me dire : « Ne raconte plus jamais cette histoire. »

J'ai tout de suite compris pourquoi – je sais assez de choses sur l'énergie pour savoir que je ne faisais qu'ajouter du drame et du conflit à la situation au lieu de favoriser un changement, quel qu'il soit. Le fait de travailler sur mes Bars a, d'une manière ou d'une autre, assez éclairci ma perspective pour que ma sagesse intérieure puisse me guider.

Comment choisir la méthode de nettoyage adéquate ? Et pourquoi est-ce que ça a une telle importance ?

Utilisez votre système de guidance intérieure. Choisissez la méthode qui vous semble la plus amusante, la plus légère ou la plus lumineuse, ou encore celle qui vous attire le plus. Ou alors, essayez-les toutes !

Lorsque nous racontons une histoire, nous devenons l'énergie de l'histoire, et nous contribuons à son énergie. Lorsque nous résistons ou que nous nous trouvons dans une énergie de croyances limitantes, nous ne pouvons pas devenir l'énergie de la chose que nous désirons le plus. Lorsque nous parvenons à atteindre l'harmonie avec quelque chose, nous pouvons être dans l'énergie de cette chose-là. Par exemple, si vous avez une croyance limitante concernant l'affirmation « L'argent circule facilement vers moi », l'argent ne peut pas circuler facilement vers vous. En revanche, si vous croyez que *l'argent circule facilement vers vous,* c'est exactement ce qui se passera. Si vous croyez que vous allez devenir une autrice de *best-sellers* citée par l'*USA Today*, ça arrivera. Une fois que vous serez capable d'incarner l'énergie d'une autrice de *best-sellers* citée par l'*USA Today,* vous en deviendrez une. Voyons voir comment une autrice a réussi à incarner l'énergie de la liste.

Étude de cas : Molly O'Hare – Figurer sur la liste

Molly O'Hare, autrice de romance, m'a contactée pour une séance de coaching privée avant d'essayer pour la deuxième fois de figurer sur la liste de l'*USA Today*. Elle avait déjà fait une première tentative auparavant et n'y était pas arrivée. En tant que membre de notre club des écrivains abondants, elle avait très bien compris que son énergie était embourbée dans la déception et le sentiment d'échec qu'elle portait en elle, et elle avait envie de se débarrasser de cette énergie, afin de pouvoir s'aligner sur son objectif.

Pendant notre séance, elle m'a avoué que l'une des raisons pour lesquelles figurer sur la liste était si important à ses yeux était de « prouver » qu'elle avait le niveau, qu'elle était assez intelligente pour y arriver, qu'elle en était digne. Comme moi lors de ma première tentative pour figurer sur la liste, elle voulait y arriver pour prouver qu'elle était légitime. Qu'elle était une vraie romancière. Elle voulait gagner ses lettres de noblesse.

Mais à ses yeux, c'était encore plus important. Molly avait souffert d'un trouble de l'apprentissage pendant son enfance, et un thérapeute avait bousillé son estime de soi en lui disant qu'elle ne serait jamais capable d'avoir un métier. Elle a partiellement guéri cette blessure pour elle-même et pour d'autres en écrivant le roman *Learning Curves*, qui mettait en scène une héroïne qui lui ressemblait – une enseignante pulpeuse avec des difficultés d'apprentissage qui trouve l'amour en la personne d'un père célibataire. C'était le livre pour lequel elle avait reçu une promotion chez Bookbub – celui avec lequel elle espérait figurer sur la liste, cette fois-ci.

Je savais que l'énergie de *prouver* nous bloque plus qu'elle ne crée, parce qu'elle vient d'une posture de manque. Si vous avez besoin de figurer sur la liste pour prouver votre légitimité (et croyez-moi, il n'y a ici aucun jugement de ma part – je l'ai ressenti si fort !), c'est parce que sur le plan énergétique, vous vous trouvez dans un endroit où vous n'êtes pas encore légitime. Le message que vous envoyez à l'Univers, c'est que vous n'en êtes pas digne, plutôt que d'incarner l'énergie d'une autrice de *best-sellers* à succès, présente sur la liste de l'*USA Today* ou du *New York Times*.

Molly était d'accord. « Lors de ma toute première tentative, j'empestais le désespoir. Aujourd'hui, je le vois clairement. J'étais tellement désespérée, je voulais prouver au reste du monde que j'avais ma place ici plutôt que de me le prouver à moi-même. Et je cherchais à obtenir leur validation pour prouver que j'avais bel et bien ma place ici. »

Je savais au fond de moi que la seule personne qu'il fallait convaincre de la valeur de Molly, c'était elle-même. Et surtout, cette adolescente traumatisée qui sommeillait en elle à qui on avait dit qu'elle n'arriverait jamais à rien. Je lui ai suggéré de donner énergétiquement à cette adolescente le livre *Learning Curves*. Pour lui montrer ce qu'elle était devenue – une autrice de romance, capable d'écrire des histoires incroyables et de les voir publiées. Molly a pleuré en voyant sa version adolescente se blottir dans le coin du bureau du thérapeute avec son livre – comme vengée par la démonstration de ce qu'elle ferait à l'avenir.

Après notre appel, Molly a poursuivi son lourd travail énergétique. Un jour avant que ne démarre la semaine de la liste, elle a pris une longue « douche spirituelle » (n'est-ce pas un moment parfait pour puiser dans le divin ?). Elle décrit cet instant comme suit : « J'étais sous la douche, et j'ai vécu comme une épiphanie. Je me suis demandé ce qui se passerait si je ne figurais pas sur la liste. Est-ce que j'irais bien ? Puis je me suis dit : "Tu sais quoi ? Figurer sur la liste n'a aucune importance, parce qu'à l'heure actuelle, dans ta tête, c'est comme si tu y étais déjà." J'*incarnais* l'énergie d'une autrice à succès citée par l'*USA Today*. »

« J'ai décidé que dans des univers parallèles, j'étais aussi connue que Kristen Ashley, Colleen Hoover, que n'importe quel grand nom de la romance. Tout ce j'avais à faire, c'était d'attirer cette même énergie dans cet Univers, dans cette dimension-là. Je me suis demandé : "Qu'est-ce qu'il raconte, ce livre ?" Ce livre raconte comment j'ai grandi avec un handicap et en me sentant terriblement seule. Je me suis rendu compte que tout irait bien même si je ne figurais pas sur la liste, parce que le but de ce livre ne devrait pas être d'atterrir sur la liste. Le but devrait être de publier un livre qui pourrait potentiellement aider quelqu'un à ne pas se sentir inférieur, à ne pas se sentir aussi seul que moi je l'ai été. J'ai passé quarante-cinq minutes sous la douche. C'était juste avant midi, heure de l'Est. Pile au moment où le livre était mis en vente, je partais me doucher et je me disais : *"Bon, tu sais quoi ? Je suis d'accord avec ce qui va se passer, quelle que soit la manière dont ça va se passer, je serai d'accord."* »

Je pense souvent à l'ironie de la vie. Au fait que c'est lorsqu'on n'a plus besoin de quelque chose que la chose en question décide d'arriver. Vous avez déjà entendu cette histoire des dizaines de fois, à propos des couples qui essaient de concevoir en vain, et au moment où ils adoptent, la femme tombe enceinte ? C'est parce qu'ils ont enfin libéré la résistance à la grossesse. Au lieu d'être dans l'énergie du « Pourquoi est-ce qu'on n'y arrive pas ? », ils s'immergent dans l'énergie du « Ça y est, on est parents », et les portes s'ouvrent.

C'est pour ça que l'épiphanie de Molly sous la douche – le moment où elle a réalisé qu'elle en était déjà digne et n'avait rien à prouver à personne – a été aussi importante. Elle a libéré son désespoir, le besoin de validation pour prouver quelque chose, et a pénétré dans l'énergie du « J'y suis déjà arrivée ».

Elle a continué à faire son travail énergétique de dure à cuire pendant toute la semaine pour rester centrée sur elle-même. Dès qu'elle faisait face à des sentiments de déception ou de désespoir, ou qu'elle pensait « ne pas être à la hauteur », elle utilisait l'EFT ou le « tapping » pour se libérer. Elle a médité, invoqué l'énergie d'autrices de romance célèbres, comme Colleen Hoover ou Kristen Ashley, en les remerciant de lui avoir ouvert la voie au succès. En s'alignant sur cette énergie.

Elle s'est servie d'une méditation guidée que j'enseignais pendant nos réunions mensuelles du club pour se connecter à l'énergie de son livre, *Learning Curves,* et lui a demandé ce dont il avait besoin – s'il lui fallait plus de dépenses publicitaires, un échange de newsletters[1], etc. « Il me répondait toujours : "Crois-y, tout simplement. Fais-moi

---

1. NDLT : l'échange de newsletters se pratique entre auteurs, en général

confiance." Et la petite Molly était encore dans le bureau du thérapeute où nous lui avions donné le livre, elle le lisait joyeusement ou elle m'encourageait. Je savais que quoi qu'il arrive, à ce moment-là, elle était fière. »

Pendant une puissante séance de méditation, Molly a vu la couverture de tous ses livres changer pour arborer un bandeau « autrice de *best-sellers* citée par l'*USA Today* ».

Molly a aussi utilisé la loi de l'hypothèse pour ses objectifs quotidiens et pour faire approuver ses publicités sur Facebook et les diffuser à faible coût.

« Le mardi, juste avant d'aller dormir, j'ai dit : "Je pars du principe que je vais vendre plus de 2 000 exemplaires de Learning Curves aux États-Unis." Ensuite, je suis allée me coucher. Le lendemain, j'ai jeté un œil à mon tableau de bord, et j'avais vendu 2 100 exemplaires. Parce que j'ai eu cet élan de confiance avec mon hypothèse, je suis arrivée à le refaire tous les jours. »

Molly écrivait dans son journal quotidiennement, et à la fin de chaque entrée, elle terminait avec un : « Je suis déjà à la hauteur. Et quoi qu'il arrive, je resterai à la hauteur. » Ainsi, elle affirmait que le fait de figurer sur la liste ou non n'avait plus aucune importance. Elle était déjà à la hauteur.

« J'ai reçu tellement de mails de gens qui avaient des enfants confrontés aux troubles de l'apprentissage et qui avaient vécu la même chose que moi. J'ai reçu un autre mail d'une personne qui m'a raconté qu'un conseiller lui avait dit exactement la même chose qu'à moi. Je n'étais plus seule à présent. L'Univers m'avait envoyé tous ces gens pour que je ne me sente plus seule. »

« Il y a quatre ans, lorsque j'ai publié *Hollywood*

---

autopubliés, où un auteur fait la promotion du livre d'un confrère et inversement.

Dreams, si tu m'avais dit que j'écrirais un livre dont je parviendrais à vendre plus de dix copies, je t'aurais ri au nez. J'étais cette gosse qui souffrait de troubles de l'apprentissage et d'une dyslexie sévère, et ce n'était tout simplement pas envisageable à mes yeux. »

Le jour où la liste de *best-sellers* de l'*USA Today* a été publiée, Molly s'est rendu compte qu'elle y figurait et a ressenti ce que je ressens moi-même souvent lorsque je manifeste quelque chose – à la fois de l'excitation que ça se soit produit, mais aussi ce sentiment de calme, qui nous fait penser « évidemment » – parce qu'une partie de nous savait depuis le départ que ça arriverait.

Mais sa joie n'était pas seulement due à la liste. Dans son processus de travail énergétique pour s'aligner sur cet objectif, elle avait découvert un sentiment plus important encore : l'estime de soi et la fierté.

« Toute ma vie durant, j'ai dû rester assise pendant qu'on appelait les gens pour qu'ils reçoivent leur tableau d'honneur et leur sticker débile que les parents pouvaient coller à leur voiture. Celui où il est écrit "Mon enfant a eu le tableau d'honneur". Je n'ai jamais vécu ça. Mais quand la liste a été publiée, j'ai enfin pu le ressentir. C'était la cerise sur le gâteau. »

« Nous écrivons des histoires d'amour qui finissent bien parce que les couples terminent ensemble. *Learning Curves* est un livre encourageant. Il parle de la manière dont nous pouvons trouver de nouvelles façons de relever les défis et de prouver que vous n'êtes pas inférieur juste parce que quelqu'un vous a dit que vous l'étiez. Le sujet, c'est : comment trouver votre force intérieure lorsque vous n'avez pas forcément de force extérieure ? **C'est pour ça que ce livre a toujours été destiné à figurer sur la liste.** »

Chapitre 4

Les blocages liés à l'argent

Les blocages liés à l'argent sont les croyances limitantes, les résistances et les sentiments négatifs que nous avons à propos de l'argent, de la santé et de l'abondance. La première étape pour manifester l'abondance dans votre carrière d'autrice est de « faire place nette », de vous débarrasser de toutes vos pensées et tous vos sentiments négatifs concernant la richesse. Si vous ne guérissez pas ces blessures, ces croyances limitantes et ces blocages, vous n'aurez pas beaucoup d'opportunités pour créer des choses nouvelles. C'est comme si vous essayiez de construire une maison neuve sur des sables mouvants : votre belle structure coulera en moins de temps qu'il n'en faut pour dire ouf.

La majorité d'entre nous a été formatée pour détester l'argent. Nous croyons que le fait d'avoir de l'argent, surtout de l'argent supplémentaire, est source de malheur dans le monde. Les milliardaires sont vilipendés.

Même lorsque nous pensons avoir terminé notre travail énergétique, que nous pensons vouloir l'argent, ces croyances demeurent en arrière-plan, à hanter notre programmation inconsciente.

Les riches sont décrits comme des gens avides, cupides, égoïstes, peu généreux, nuisibles à l'environnement... Vous voyez le tableau. Personne ne veut être cette personne-là.

Il est impossible de vivre dans cette réalité sans être pétri des milliers de croyances qui concernent l'argent ou la richesse. Il y a tellement de jugements à ce sujet ! À vrai dire, le simple fait d'en parler est considéré comme malpoli ou gênant.

Qu'à cela ne tienne ! Ici, nous allons en parler.

Je vous garantis une chose : à moins que vous ne soyez déjà abondante et riche comme Crésus, vous vivez avec d'innombrables blocages et blessures liés à l'argent. Combien de décisions avez-vous prises en vous basant uniquement sur l'argent ? Combien d'opportunités avez-vous rejetées parce que vous ne pensiez pas pouvoir vous le permettre ? Et si au lieu de ça, vous croyiez plutôt que vous pouvez avoir tout ce que vous désirez, même si vous ne savez pas comment ça va se produire ?

Oui ! Même si vous ne savez pas comment ça va se produire. Vous n'êtes pas obligée de savoir d'où ça viendra. L'alignement avec cette énergie, avec la possibilité que ça arrive, est la clé de tout.

Une idée fausse très répandue à propos de l'argent, c'est que si vous lui permettez d'arriver plus massivement dans votre vie, quelqu'un d'autre en sera privé. Comme si l'argent était le gâteau d'une fête d'anniversaire, et que si vous en preniez plus que votre part, le dernier enfant servi n'aura pas la sienne. Nous vivons dans la croyance que l'avidité est la cause de la déchéance de l'humanité, et il se pourrait bien que ce soit vrai.

L'avidité est une énergie très différente de l'abondance.

Écrivez votre réussite

L'avidité est porteuse d'une énergie de désespoir et de manque. Pour rester dans le thème de la fête d'anniversaire, c'est comme si on se précipitait après que les bonbons sont tombés de la piñata. Dans ce cas, vous n'attendez pas votre tour pour obtenir votre bonbon. Chaque enfant sait que s'il ne se précipite pas pour ramasser autant de bonbons que possible et aussi vite que possible, il passe à côté. Vous ressentez le manque dans ce scénario-là ? Même s'il y a en réalité bien assez de bonbons pour tout le monde – en général bien plus que ce dont les enfants ont besoin ou envie ?

J'ai éprouvé beaucoup de difficulté à concilier mon désir d'abondance et ma volonté de ne pas être avide.

Je défends l'environnement. J'ai lu *Le Lorax*[1]. J'ai été témoin de la cupidité qui a conduit à la dévastation de nos ressources naturelles. Je ne voulais en aucun cas m'aligner sur les personnes qui se trouvent derrière les entreprises responsables de ce genre de violations et de pillage de notre belle planète.

Mais le fait de refuser la richesse n'arrange pas la situation. À vrai dire, si l'on veut contribuer à protéger l'environnement, on y arrivera mieux en ayant de l'argent. J'ai commencé par ma propre maison, en installant des panneaux solaires, des systèmes de récupération d'eau de pluie et des eaux grises. J'ai acheté une voiture électrique pour réduire mes émissions et la dépendance aux combustibles fossiles. Je finance des efforts de reforestation, et je rêve d'utiliser mon argent pour investir dans la biodiversité de ma communauté.

Dans son livre *We Should All Be Millionaires*,

---

1. NDLT : *Le Lorax* (1971) est une fable en faveur de l'activisme environnemental, écrit par le Dr Seuss.

Rachel Rodgers liste tout le bien que nous pouvons faire avec notre argent. Elle dit : « Gagner de l'argent et faire du monde un endroit meilleur ne sont pas incompatibles. »

« Si, en tant que femmes, nous sommes réellement enthousiastes à l'idée d'améliorer nos vies, de créer un monde meilleur pour nos enfants, et d'obtenir l'équité pour toutes les personnes marginalisées, alors il nous faut faire un grand pas en avant et faire fortune. »

Rachel Rodgers

Si vous voulez gagner beaucoup d'argent en tant que romancière, vous devez guérir vos blocages liés à l'argent, sinon vous ne permettrez pas à l'abondance de couler vers vous.

Voici quelques-unes des croyances limitantes les plus courantes à propos de la quantité d'argent que peuvent générer vos livres :

Je ne peux pas me le permettre

Combien de fois avez-vous écarté une possibilité sans l'avoir ne serait-ce qu'envisagée, simplement parce que vous étiez persuadée de ne pas pouvoir vous le permettre ? En réalité, nous pouvons nous le permettre ou trouver le moyen d'obtenir tout ce que nous désirons, et ce quelle que soit notre situation. J'ai une très bonne amie qui, après son divorce, s'est retrouvée pratiquement sans le sou. Sa maison a été saisie, elle n'avait pas de travail et son ex ne lui envoyait pas de pension alimentaire, mais elle a réussi à manifester des jobs de gardiennage dans de belles demeures cossues, de sorte qu'elle a réussi à entourer ses enfants de luxe pendant qu'elle réfléchissait à la suite des événements.

Et si, au lieu de baser vos décisions sur l'argent, vous

faisiez vos choix en fonction de ce qui vous enthousiasme ou de ce qui vous illumine réellement ? Essayez de vous poser la question : **« Si l'argent n'était pas un problème, qu'est-ce que je choisirais ? »** Parfois, c'est la version la moins chère d'un objet, et d'autres fois, ce n'est pas le cas. Au moins, vous aurez une idée claire de ce que vous voulez vraiment par rapport à ce que vous pensez pouvoir vous permettre.

Si vous ne croyez pas pouvoir obtenir quelque chose à cause de vos finances ou d'autres circonstances, vous pouvez très bien faire du lèche-vitrines en attendant. Essayez de vous permettre d'avoir l'énergie de ce que vous désirez en ce moment même. Dites simplement : « Je vais avoir cette chose-là », et faites comme si c'était déjà le cas. Recevez-en l'énergie.

Après mon divorce, mais avant d'être prête à me remettre dans le bain des rendez-vous galants, j'ai été attirée par un homme. Je suis sûre qu'il aurait aimé sortir avec moi – il m'a envoyé des signaux très clairs – mais je n'étais pas du tout en mesure d'initier quoi que ce soit. Je ne voulais sortir avec personne. Mon ancien mariage m'avait vidée, et j'avais vraiment besoin de guérir. À la place, j'ai choisi de recevoir la même énergie que si j'avais fait l'amour avec lui. J'ai fermé les yeux et invité l'énergie à entrer. J'ai ressenti des picotements dans tout le corps. J'ai reçu son énergie en guise de contribution. Je me suis sentie merveilleusement bien ! Vous pouvez avoir en vous l'énergie de tout ce que vous désirez, simplement en la recevant. Nous en parlerons plus en détail dans l'étape 5.

Essayez de vous rendre compte lorsque vous dites ou que vous pensez « Je ne peux pas me le permettre », ou d'autres déclinaisons du genre :

- C'est trop cher.

- Je n'ai pas assez d'argent pour me payer ça.
- C'est au-dessus de mes moyens.

Remarquez-le, s'il y a des choses que vous n'envisagez même pas au-delà d'un certain prix. Lorsque je cherchais à acheter une maison, je cherchais dans une fourchette bien inférieure à ce que j'ai fini par payer, tout simplement parce que je ne pensais pas pouvoir me permettre quelque chose de plus cher. Mon agent immobilier n'arrêtait pas de me montrer cette maison, et quand j'ai compris que c'était la mienne, j'ai trouvé un moyen de faire en sorte que ça fonctionne. Parce que j'ai revu l'image que j'avais de moi-même pour y inclure une magnifique maison hors de ma fourchette de prix, ma vie a complètement changé. Ça a été une remise à niveau qui continue de contribuer à ma vie de bien des façons – toutes plus merveilleuses les unes que les autres.

Chaque fois que vous vous surprenez à avoir l'une de ces pensées, essayez de la remplacer par l'un des scénarios suivants :

En ce moment, je choisis de dépenser mon argent dans autre chose.

Voici une très bonne phrase à dire à vos enfants, si vous en avez. Ainsi, vous n'affirmez pas que votre famille n'a pas les moyens d'acheter quelque chose, vous leur prouvez que le fait de ne pas acheter quelque chose est un choix que vous faites à un instant T.

Ça, je prends.

Inutile de préciser si vous l'aurez maintenant ou plus tard, si vous l'achèterez ou si vous le recevrez par magie. Vous affirmez tout simplement que vous aimeriez avoir cette chose pour laquelle vous n'avez peut-être pas le budget en ce moment précis, et vous êtes ouverte à l'idée de le recevoir de quelque façon que ce soit.

Tout ce que je dépense me reviendra au décuple.

Si vous décidez de payer quelque chose que vous ne pensez pas pouvoir vous permettre – peut-être une facture inattendue ou juste un objet cher que vous désirez – affirmez-le au moment où vous dépensez l'argent. Ou essayez l'une des formules suivantes :

J'investis dans moi-même/mon avenir/mon entreprise.

J'en vaux la peine.

Et lorsque vous le dites, remarquez comment vous vous sentez. Si vous ressentez comme un mal-être, penchez-vous sur la question et travaillez dessus jusqu'à ce que vous vous sentiez mieux.

Je dois économiser le moindre centime

C'était la limitation de ma mère, et je l'ai imitée jusqu'au jour où j'ai fait le choix actif de m'en affranchir. Elle vient du manque – de la croyance que quelque chose de terrible va arriver et que j'aurai besoin d'avoir cet argent-là à la banque. Je ne suis pas contre l'idée d'épargner. Bien au contraire, ces temps-ci, j'ai appris à rendre l'épargne tout aussi amusante que les dépenses, mais il faut être attentif à l'énergie qui se cache derrière ces économies. Est-ce que ça vient de la peur ? Ou épargner est-il un plaisir pour vous ? Mettre de l'argent dans les fonds universitaires de mes enfants est un plaisir pour moi. Je m'enthousiasme lorsque je pense à leur avenir, et je suis absolument heureuse et honorée de pouvoir les aider de cette façon. C'est une énergie très différente que de penser que je dois m'agripper au moindre centime au cas où mes droits d'auteur disparaîtraient demain et que je me retrouverais sans rien. Franchement, c'est une peur que je dois continuellement dissiper, aujourd'hui encore. Mais je me rappelle souvent que j'ai déjà créé une source de revenus, et que si elle se tarissait demain, je pourrais en créer une autre. J'ai confiance en moi, et je sais que l'Univers me soutient.

Soyez très attentive lorsque vous dites ou pensez des choses comme :

- Un malheur est si vite arrivé.
- Tout pourrait disparaître demain.
- Un sou épargné est un sou gagné.
- Je mets tout de côté pour la retraite.
- Je dois faire des réserves pour faire face à toute éventualité.

Essayez l'un de ces changements de scénario :

Je suis la source de ma propre abondance. S'il m'en faut plus, je peux la créer.
Je ne le prendrai pas avec moi dans la tombe.
Je le mérite.

Vous devriez le dépenser pendant vous en avez

C'est l'opposé de la blessure liée à l'argent dont nous venons de parler. C'est lorsque vous ressentez le besoin de payer vos factures, d'acheter tout ce qui vous manque et de dépenser l'argent dès qu'il arrive, parce que vous n'êtes pas à l'aise avec l'idée de l'AVOIR ou de le garder.

Vous avez sûrement entendu l'histoire selon laquelle les gagnants du loto sont plus susceptibles de déclarer faillite dans les trois à cinq années après avoir gagné qu'un Américain moyen. Parfois, les gens peuvent recevoir de l'argent, mais ils ne se sentent pas assez à l'aise pour le garder, surtout s'il arrive vite, comme un montant global. Ça peut se réduire au sentiment qu'ils ne méritent pas l'argent qu'ils ont reçu, s'ils l'ont gagné ou s'ils en ont hérité. Ou peut-être qu'ils n'ont pas pris assez de temps pour changer l'image qu'ils avaient d'eux-mêmes pour y inclure le fait d'avoir de l'argent. D'être riche. D'avoir un compte en banque bien garni.

Après m'être guérie de l'état d'esprit de ma mère qui économisait le moindre centime, j'ai fait exactement l'inverse. Je n'ai pas fait d'excès ni dépensé de sous à outrance, mais dès que l'argent rentrait, je le redistribuais. Je payais immédiatement toutes mes factures, puis je dépensais le reste pour acheter les choses que je voulais et qui se trouvaient sur ma liste de course. On aurait dit que je n'étais toujours pas à l'aise avec le simple fait *d'avoir* de l'argent. J'avais découvert comment recevoir de l'argent, et les dépenses allaient bon train, mais le fait de *le garder* ne constituait pas une énergie familière. Mon amie et médium, Simone Gers, m'a dit que c'était parce qu'économiser ne me semblait pas amusant. Ce qu'il me fallait faire, c'était d'y penser comme si je devais « remplir mon coffre au trésor » plutôt que de le voir comme cette activité rasoir de rapiat que ma mère m'avait préconisée. J'ai donc rebaptisé mon compte d'épargne « Coffre au trésor » sur mon portail bancaire, et j'ai fait une priorité d'y ajouter au moins dix pour cent par mois. À présent, le fait de le voir grossir me semble aussi amusant que dépenser de l'argent.

Envisagez de vous payer en premier, avant d'acheter les choses dont vous avez besoin ou de payer les factures en attente. Ouvrez un compte d'épargne où vous ferez fructifier de l'argent juste pour le garder, juste pour l'avoir, pas pour quelque chose de précis.

Surveillez les comportements ou les croyances du style :

•Il n'y a pas de garantie que je réussirai à gagner autant à nouveau (les écrivains le ressentent si fort !).

•Je dois payer mes factures dès qu'elles arrivent.

•Je dois le dépenser tant que j'en ai, je ne sais pas quand il viendra à nouveau.

- Cette aubaine était peut-être un simple coup de bol.
- C'était mon gros jour de paie, alors je dois acheter tout ce que j'ai repoussé avant.
- Je me sens en veine, je devrais partager cette richesse. (Il n'y a aucun mal à être généreux, mais vous êtes-vous payée vous-même d'abord ?)

Un bon changement de scénario pourrait ressembler à ça :

L'argent vient à moi et reste avec moi.
J'adore avoir de l'argent à la banque.
Je me paie d'abord (et je mets un pourcentage de côté avant de payer quelqu'un d'autre).

L'abondance existe en quantité limitée

Je ne sais pas exactement d'où vient ce concept, mais il est omniprésent. L'idée, c'est qu'il n'y en a pas assez pour tout le monde, alors si vous en avez plus, quelqu'un d'autre en aura moins.

Parfois, cette idée prend la forme d'une croyance superstitieuse, comme si un équilibre cosmique de la balance devait avoir lieu. On pourrait penser que si on est trop gourmand ou chanceux, un malheur va arriver.

Le jour même où mon amie autrice Tess Summers a appris qu'elle figurait sur la liste de l'*USA Today* – ce dont elle avait toujours rêvé – une tragédie locale s'est produite dans notre ville natale. Son mari fait partie des forces de l'ordre, et l'un de ses collègues a été abattu dans l'exercice de ses fonctions. Lorsque nous sommes toutes sorties pour fêter son entrée sur la liste, elle m'a avoué qu'elle ne pouvait s'empêcher d'avoir l'impression que c'était l'Univers qui compensait le bon par du mauvais.

Je lui ai rétorqué qu'il arrive tous les jours des malheurs dans le monde, et qu'ils ne sont pas causés par les choses positives. Lorsque quelqu'un d'autre souffre, nous avons tendance à nous sentir coupables de célébrer nos victoires ou notre abondance. Peut-être que cela nous donne l'impression d'être cruelles, ou dépourvues de compassion.

Nous avons abordé ce sujet un peu plus haut. C'est l'idée que d'une manière ou d'une autre, votre richesse prive quelqu'un de la sienne. C'est ici que je dois vous rappeler que quand vous respirez, ça ne prive personne d'autre d'oxygène. Et quand vous vous mettez au soleil, ça ne prive personne de vitamine D non plus. Tout comme l'oxygène et le soleil, l'abondance est une énergie disponible pour tout le monde. Ce n'est pas une ressource limitée. Si tout le monde se sentait abondant, notre économie monterait en flèche, et il y aurait plus d'emplois et plus de millionnaires.

Lorsque le Covid a frappé et que nous avons tous été confinés, le monde entier a connu une forte contraction financière. Vous vous souvenez de la pénurie de papier toilette ? C'était littéralement les gens qui avaient peur de ne pas en avoir assez et qui se sont précipités pour vider les étagères. En réalité, il y en aurait eu bien assez si les gens n'avaient pas paniqué et fait des réserves. C'est la preuve que la mentalité de manque à propos du papier hygiénique l'a littéralement fait disparaître.

Je me suis rendu compte que l'état de l'économie n'était rien de plus qu'un état d'esprit collectif. Si les gens se sentent moins abondants, ils arrêtent de dépenser de l'argent, et l'économie ralentit. Lorsqu'ils s'étendent, l'argent coule à flots. Bien entendu, je considère que mes croyances sont de l'ordre du mystique, et en général, je les garde pour moi, mais il s'avère que les économistes tiennent le même discours. Selon le Brookings Institute[2], les attentes en

---

2. NDLT : le Brookings Institute est un *think tank* étasunien spécialisé dans la recherche et la formation dans les sciences sociales. Ils ont écrit un

matière d'inflation – le taux d'augmentation des prix auquel les gens s'attendent – ont de l'importance, parce que l'inflation réelle dépend de ce à quoi nous nous attendons.

En outre, lorsque vous choisissez de vivre en abondance, cette dernière devient *plus accessible* à tout le monde, parce que cette énergie est dans le champ. Vous contribuez à l'abondance pour tout le monde présent sur cette planète.

Quand vous traversez un moment difficile, la personne avec laquelle vous voulez vous trouver est une personne qui renforce le champ des possibles, pas quelqu'un qui parle de tout ce qui ne tourne pas rond dans le monde. Vous n'avez pas besoin d'un ami qui va creuser un trou et s'y asseoir avec vous. Vous avez besoin d'un ami qui vous aide à sortir de ce trou.

Je dois faire attention parce que je suis une personne très empathique. Il m'est très facile d'entrer en résonance avec le contenu émotionnel que j'absorbe. Dès que j'écoute les informations, je finis presque toujours par pleurer à cause de la douleur de quelqu'un d'autre. Il me faut me rappeler que résonner avec la douleur des autres ne la leur enlèvera pas, que ça ne fera qu'ajouter encore plus de douleur sur cette planète. Mon cadeau au monde sera de rester enthousiaste, de poser mon énergie sur la table et d'élever les autres avec.

Méfiez-vous des pensées ou des croyances telles que :
• Je ne peux pas tout avoir.
• Une grande richesse requiert de grands sacrifices (de temps, de travail, de santé, etc.).

---

article en anglais expliquant les attentes en matière d'inflation consultable ici : https://www.brookings.edu/articles/what-are-inflation-expectations-why-do-they-matter/

•Ce n'est pas juste, que je sois heureuse pendant que d'autres personnes souffrent.

Changements de scénario :

Ma joie et mon abondance contribuent à la joie et à l'abondance des autres.

Je peux tout avoir.

Ma joie est un cadeau pour le monde entier.

L'argent est la racine du mal

L'argent, c'est le pouvoir. C'est la liberté. C'est un moyen d'acheter la plupart de ce que nous voulons dans la vie. Est-ce un mal ? Non. L'argent, ce n'est que de l'argent. Oui, l'avidité peut pousser les gens à mal agir. Mais vous, vous n'agirez pas ainsi. Vous allez faire des choses merveilleuses et étonnantes avec votre argent. Vous apporterez une énorme contribution à la planète simplement en vous autorisant à en avoir, et je sais que vous l'utiliserez pour faire le bien.

Lorsque j'ai encaissé mon premier salaire à six chiffres, j'ai amélioré mon style vestimentaire. Une amie experte en mode m'a emmenée chez Off Saks et m'a fait acheter une douzaine de nouvelles tenues. Le problème, c'était que je me voyais comme le gagnant de la loterie qui n'arrive pas à garder son argent. La vision que j'avais de moi-même n'avait pas évolué, je n'étais pas passée à l'image d'une Renee qui avait assez d'argent pour bien s'habiller. Je ne me sentais pas à l'aise dans mes nouveaux vêtements. Je m'identifiais à la maman hippie qui mange bio. L'artiste, la créatrice qui porte des t-shirts colorés et des Converse. J'étais une maman activement impliquée dans l'association de parents d'élèves[3]

---

3. NDLT : *PTA mom* en version originale. Aux États-Unis, c'est le cliché

d'une école de type magnet[4]. Je me revois, debout dans la cour d'école, avec mes baskets Steve Madden noir et argent neuves, persuadée de ressembler à une maman des banlieues chics. Celles qui, dans mon imagination, prenaient des cours de Pilates pendant que leurs enfants étaient à l'école et qui ne travaillaient pas en dehors de la maison parce qu'elles avaient des maris riches.

Ce n'est pas que je pense que les mamans des banlieues chics soient méchantes, ou même très différentes de moi. Ça m'arrive d'aller au Pilates pendant que mes enfants sont à l'école ! Mais j'avais un certain *a priori* sur elles. Dans mon esprit, elles étaient conservatrices. Elles ne se préoccupaient que d'elles-mêmes et de leurs familles, plutôt que de la communauté dans son ensemble. Je me disais qu'elles avaient probablement choisi de vivre dans les banlieues chics pour s'éloigner de la population aux revenus plus modestes. Elles n'envoyaient pas leurs enfants à la *magnet school* pour faire une différence en faveur des enfants qui vivaient dans les quartiers défavorisés. Je crois qu'au fond, j'étais encore persuadée que les riches étaient nuls. Qu'ils étaient cupides, snobs, qu'ils voulaient passer devant les autres et n'avaient que faire du reste du monde.

Il m'a fallu un certain temps pour accepter de posséder de belles choses et pour me rendre compte que le fait de les posséder ne me transformerait pas automatiquement en ce cliché de la maman des banlieues chics que j'avais toujours jugée.

Vous n'êtes pas obligée de vous corrompre parce que

---

de la maman membre de l'association de parents d'élèves, très investie dans la vie scolaire de ses enfants.

4. NDLT : une école de type magnet ou *magnet school* est une école publique conçue pour encourager l'intégration communautaire en mélangeant des élèves de différentes communautés au sein d'une même école.

vous voulez de l'argent. Et si vous choisissiez d'être une personne riche et généreuse ? Et si vous utilisiez votre argent pour créer un changement positif dans le monde ? Et si vous faisiez preuve d'une générosité d'esprit qui changerait la vie des gens à jamais ?

Voyez avec vous-même si vous avez des croyances du type :

•L'argent va me changer et me corrompre.

•Je ne veux devenir ni une snob ni une pétasse riche.

•Si je veux m'aligner sur le fait d'avoir de l'argent, mes mœurs doivent changer.

•Les riches sont pingres.

•Les riches s'enrichissent sur le dos des autres. Ils détruisent l'environnement. Ils ne se soucient que d'eux-mêmes.

Essayez l'un de ces changements de scénario :

Grâce à ma richesse, je vais faire des choses extraordinaires pour ma communauté.

L'argent est un moyen de faire le bien.

J'utilise l'argent pour marquer une différence dans ma vie et dans celles des autres.

Peu importe ce que je fais, je n'arrive pas à aller de l'avant

Vous avez déjà entendu parler de l'adaptation hédonique ? C'est l'idée que chaque personne possède un niveau déterminé de bonheur, et qu'au quotidien, le bonheur ne va pas bien plus haut ou plus bas que ce niveau-là. Eh bien, **il se peut que vous ayez aussi un niveau déterminé pour les dettes ou les revenus**.

J'ai été élevée dans l'idée que les dettes étaient dangereuses et qu'il ne fallait les contracter qu'avec énormément de prudence, donc mon niveau déterminé de dettes était très bas. J'économisais pour acheter des voitures d'occasion et payais toujours ma facture de carte de crédit à la fin du mois. Lorsque je me suis mariée, mon ex-mari avait un niveau de confort différent du mien par rapport aux dettes. Dans son esprit, le crédit était une chose que l'on utilisait pour faire ce que l'on voulait. C'était votre argent qui travaillait pour vous. Nous étions tous les deux entrepreneurs, et il m'a montré comment nous pourrions tirer parti de notre crédit pour investir dans nos entreprises ou acheter du matériel de démarrage. Pendant un moment, j'ai pris l'habitude d'avoir un solde sur nos cartes de crédit. Quoi qu'il arrive, j'avais toujours un solde négatif d'environ 10 000 $ à la banque. C'était mon nouveau niveau.

J'en ai discuté un jour avec une amie qui avait un peu de recul sur ma situation, lorsqu'elle a déclaré : « Jamais je ne m'endetterai sur une carte de crédit. Je ne crois pas à ces choses-là, tout simplement. » Ma situation me faisant honte à nouveau, j'ai très rapidement trouvé le moyen de rembourser cette dette en quelques mois seulement, et depuis, je n'ai plus jamais eu de dette sur une carte de crédit. Comme vous le verrez, tout cela est une question de choix. Pendant des années, j'ai eu l'impression de ne rien pouvoir faire pour me débarrasser de cette dette, qui me semblait être toujours la même, jusqu'à ce que je change d'avis à ce sujet et que je décide enfin de m'en occuper.

C'est la même chose pour les revenus. Vous avez peut-être une certaine marge de manœuvre sur laquelle vous savez que vous devez vivre, et au-delà de ça, vous avez l'impression de ne jamais pouvoir gagner beaucoup plus. Permettez-moi de vous faire remarquer que vous ne gagnez probablement jamais beaucoup moins. À moins qu'il y ait une circonstance importante, je serais prête à parier que vous trouvez toujours le moyen d'attirer la somme nécessaire.

Par conséquent... la solution pour sortir de l'endettement ou pour progresser pourrait être aussi simple que de changer votre niveau déterminé. Changer votre niveau de confort avec la dette ou le revenu.

Lorsque mes enfants étaient petits, nous avons vécu pendant de nombreuses années avec environ 35 000 $ à 40 000 $ par an pour une famille de quatre personnes. Nous n'étions même pas considérés comme faisant partie de la classe moyenne : pourtant, jamais je ne me suis sentie pauvre. Nous possédions une maison, des voitures, et prenions des vacances, et nous ne nous sommes jamais privés de rien. Je me sentais à l'aise avec ce niveau de revenus. Bien entendu, j'en voulais plus, et c'est pour ça que je me suis concentrée sur la commercialisation de mes livres, mais comme niveau déterminé, ça a bien marché. Maintenant, mon niveau déterminé est beaucoup plus élevé. Si je ne vois pas un revenu à six chiffres sur mon BookReport pour le mois, je dois me débarrasser de tous les rétrécissements qui se produisent dans mon monde pour éviter d'entrer dans une mentalité de manque et de me demander ce qui ne fonctionne pas chez moi ou de craindre que tout s'arrête demain.

Alors, comment changer de niveau déterminé ? C'est l'intention, accompagnée d'une touche de pouvoir et de puissance. L'origine du mot « décision » vient littéralement du mot « couper ». Lorsque vous décidez d'éliminer vos dettes ou de modifier votre niveau déterminé de revenus, vous coupez toutes les autres possibilités.

Ma coautrice et meilleure amie, Lee Savino, raconte que la première fois qu'elle a gagné 6 000 $ en un mois grâce à ses livres, elle a simplement décidé la chose suivante : « Je suis une autrice à six chiffres, maintenant. Je ne referai plus jamais moins de 8 000 $ par mois en droits d'auteur. » Elle n'avait aucune raison de prendre une telle décision en se basant sur sa propre expérience, en dehors du fait qu'elle avait gagné 6 000 $ en février et qu'elle en a conclu que c'était un mois court, et que son chiffre d'affaires aurait pu être plus élevé si le mois avait été plus long. Elle n'avait jamais gagné 8 000 $ en un mois. Mais ce jour-là, c'est ce qu'elle a choisi, et c'est instantanément devenu son nouveau niveau déterminé. Sa nouvelle réalité. Depuis ce jour-là, elle n'a jamais gagné moins de 8 000 $ par mois.

Revenons à nos gagnants du loto. Soixante-dix pour cent d'entre eux se retrouvent ruinés dans les sept années qui suivent leur gain, et un tiers font faillite. Je pense que ce pourrait être lié à leur niveau déterminé. Ils ont réussi à attirer une énorme somme d'argent, mais parce que leur niveau déterminé et l'image qu'ils avaient d'eux-mêmes n'étaient pas adaptés, ils ne se sentaient pas assez à l'aise pour l'avoir ou le garder. Ils sont retournés à leur niveau déterminé. À leur niveau de vie confortable.

D'autres niveaux déterminés

Les niveaux déterminés se retrouvent dans d'autres domaines de l'activité d'un écrivain. Vous avez entendu parler de l'histoire du mile de quatre minutes ? Pendant près d'une centaine d'années, les athlètes ont essayé de courir un mile en moins de quatre minutes et n'y parvenaient jamais. Ces quatre minutes étaient devenues une barrière psychologique. Dès que Roger Bannister a battu ce record en 1954, d'autres ont immédiatement suivi. Une fois qu'ils ont vu que c'était faisable, des milliers d'autres coureurs ont rejoint les rangs.

Pour une poignée d'entre nous, il en a été de même pour atteindre le top 100 sur Amazon. Nous suivions tous un cours de publicités Facebook, pour apprendre à utiliser les publicités pour mettre en vente des livres sur Kindle Unlimited avec un grand succès. Atteindre le top 100 était un marqueur de succès, mais personne dans notre groupe n'y était parvenu. C'était quelque chose de réservé aux autres écrivains. Ceux qui étaient spéciaux. Pas à nous.

J'ai commencé à écrire de la romance érotique *kinky*, et à un moment donné, je me suis mis en tête que seuls les auteurs de romance grand public pouvaient se hisser au sommet des palmarès. Mon œuvre était beaucoup trop *kinky*. Elle resterait pour toujours reléguée au placard des romans coquins. Vous avez remarqué la défaite et les limitations qui se trouvaient dans ces croyances ?

C'est alors que quelqu'un dans notre groupe a frappé fort avec sa parution – la très futée Stasia Black. Dès que nous l'avons vue faire, tout le monde l'a imitée. Lee Savino et moi l'avons suivie presque tout de suite après avec l'un de nos livres de la série *Bad Boy Alpha*, puis d'autres dans le groupe y sont parvenus, jusqu'à ce que ça devienne la norme. Nous avons tous atteint le top 100 avec nos nouvelles parutions.

Faites attention aux autres niveaux déterminés, comme :

•Mes livres atteignent toujours telle ou telle place sur Amazon.

•Je n'aurai jamais d'offre en vedette sur Bookbub.

•Je n'ai pas mes « lettres de noblesse » (les listes de l'*USA Today*, du *Wall Street Journal*, ou du *New York Times*[5]).

Essayez ces changements de scénario ci :

---

5. NDLT : en plus de la liste de l'*USA Today,* le *Wall Street Journal* et le *New York Times* publient leurs listes de best-sellers et font office de références dans le milieu littéraire aux États-Unis.

Chaque livre que j'écris se classe dans le top 100.

Bookbub m'adore – je sais exactement quand soumettre un livre et j'obtiens toujours un Featured Deal.

Je suis une autrice à succès citée par l'USA Today/*le* Wall Street Journal/*le* New York Times.

Je suis une autrice à sept chiffres.

Ce n'est pas bien d'obtenir plus que ce dont j'ai besoin

Cette croyance est ancrée dans de nombreuses religions. Vous connaissez la citation du Nouveau Testament : « Il est plus facile à un chameau de passer par un trou d'aiguille qu'à un riche d'entrer dans le royaume de Dieu » ?

Il n'y a rien de mal à désirer plus que ce que vous avez ou plus que ce dont vous avez besoin. Il s'agit en fait d'un besoin naturel en tant qu'être humain. Nous en voulons toujours plus. Nous cherchons toujours à nous perfectionner, à grandir, à nous développer. Nous voulons croquer la vie à pleines dents.

J'ai atteint mon objectif de gagner sept chiffres par an en tant qu'autrice, et dès que j'ai réussi, j'ai demandé à le doubler. Est-ce que je l'ai fait parce que j'avais besoin de plus d'argent ? Non. Je l'ai fait parce que c'est amusant de créer. C'est amusant de réussir. Est-ce que ça aurait du sens que j'arrête d'écrire, maintenant que j'ai gagné un million de dollars ? Si j'arrêtais de faire ce qui me plaît ? Ce serait logique, de tout arrêter, de tout couper ?

Bien sûr que non !

Pourtant, même en écrivant ces lignes, je grince un peu des dents, parce que je sens que je serai jugée lorsque je dis qu'un million par an, ce n'est pas suffisant. Je suis si reconnaissante pour ce que j'ai reçu, mais ce n'est jamais assez. J'ai toujours envie de continuer à grandir, à m'étendre, à apprendre, à me développer. L'argent n'est rien d'autre qu'une des façons de mesurer le succès. C'est un reflet de cette croissance.

Pour ceux qui sont croyants, l'une des choses qui m'ont aidée à résoudre ces doutes et ces questions-là au début de ma vie d'adulte a été les principes spirituels de créativité dans *Libérez votre créativité*[6], de Julia Cameron. En gros, elle part de l'idée que la création est un acte divin, donc en créant (et chaque manifestation est une création), nous Lui rendons ce cadeau. Elle écrit : « Nos rêves et nos aspirations proviennent d'une source divine. Lorsque nous nous rapprochons de nos rêves, nous nous rapprochons de notre divinité. »

Si vous n'avez pas lu ce livre, je vous le recommande chaudement. Les *morning pages*[7] qu'elle prescrit et les rendez-vous de l'artiste amélioreront votre vie et ouvriront les vannes pour en recevoir toujours plus.

- Quand est-ce que vous en aurez assez ?
- Personne n'a besoin d'autant d'argent.
- Si vous voulez plus que ce dont vous avez besoin, il y a quelque chose qui ne tourne pas rond chez vous.

Changements de scénario :

Il y en a toujours assez, et on peut toujours en avoir plus.

Créer l'abondance est divin.

Gagner de l'argent, c'est ce que je préfère. (Je

---

6. NDLT : *The Artist's Way*, en anglais.
7. NDLT : les *morning pages* ou *pages du matin* sont une technique popularisée par Julia Cameron qui consiste à écrire tout ce qui vous passe par la tête dès le réveil pour éveiller votre créativité.

ne sais pas si cette phrase correspond réellement à un changement de scénario, mais c'est une affirmation merveilleuse qui m'est venue à l'esprit.)

Je ne mérite pas un tel succès et/ou une telle richesse

Cette question du mérite nous est posée très tôt dans la vie. Les bébés ne viennent pas au monde en se demandant s'ils méritent d'être aimés, nourris ou qu'on prenne soin d'eux. Mais les enfants comprennent très vite la quantité (grande ou petite) de choses que le monde et les gens qui s'occupent d'eux sont prêts à leur donner.

Ma mère est née dans une ferme pendant la Dépression, et c'était une épargnante compulsive. Pour elle, la relation que l'on avait avec l'argent était étroitement liée aux mœurs. Elle a été élevée dans la croyance puritaine que le travail acharné et la modestie pouvaient créer suffisamment de prospérité pour prendre soin de soi et des autres. Les bonnes gens n'avaient pas de dettes, ils n'avaient pas besoin de l'aide des autres ou n'en voulaient pas. Ils n'empruntaient pas d'argent. Ma grand-mère n'a pas possédé de carte de crédit avant ses quatre-vingts ans, et elle ne l'a demandée que pour s'acheter un billet d'avion ! Personne dans ma famille n'a jamais été ostentatoire ou extravagant. Ils se débrouillaient toujours pour joindre les deux bouts.

Ma mère ne s'est jamais permis le moindre luxe. Lorsque, à la fin de sa vie, elle a emménagé chez moi pour les soins palliatifs, son assistante sociale lui a suggéré de payer notre facture de télévision par câble pour qu'elle puisse regarder son émission préférée. Nous n'avions pas le câble, et elle avait l'impression d'être un fardeau, donc l'assistante sociale a estimé que ça lui donnerait l'impression de contribuer, en plus de lui faire le cadeau de pouvoir regarder *The Good Wife* (bien sûr, toute cette histoire s'est passée bien avant l'avènement de Netflix dans tous les foyers). Elle a longuement hésité sur les trente dollars mensuels que ça lui coûterait.

Lorsque je l'ai amenée chez un avocat pour préparer son testament, j'ai été choquée de constater qu'elle avait 750 000 $ à la banque, ce qui nous laissait, à mon frère et à moi, un héritage décent. Elle n'avait jamais gagné plus de 30 000 $ par an en travaillant, donc elle avait accumulé tout cela en épargnant et en investissant prudemment – en appliquant les leçons sur l'argent qu'elle m'avait enseignées.

Ces leçons étaient de bonnes leçons. Elles m'ont poussée à investir dans l'immobilier à l'âge de vingt-cinq ans et à maximiser mes cotisations 401k[8] lorsque j'étais salariée. Mais ces leçons ne m'ont jamais procuré aucun sentiment d'abondance. Elles m'ont appris à fonctionner depuis une posture de manque. Après notre visite chez l'avocat, j'ai évoqué sa longue réflexion sur le câble et lui ai fait comprendre que je trouvais ça bête de s'en priver, en ayant autant d'argent de côté, et elle m'a répondu qu'elle avait peur de terminer sa vie dans une maison de retraite, ce qui aurait pu rapidement réduire à néant toutes ses économies. Bien entendu, sa peur était justifiée, mais le fait de fonctionner à partir de la peur ne crée jamais davantage. Ça ne fait qu'attirer encore plus de manque. Ma mère est partie sans avoir profité de son argent, sauf pendant les trois mois qui ont précédé sa mort, où elle a pu regarder sa série préférée, et en sachant qu'elle avait subvenu aux besoins de ses petits-enfants.

---

8. NDLT : système d'épargne retraite par capitalisation, très courant aux États-Unis.

Et moi, dans tout ça ? Mon héritage soudain m'a-t-il fait me sentir riche ?

Il aurait dû.

Mais ensuite... Ma tante est venue m'aider pour les funérailles et m'a fait la terrible mise en garde de ne rien dépenser de cet héritage – parce qu'elle avait exactement les mêmes blessures liées à l'argent. Et je l'ai écoutée. J'en ai dépensé un tout petit peu. J'ai payé des cours de piano à ma fille – une fantaisie que je n'avais pas pu me permettre avant – parce que je savais que ma mère aurait voulu que sa petite-fille en joue.

Mon mari de l'époque se sentait un peu plus abondant que moi. Il m'a convaincue d'utiliser cet argent pour acheter un bien locatif à Taos, où il travaillait l'été. Je pouvais justifier cet achat en tant qu'investissement décent et le défendre auprès de mon oncle et de ma tante. Nous l'avons donc acheté. Mais lorsque je racontais aux gens que nous avions pu acheter cette maison, je commençais toujours en disant : « Ma mère est morte, donc... » pour éviter que l'on me trouve chanceuse. Ou abondante. Comme si la maison était mon prix de consolation pour avoir perdu ma mère, et non pas un choix que j'avais fait pour vivre dans l'abondance plutôt que dans le manque. Franchement, je ne croyais toujours pas mériter une maison de vacances à Taos. Seules les pétasses riches possédaient ce genre de biens, et je n'étais pas encore prête à faire partie du club.

Quelques années plus tard – et après m'être débarrassée d'une bonne partie de mes blessures liées à l'argent – je me suis séparée de mon mari et j'ai commencé à chercher une nouvelle maison. J'aurais pu être prudente avec l'argent comme ma mère me l'avait appris. J'aurais pu vendre la maison de Taos, réduire la taille de ma maison actuelle, me mettre au boulot et faire attention à mes dépenses. Après tout, j'étais écrivain. Mes revenus n'étaient jamais garantis. Ne devrais-je pas me préparer au désastre, comme l'avait fait ma mère toute sa vie durant ?

Bien entendu, j'entendais en permanence la voix de ma mère me susurrer cet avis.

Mais j'avais assez travaillé sur mes blocages pour savoir que ça ne créerait pas l'avenir dont je rêvais.

Je ne voulais pas réduire mon logement. Après avoir travaillé sur mes blocages liés à l'argent, j'en avais assez de croire que je ne méritais pas plus. Je me suis dit que si je devais prendre une initiative dans ce domaine, ce devrait être pour aller vers le haut, pas pour faire un pas de côté, ou pire encore, me diriger vers quelque chose de plus petit. J'ai demandé à l'Univers de m'aider, et c'est ce qu'il a fait. J'ai dû faire preuve de créativité et me démener pour trouver des solutions, mais je me suis ouverte à l'Univers, j'ai puisé dans ma guidance intérieure, et j'ai reçu les messages que je devais vendre une partie des terrains agricoles de ma mère dans l'Iowa et utiliser ce qu'il restait de mon héritage – oui, celui-là même que ma tante m'avait dit de ne pas dépenser – pour m'acheter une grande et belle maison. Une maison plus grande que ce dont j'avais besoin. Une maison plus grande que ma résidence actuelle.

Un château.

Ça a été un pas de géant pour moi. J'ai essayé de me convaincre que ma mère voudrait que j'utilise son argent pour prendre soin de moi et élever ses petits-enfants, mais honnêtement ? Elle n'aurait jamais approuvé une telle extravagance. Et ça ne faisait rien. Parce que moi, je l'approuvais. Parce que j'ai décidé que j'en valais la peine. Ce choix-là a marqué *toute la différence* dans ma réalité financière. J'ai envoyé un signal fort à l'Univers, pour lui dire que j'en valais la peine. Que je méritais d'avoir de belles choses. Que j'avais le droit de me faire plaisir.

Chaque fois que vous vous honorez, l'Univers vous répond sur le même ton et vous honore. Il vous offre plus d'abondance, plus de choses qui vous plaisent. Moins de choses que vous ne voulez pas.

L'argent ne s'est pas tari lorsque j'ai acheté mon château. Dieu n'a pas déchaîné ses foudres divines sur moi parce que j'avais dépensé mon héritage. Mon abondance n'a mis personne d'autre à la rue. En fait, en faisant un choix pour moi, j'ai mis cette possibilité dans le champ énergétique de tout le monde. Pour vous, qui lisez ce livre. Chaque fois que nous choisissons l'abondance, nous la rendons plus accessible aux autres, pour qu'ils fassent la même chose. Lorsque vous prenez soin de vous-même, vous faites un cadeau à l'humanité tout entière.

Je crois de plus en plus fermement que j'ai le droit d'avoir de l'argent. Il va rester. Je le mérite. Je l'accueille. *Je suis prête à le recevoir*.

Voici d'autres exemples de limitations courantes :
- Ça arrive aux autres, pas à moi.
- Je ne suis pas assez spéciale, ni digne d'avoir tout ça.
- La lutte fait partie de la vie d'artiste.
- Je ne devrais pas_____.

Changements de scénario :
Je mérite tout ça.
J'en suis digne. Je suis à la hauteur.
Je dois travailler dur pour gagner de l'argent

J'avoue que je peux être un véritable bourreau de travail. Je travaille sans relâche, et je produis en masse, livre après livre. Le temps que je ne passe pas à écrire, je le consacre à promouvoir mes parutions. Chez moi, il n'y a pas de repos pour les braves, et je suis persuadée qu'en cours de route, j'ai acquis cette idée que c'est ce que je dois faire si je veux réussir.

En réalité, il n'est pas nécessaire de se tuer à la tâche pour être abondant.

Vous n'avez pas besoin de faire quoi que ce soit. **Et si vous pouviez recevoir de l'argent simplement parce que vous *êtes* ?**

Je sais que logiquement, ça a l'air grotesque, mais accordez-moi un instant sur ce sujet. Si vous croyez fermement que vos heures équivalent à des dollars, alors vous serez pour toujours empêtrée dans ce pétrin pour être abondante.

L'abondance est un flux énergétique. Ce n'est pas un supérieur qui vérifie si vous avez bien rempli votre feuille de présence. Votre corps et votre être peuvent agir comme des receveurs ou des conduits pour que l'argent coule vers vous, tout simplement. Ce qui ne veut pas dire que vous allez vous asseoir sur le canapé en mangeant des bonbons toute la journée… Ou peut-être que si ! Vous suivrez votre instinct, vous saurez quand agir et quand donner à vos créations de l'espace pour respirer. Vous apprendrez qu'il existe un calendrier divin pour tout, et que parfois, tout ce qu'il faut, c'est un peu d'espace et de patience, pas davantage de travail acharné et de frustration. Nous parlerons un peu plus de ce concept dans l'étape 6, « Laissez couler ».

Dans le cadre du club mensuel des écrivains abondants, nous avons récemment eu une réunion Zoom sur la façon de rendre nos livres viraux sur TikTok. Beaucoup d'auteurs étaient réticents à s'engager pleinement dans TikTok, parce qu'ils le voyaient comme une nouvelle tâche à ajouter à leurs listes de choses à faire – déjà pour la plupart bien trop longues. Vous avez entendu le conseil : nous devrions tous publier trois à cinq vidéos par semaine. Ou par jour, selon l'identité de votre interlocuteur.

J'ai animé une méditation guidée pour devenir virale sur TikTok, et les participants ont été guidés pour suivre leur propre instinct, pour s'ouvrir à la guidance divine sur le genre de vidéos à poster et quand, et pour ne pas se sentir obligés de produire des vidéos bouche-trous.

Et si l'entièreté de votre activité d'autrice fonctionnait ainsi ? Vous suivez votre guidance intérieure et agissez dès que vous recevez LE coup de pouce. Je constate que si j'agis après avoir reçu ce genre de coups de pouce, le travail se fait plus vite et plus facilement, et je n'ai même pas l'impression de travailler. Lorsque je m'acharne sur quelque chose, lorsque j'effectue une tâche parce que « je suis censée le faire » ou que « je suis obligée » ou pire encore... lorsque je la remets à plus tard parce que je la trouve pénible, et qu'ensuite je me juge sévèrement parce que je ne l'ai pas faite... Rien de tout cela ne crée l'abondance.

Ça crée plutôt des barrières à l'abondance.

Voici quelques refrains courants que nous entendons et qui méritent d'être éliminés :
- Le travail porte ses fruits.
- Il faut y consacrer du temps.
- Le travail acharné est la clé du succès.
- Le temps, c'est de l'argent.

Changements de scénario :
L'abondance vient à moi, simplement parce que j'existe.
Je vis une vie abondante.

J'adore l'abondance.

Je suis une artiste en difficulté, pas une vendue

Je m'identifie un peu trop bien à cette notion d'artiste en difficulté. À l'université, j'ai étudié l'écriture, mais je ne me suis pas concentrée sur la fiction ou sur l'écriture de scénarios. Non, j'ai choisi la poésie. Parce que comme tout le monde le sait, les fans en délire de poèmes *emo* sur les relations ratées sont légion. Après l'université, je me suis concentrée sur une carrière de danseuse. De danse contemporaine. Vous savez – celle que personne ne pense comprendre. Ouais. Celle-là même.

La blague, c'était que j'avais choisi les deux formes d'art les moins appréciées et les moins comprises possibles. Je n'allais pas remplir des stades pour mes représentations. On aurait dit que j'étais destinée à ne jamais gagner assez pour vivre de mon art. Ce qui était à mes yeux, comme vous l'imaginez, très bohème et super cool. Heureusement que j'adore les friperies et que je peux économiser le moindre centime.

L'idée de l'artiste fauchée ou de l'artiste en difficulté qui reste toujours fidèle à son œuvre et ne renonce jamais à sa vision artistique juste pour gagner de l'argent n'est rien qu'un autre conte auquel vous pouvez choisir de croire, ou que vous pouvez laisser derrière vous.

Un jour, la commission des arts de l'Arizona a organisé une journée de formation professionnelle pour les directeurs artistiques de compagnies de danse de l'État. Au cours de cette journée, quelqu'un a posé cette question vieille comme le monde : « Que devrions-nous faire, de l'art ou du divertissement ? » J'ai été frappée par la réponse du directeur de la compagnie la plus importante et la plus prospère de l'État : « L'art de qualité doit être divertissant. »

Dans le monde du livre, on parle d'« écrire pour le marché », en opposition à « écrire depuis le cœur ». En vérité, nous pouvons très bien faire les deux à la fois. Nous pouvons écrire ce que nous aimons, ce que nous avons envie d'écrire, tout en l'orientant vers ce qui se vend. L'emballer, le commercialiser et le mettre en valeur pour qu'il se vende bien.

Là où je veux en venir, c'est que les artistes n'ont pas besoin de lutter ni de renoncer à leur vision ou à leur art pour gagner de l'argent. Vous pouvez gagner de l'argent en écrivant ce que vous aimez. Je vous garantis que si vous aimez votre livre, quelqu'un d'autre l'aimera. Ne vous cantonnez pas à un type d'écriture ou à un autre. Ne vous fermez pas aux options et à l'abondance. Restez ouverte aux possibilités et acceptez de recevoir de l'argent pour votre art.

Faites attention à ces croyances limitantes :

• Personne n'a envie de lire ce que je veux écrire.

• Je dois me trahir et écrire ___ parce que c'est ce qui se vend en ce moment.

• Je dois choisir entre l'art et le divertissement.

• Je dois écrire pour le marché plutôt que d'écrire ce que j'aime.

Essayez ces changements de scénario :

J'écris ce que j'aime et j'aime ce que j'écris.

L'abondance coule à flots et se déverse sur moi.

Il y a des lecteurs pour ce que j'ai envie d'écrire.

Je suis mon instinct pour commercialiser mes livres.

Si j'aime ça, quelqu'un d'autre l'aimera.

Je pourrais tout perdre demain

Je pense que nous sommes nombreux à avoir cette peur

du manque ancrée dans nos psychés. Nous la tenons de nos lignées, des gens et de messages qui nous entourent. Si vous écrivez de la romance, vous utilisez sûrement souvent cette blessure dans vos histoires d'amour. Le héros ou l'héroïne refuse de retomber amoureux(se) parce qu'il ou elle a déjà été blessé(e). Le personnage principal est prêt à se priver de tout le plaisir, de toute la grandeur, de la gloire de vivre une relation magnifique parce que ça lui ferait trop mal de tout perdre.

Aussi illogique cela soit-il, ce phénomène se produit tous les jours. Après mon divorce, ça m'a pris plusieurs années pour me sentir prête à offrir à nouveau mon cœur à quelqu'un.

Je me souviens que lorsque ma première fille est née, je l'aimais si fort que j'en avais mal. Ce qui me faisait mal, c'était la peur que j'avais de la perdre. J'avais peur qu'on puisse venir m'enlever quelqu'un que j'aimais si profondément. Au cours d'une séance de méditation, j'ai vu comment m'étendre, de sorte que cet amour ne soit plus douloureux et puisse se transformer en amour infini et inconditionnel de l'unité.

Il se peut que le fait d'avoir de l'argent soit tout aussi douloureux. Que se passerait-il si vous tombiez amoureux de votre argent, pour tout perdre ensuite ?

Après une vie passée à vivoter, à ressentir la douleur du manque, peut-être est-il trop effrayant de se sentir « à l'aise » avec l'idée d'avoir de l'argent. Vous pourriez peut-être vous y habituer, et ça serait d'autant plus douloureux s'il disparaissait.

Je dois encore souvent me débarrasser de cette peur. Il m'arrive de penser à des choses comme :

•Je ne devrais pas trop m'habituer à ce niveau de réussite.

• Je ne veux pas me retrouver à dépendre de cette abondance.
• Amazon pourrait fermer mon compte et je pourrais tout perdre.
• Tout pourrait disparaître.
• Les marchés boursiers pourraient s'effondrer.
• Je pourrais avoir un accident de voiture ou tomber gravement malade et ne plus jamais pouvoir écrire.
• Les gens perdent leur argent tous les jours.

Évidemment, toutes ces terribles éventualités pourraient se produire. Mais vous savez ce qui est aussi vrai ? Que si vous l'avez créé une fois, vous pourrez le créer à nouveau. Le maître de votre destin et l'architecte de votre vie, c'est vous. C'est vous qui déterminez le niveau de richesse que vous voulez avoir, et vous pouvez l'attirer à vous maintenant et dans le futur. Il n'existe pas non plus une façon unique de le créer. Il ne faut pas obligatoirement que ce soit grâce aux ventes de *ce* livre ou de *cette* série. Si vous vous ouvrez à l'idée de recevoir l'abondance tous azimuts, vous obtiendrez cette « source de revenus multiple » dont les conseillers financiers parlent tant, ce qui vous mettra un peu plus à l'abri des balles. Ou vous serez immunisée contre la récession. Ou contre le fait de tout perdre demain.

Essayez l'un de ces changements de scénario :
Si je l'ai créé une fois, je peux le créer à nouveau.
C'est facile de gagner plus d'argent.
L'argent me revient toujours.
Je suis la créatrice de ma fortune, et aussi

longtemps que je serai en vie, je continuerai de créer.

Je suis la vibration de l'abondance.

Je résonne avec l'abondance.

Avoir de l'argent fait de moi une cible

Lorsque j'ai appris que Porsche avait conçu et commercialisé une voiture électrique, je me suis extasiée à ce sujet auprès de mon père, un passionné d'automobiles. Franchement, qu'est-ce qu'on pourrait rêver de mieux : une Porsche sexy associée à une technologie verte pour sauver la planète. N'est-ce pas ?

Mais mon père a secoué la tête. « Ma Lexus a un gros avantage. Quand je me gare dans un parking, il y a plein d'autres SUV Lexus blancs autour. Je ne me fais jamais remarquer. »

Euh... Quoi ?

Cela dit, combien d'entre nous ont reçu cette consigne dès le collège ?

- Ne te fais pas remarquer.
- N'attire pas l'attention.
- Ne deviens pas une cible.

J'élève deux adolescents qui font des efforts considérables pour s'assurer de ne jamais se faire remarquer, ni de faire quoi que ce soit qui sorte de la norme.

Mais imaginez toute l'abondance, la joie, l'expression personnelle et la créativité dont vous pourriez vous priver si vous refusez de vous faire remarquer.

Vivre dans la peur de recevoir trop d'attention – ou d'être vu – peut constituer un énorme blocage au succès. Pensez-y. Le message que vous envoyez à l'Univers, c'est : « Je ne veux pas que les autres me voient. » Plongez-vous dans l'idée d'être vue. Si vous êtes vraiment honnête avec vous-même, êtes-vous disposée à être vue ? Dans quel domaine de votre vie êtes-vous disposée à vous faire remarquer ? Portez-vous les habits et les chaussures que vous voulez ? Voire la coiffure qui vous plaît ? Est-ce que vous dites ce que vous voulez ? Êtes-vous prête à prendre des risques dans votre vie ? Une partie de cette peur est une peur d'échouer en public. D'être gênée. Qu'on se moque de vous. D'être humiliée, prise pour cible. De se sentir mal ou d'avoir honte de vouloir quelque chose de plus.

Commercialiserez-vous vos livres correctement si vous avez peur d'être vue ?

Hésiterez-vous à publier une vidéo sur TikTok ou à vous livrer un peu plus dans une newsletter ? Comment vos livres ont-ils la moindre chance de devenir viraux si vous vous cachez, si vous avez peur de vous distinguer ? Comment pouvez-vous attirer la richesse si vous avez peur qu'elle fasse de vous une cible ? Et même si vous l'attirez, vous permettrez-vous d'acheter une voiture tape-à-l'œil, si c'est ça qui vous fait rêver ? Ou achèterez-vous la voiture qui vous permettra de vous fondre dans la masse ?

Ce qui est intéressant, c'est que les lecteurs, les fans, les téléspectateurs et les gens en général aiment que leur vie soit faite de hauts et de bas.

J'ai démarré en écrivant de la fiction érotique et *kinky*. Nous, les auteurs qui écrivent des choses pas considérées comme tout à fait acceptables, ou qui ne sont pas de la fiction littéraire, sommes nombreux à adopter une énergie de « dissimulation ». Si vous vous planquez, les gens ne pourront pas vous trouver facilement !

Peut-être ne voulez-vous pas que votre professeur de littérature apprenne que vous écrivez de la fiction de genre, peut-être n'avez-vous pas envie que votre mère croyante sache que vos livres contiennent des scènes de sexe explicites. Quelle que soit la raison pour laquelle vous pensez devoir être gênée ou devoir cacher ce que vous écrivez, envisagez l'idée de laisser tomber et d'affirmer que vous êtes prête à être vue.

Je viens d'entendre parler de la BMW i8 rose irisé de Paris Hilton, et j'ai dû faire des recherches pour la voir de mes propres yeux – cherchez-la sur Google et vous verrez de quoi je parle ! C'est une création au charisme exacerbé. Elle est d'une féminité sans faille. Encore plus belle qu'une voiture Barbie – et non, je n'en ai jamais possédé, mais mon amie Claudia si, et j'étais très jalouse. Voici une femme qui n'a pas peur de conduire la voiture qui lui plaît ni de montrer au monde entier qu'elle a de l'argent.

Ma coach énergétique, Erin Chanel, m'a un jour posé la question : « **Es-tu prête à être vue ?** »

J'ai hésité. L'étais-je vraiment ? J'ai caché mes livres pendant mes premières années en tant que romancière en utilisant un nom de plume. J'avais peur que l'association de parents d'élèves ne le découvre et me chasse de l'équipe à cause des histoires *kinky* qui sortaient de mon imagination. Et puis, si on vous voit, on risquerait de vous juger. Je pouvais recevoir tout un tas de mauvaises critiques. Je pouvais devenir la risée du monde de la romance.

Mais non, j'ai décidé que j'étais prête. J'étais prête à être vue.

« Oui », lui ai-je affirmé.

Comme vous le découvrirez en suivant ces sept étapes pour manifester l'abondance, l'Univers réagit promptement lorsque nous trouvons notre propre voie. Le jour qui a suivi cette conversation, j'ai été interpellée par une cliente dans mon épicerie de quartier. « Excusez-moi », m'a-t-elle dit.

Je me suis arrêtée et je me suis retournée en lui lançant un sourire agréable. Je m'attendais aux commentaires habituels que me font les inconnus. Soit « j'adore vos cheveux » (j'avais des mèches fuchsia à l'époque), soit « j'aime beaucoup votre sac » (c'était un joli sac à dos coloré Kate Spade). Au lieu de ça, elle m'a dit : « Je voulais juste vous dire que j'adore vos livres. »

Quoi ?!

Je n'arrivais pas à y croire.

« Vous lisez mes livres ? »

— Oui, et je les adore. »

Je me sentais célèbre. Reconnue. Je n'étais plus si seule à présent (soyons honnêtes : l'écriture peut être un métier très solitaire !). Mon désir de recevoir s'était épanoui (nous en parlerons plus en profondeur dans l'étape 7 – « Honorez-vous »). Dès le moment où j'avais dit à l'Univers que j'étais prête à être vue, c'était arrivé, ici même, au beau milieu de l'épicerie du coin – quelqu'un qui aimait mes livres.

Alors… êtes-vous *prête* à être vue ? Êtes-vous prête à être vue comme une romancière célèbre ? Comme un ***écrivain millionnaire*** ?

Ou avez-vous peur que l'attention que vous recevrez soit négative ? Que les gens jettent des œufs sur votre voiture à l'épicerie, qu'ils entrent par effraction dans votre maison pour vous voler vos trésors, ou encore qu'ils vous harcèlent pour obtenir des autographes ? Pouvez-vous croire que vous pouvez aussi manifester une attention essentiellement positive, et que tout ce qui ne sera pas positif ne fera tout simplement pas son apparition dans votre monde parce que vous ne lui consacrerez absolument aucune énergie ? Ça ne veut pas dire qu'il n'y aura rien de négatif, mais vous pourrez choisir de recevoir cette négativité sans qu'elle vous déstabilise. Nous pouvons utiliser toute énergie à notre avantage, pour créer quelque chose de supérieur (nous parlerons plus de la façon de faire une telle chose au chapitre suivant).

Peut-être qu'en ce moment même, vous bloquez des critiques de votre livre parce que vous avez peur d'en recevoir de mauvaises. Cela maintient l'énergie de votre livre cachée au monde, et les lecteurs ne peuvent pas le trouver. C'est ça que vous voulez ? Ou pouvez-vous admettre que même les meilleurs auteurs, les plus aimés, ceux qui ont le plus de succès, reçoivent de mauvaises critiques ? Votre travail ne plaira pas à tout le monde, mais vous pouvez attirer des personnes qui aimeront vos livres, ce qui est mutuellement avantageux, un bénéfice pour vous comme pour elles.

Si c'est un problème persistant chez vous, j'ai préparé une méditation guidée de dix minutes pour vous aider à vous débarrasser de ce problème, que de nombreuses personnes ont trouvée utile. Vous pouvez y accéder en adhérant au club des écrivains abondants.

Changements de scénario :
Je suis disposée à être vue.
Je suis vue et aimée. (Ou même : **Voyez-moi, aimez-moi !**)
Mon visage est ma richesse. (Celle-là, elle m'aide à me mettre en scène sur TikTok !)
Il n'y a pas de danger à être riche. (Ou alors... **Je suis riche et en sécurité**.)
Il n'y a pas de danger à avoir du succès. (Ou alors... **J'ai du succès et je suis en sécurité**.)

Étude de cas : Felicity Brandon – Être vue

Felicity Brandon, autrice de romans à succès citée par l'*USA Today*, est membre du club des écrivains abondants depuis sa création. Au début, pour elle, le simple fait de participer à une réunion Zoom et de montrer son visage à ses pairs était un défi.

Felicity est un nom de plume qu'elle utilise pour se protéger. « J'étais terrifiée à l'idée qu'on me reconnaisse. Cette peur est liée au genre que nous écrivons [la *dark romance*[1]]. » Felicity ne voulait pas que ses proches apprennent qu'elle écrivait des scènes de sexe – et surtout pas des scènes de sexe *kinky*. Elle pensait : « Que se passera-t-il si les gens découvrent que je gagne de l'argent avec ça ? »

« Je sentais bien que je me retenais, mais je ne savais pas comment démêler ces lianes grimpantes dans lesquelles je m'étais emmêlée. »

---

1. NDLT : la *dark romance* est un sous-genre de la littérature sentimentale apparu dans les années 2010, vite devenu très populaire. Les relations qu'elle met en scène sont souvent interdites, moralement répréhensibles ou condamnées par la loi.

En travaillant sur son état d'esprit abondant, elle s'est rendu compte que : « Plus je craignais d'être vue, moins je gagnais d'argent parce que personne ne voyait mes livres – personne ne savait que je les écrivais. »

« Je me souviens comme si c'était hier du moment exact où j'ai commencé ce voyage pour être vue. C'était en 2021 – nous avons fait la première réunion vidéo du club des écrivains abondants. C'était la toute première fois que j'étais ouverte à l'idée d'être vue – avant cela, personne ne connaissait mon visage, ni ne savait qui j'étais au-delà d'un avatar. »

Après cela, Felicity a fait le choix conscient de s'ouvrir pour être vue, et à partir de là, tout a changé pour elle. « J'ai commencé à m'ouvrir à toutes les possibilités. Je me suis fait la promesse d'aller de l'avant et de m'ouvrir à tout. Que je laisserais les lecteurs me voir et venir à moi. » Felicity a choisi de prendre rendez-vous avec un photographe professionnel et a posté les photos sur les réseaux sociaux pour montrer son visage à ses lecteurs. « Je devais lâcher prise et libérer l'énergie qui ne me servait plus pour m'ouvrir à l'énergie de ceux qui aimaient mes livres. Ça a été merveilleux. »

Felicity a également vu ses revenus augmenter, surtout après avoir suivi la méditation guidée « Devenir viral sur TikTok » qui est incluse dans la bibliothèque du club des écrivains abondants. « J'avais ouvert mon compte TikTok littéralement une semaine avant, je n'avais absolument aucune idée de comment ça fonctionnait. Lorsque j'ai écouté la méditation guidée, je me suis concentrée pour m'ouvrir aux suggestions et à l'Univers. »

Elle a trouvé que certaines parties spécifiques de la méditation guidée étaient particulièrement utiles – libérer l'énergie d'autres personnes que nous portons dans nos champs énergétiques et magnétiser toute l'énergie des lecteurs potentiels sur TikTok.

« Ce même jour, littéralement quelques heures plus tard, mes ventes ont plus que triplé. Je ne peux pas dire que j'étais devenue virale, mais *waouh...* Il s'était passé quelque chose. » Pour elle, c'est arrivé parce qu'elle s'est ouverte à l'énergie de tous ces lecteurs et qu'elle les a invités, parce qu'elle a voulu être vue, une chose totalement nouvelle. « La méditation a vraiment été un succès. Je l'ai faite deux fois depuis, et j'ai doublé mes ventes les deux fois où je l'ai faite. C'est magique ! Merci, l'Univers ! »

Si Felicity pouvait résumer toute la magie de l'état d'esprit d'abondance en un mot, ce serait la gratitude. « L'élément qui change la donne, c'est tout simplement la gratitude. Plutôt que de penser constamment : "Je n'ai pas quatre millions de livres à la banque" ou de me complaire dans la comparaison, j'observe vraiment ce que j'ai déjà – une magnifique maison, une famille, un travail que j'adore, une douche chaude – je reviens à l'essentiel. Vous réalisez que vous êtes déjà la personne la plus abondante au monde. Dès que j'ai pris conscience de cela, l'abondance m'a foncé dessus avec une rapidité déconcertante. L'Univers m'a dit : "Ça y est, elle a compris – tiens, prends-en plus." »

Son conseil aux autres auteurs : « Soyez très au clair sur ce que vous avez. Passez votre temps à penser à ce que vous avez et à en profiter au lieu de penser à ce que vous n'avez pas et à ce qui vous fait peur. Sans aucun doute, vous recevez l'énergie de ce que vous êtes – ce que vous dégagez, c'est ce que vous recevez. »

« Je peux vraiment remonter au moment précis où tu as commencé à faire ces réunions Zoom – ça a été une métamorphose. **Cet état d'esprit dure pour toujours. Je peux l'appliquer à tous les aspects de ma vie et être plus heureuse, avec plus de facilité et de joie. C'est ce que nous voulons tous !** »

Exercice d'écriture libre : exploitez votre génie

Puisons dans quelques-unes de vos croyances limitantes autour de l'argent et de la richesse. Quelles sont vos blessures liées à l'argent ? Sortez votre carnet et un stylo. Souvenez-vous de laisser votre stylo se déplacer sur la page sans rien modifier, ni arrêter le flux pour réfléchir.

Écrivez jusqu'à ce que vous n'ayez plus rien à dire sur les sujets suivants :

- Quelles croyances avez-vous sur les gens riches ?
- Qu'arrivera-t-il si vous devenez riche ?
- Que détestez-vous à propos de l'argent ?
- Qu'adorez-vous à propos de l'argent ?
- Je ne peux pas être riche parce que…
- Quelles croyances autour de l'argent ou de la richesse vous limitent le plus ?
- Qu'arrivera-t-il si on vous voit comme l'écrivain que vous êtes…

Maintenant que vous avez exploré votre subconscient à la recherche de croyances et de schémas de pensées limitants, bouleversez-les en utilisant une ou plusieurs des méthodes de nettoyage décrites dans le chapitre 3 : « Comment nettoyer la saleté ».

Chapitre 5
Éliminer les résistances à une nouvelle image de soi

Lorsque j'ai accouché de mon second enfant, nous avons décidé qu'il valait mieux quitter notre maison de 1 200 mètres carrés pour emménager dans un logement plus grand. L'immobilier étant censé être un excellent investissement (il s'est avéré que ce fut au cours de cette décennie en particulier que le marché de l'immobilier a complètement stagné !), nous avons voulu garder notre première maison et la louer pour payer le prêt.

La semaine même où j'étais évaluée pour refinancer ce prêt et payer l'acompte de la nouvelle maison, j'ai été licenciée de mon poste de rédactrice technique. C'était définitivement l'un de ces cas de figure où l'Univers m'apportait sur un plateau ce que j'avais trop peur de faire moi-même. Je venais de terminer une formation de quatre ans pour devenir praticienne Feldenkrais, en travaillant la rééducation corporelle par le biais du mouvement, mais quitter la sécurité et les bénéfices de mon ancien emploi était beaucoup trop terrifiant pour moi. J'avais demandé à l'Univers d'arranger les choses, et c'est exactement ce qu'il a fait. On m'a accordé trois mois d'indemnités de départ, ainsi qu'une assurance COBRA[1], que l'Obamacare venait de rendre abordable, et la possibilité de toucher le chômage pendant que je terminais mes études et que j'ouvrais mon cabinet.

Mais en aucune façon la société de crédit n'accepterait de me faire ce prêt si je n'avais pas d'emploi. À l'époque, mon mari travaillait à son compte, et ils nous avaient déjà dit qu'ils ne calculeraient aucun de ses revenus pour la qualification au prêt. J'ai expliqué ma situation à une collègue du service des Ressources Humaines. La société de prêt l'a appelée le jour même – pour vérifier que je travaillais bien dans l'entreprise à ce jour et demander le montant de mon salaire – et ma collègue n'a pas eu à mentir. Elle n'a pas volontairement donné l'information que mon contrat se terminerait une semaine plus tard, et ils n'ont rien demandé. Une fois de plus, l'Univers a été à la hauteur.

Mais ensuite, ma blessure liée à l'argent a fait son apparition lorsqu'il a été question de louer l'ancienne maison. Combien d'histoires, de films ou de livres avez-vous entendus, vus ou lus, où c'est le propriétaire le salaud ? Je ne savais même pas que j'avais une mauvaise image des propriétaires, mais il semblerait que j'étais terriblement gênée de jouer ce rôle-là. Je résistais tellement à l'idée d'être une « seigneuresse des taudis » que lorsque mes locataires ne payaient pas leur loyer à temps, j'attendais plusieurs jours avant de les appeler et de leur demander très, très gentiment s'ils pouvaient – s'il vous plaît – payer leur loyer, parce que sans cela, je ne pourrais pas payer le prêt de la maison. Je les laissais payer en retard sans les pénaliser. Je

---

1. NDLT : le *Consolidated Omnibus Budget Reconciliation Act* (COBRA) donne aux travailleurs et à leurs familles qui perdent leurs prestations de santé le droit de choisir de continuer à bénéficier des prestations de santé de leur régime collectif pendant des périodes limitées.

ne les ai jamais menacés, on aurait plutôt dit que je les suppliais.

Sur le plan énergétique, je refusais tellement d'être la personne qui avait le pouvoir financier que je repoussais les avantages de cette situation et me compliquais la vie, au détriment de ma famille et de mon propre niveau de stress. Comme Rachel Rodgers, autrice de l'inspirant *We should all be millionaires,* dirait, il s'agissait là d'une belle « mentalité de fauché » plutôt que d'une « mentalité de millionnaire ».

Il ne s'agit pas de savoir si devenir propriétaire, demander l'argent qui vous est dû ou entrer sur le marché de l'immobilier est une bonne ou une mauvaise chose.

Le problème avec cette situation, c'était qu'il existait une énergie à laquelle je résistais, et cette résistance a créé un déséquilibre dans mon univers.

Chaque fois que vous résistez à l'idée d'être quelque chose, chaque fois que vous jurez (dans n'importe quelle vie) « je ne serai jamais ça » ou « je ne ferai jamais ça », cela crée une restriction dans votre monde actuel. Si vous détestez les personnes manipulatrices et que vous avez juré de ne jamais devenir cette personne-là, sachez que vous attirerez ces gens dans votre vie, parce que vous avez une charge positive ou négative dessus. Toute polarité vous créera des difficultés et magnétisera ce schéma précis dans votre direction.

Si vous ne voulez jamais devenir comme ces gens qui demandent l'addition après le repas et divisent le total pour ne payer que leur part exacte, il est fort probable que vous vous retrouviez souvent dans des situations avec des personnes spécialisées là-dedans. Si vous ne voulez pas être le resquilleur qui ne propose jamais de régler l'addition en premier, il y a probablement des personnes qui profitent de vous. Vous les attirez parce que vous avez une charge énergétique sur ce comportement ou sur ce type de personnes.

Lorsque j'ai essayé de trouver de l'aide pour nettoyer ma maison pour la première fois, j'ai eu un mal fou à embaucher quelqu'un. Ça a éveillé de la honte et de la gêne en moi. Une partie de cette gêne se trouvait dans l'idée que je pensais devoir être capable de nettoyer ma propre maison, mais en réalité, une grande partie de cette honte était liée au fait que je ne voulais pas être une pétasse riche qui menait ses femmes de ménage à la baguette. Encore une fois, cette femme-là est toujours dépeinte de manière négative dans les films et les livres.

Pour m'aider à me débarrasser de cela, j'ai dit cinq fois à voix haute : « Je suis une pétasse riche, je suis une pétasse riche, je suis une pétasse riche, je suis une pétasse riche, je suis une pétasse riche », puis je me suis débarrassée de toutes les images que cette phrase a fait surgir.

Entraînez-vous une nouvelle fois à dire « J'aime l'argent » à voix haute cinq fois sans ressentir le moindre blocage dans votre gorge, et sans que votre corps réagisse. Ensuite, ayez le courage de vous pencher sur la question et de faire le travail nécessaire pour nettoyer ce qu'il y a à nettoyer.

Quels jugements portez-vous sur votre propre vie à ce moment-là ? Quels sont les schémas ou les structures de votre vie qui vous maintiennent enfermée dans cette boîte, à faire sans cesse la même chose ? Quels sont les croyances, les idées préconçues, les points de vue qui vous empêchent d'avancer ?

Étude de cas : Alta Hensley – Sortir de la boîte

Alta Hensley, autrice à succès citée par l'*USA Today*, a été l'une de mes premières amies dans la communauté de romancières. En 2018, elle est venue, inconsciente des événements, me récupérer à l'aéroport de Reno pour la RT Booklovers Conference[1], pour me voir fondre en larmes et lui raconter que je m'étais séparée de mon mari la veille. Nous partagions une chambre d'hôtel pour la convention, et comme j'en avais clairement besoin, nous avons fait une session de travail énergétique.

L'une des choses dont nous avons parlé ensemble était notre désir de dépasser nos limitations et notre peur d'être vues comme de simples autrices de romans érotiques. « En tant qu'écrivains, nous sommes de véritables monstres de créativité, mais nous doutons aussi énormément, m'a-t-elle dit lorsque je lui ai parlé il y a peu. Je me sentais très petite et j'avais l'impression de ne pas pouvoir m'évader. J'étais

---

1. NDLT : convention annuelle organisée par le *Romantic Times*, magazine spécialisé dans la littérature romantique.

prête à sortir du lot et à devenir plus qu'une simple autrice porno. Je voulais devenir grand public. »

Lorsque j'ai accédé à ses points Bars, elle s'est libérée de la limitation qu'elle s'était imposée à elle-même : être marginalisée en tant qu'autrice de romans érotiques. « J'ai eu beaucoup de mal à sortir de la petite boîte d'où j'avais démarré. Mais pendant que nous méditions, je me suis rendu compte que je m'étais mise dans cette boîte *moi-même*. Je souffrais du syndrome de l'imposteur – je me sentais petite. Je ne savais pas comment devenir grande. Je ne savais pas ce que c'était. Tu m'as poussée à sortir de mon moule. »

Pendant notre séance de méditation et de visualisation, nous avons toutes les deux vu apparaître le mot *Empire* pour Alta.

« J'en ai eu les larmes aux yeux – c'était un sentiment doux et puissant à la fois. Je me suis rendu compte que je m'empêchais d'avoir cet empire. C'était un changement mental que je devais opérer. »

« Dès la fin de la convention, ma carrière a grimpé en flèche. J'avais abandonné ce blocage. Je suis sortie de ma boîte et je me suis tournée vers le grand public, et mes livres ont beaucoup mieux marché, je me suis développée en tant qu'autrice. Les gens m'ont tendu la main, et j'ai fait mon entrée dans le monde de la romance contemporaine, en quittant le petit créneau de l'érotique. Le fait de croire que je pouvais grandir et croître a fonctionné ! »

Aujourd'hui encore, Alta garde le mot *Empire* écrit sur son bureau, comme une ancre, ou un rappel de l'énergie qu'elle veut incarner. « À mes yeux, ça veut dire : "Vois les choses en grand, sois grande, ne t'enferme pas dans une petite boîte." Les écrivains pensent qu'ils sont petits, et ils espèrent qu'un jour ils seront grands, au lieu d'être eux-mêmes et d'être grands dès maintenant. »

Bien sûr, comme pour tout un chacun, c'est un processus constant. « Aujourd'hui encore, c'est un travail en cours. Je dois continuer à me concentrer sur ce sentiment d'*Empire*. Pour grandir encore. Je dois résister à la tentation de rester dans ma petite boîte. Je dois sans cesse me rappeler qu'il faut que j'arrête de me minimiser. »

« Parfois, je peux être ma pire ennemie – je me restreins. Je pense des choses comme : "Ah, je ne fais que de la dark romance, et c'est à cause de ça que je ne serai jamais grand public." » Elle m'a raconté que lorsque Skye Warren l'a invitée à écrire dans son monde, Alta lui a demandé quel niveau de torride elle désirait et comment elle voulait que ce soit écrit. « J'étais persuadée de devoir changer pour pouvoir m'adapter à son monde. » Bien entendu, Skye a répondu à Alta d'écrire exactement de la même manière que d'habitude. « Elle m'avait invitée pour ce que j'écrivais déjà. J'avais commencé à me renfermer sur moi-même en pensant que je devais être différente, alors que j'étais là où je voulais être ! »

Poser une intention, avoir recours à la méditation et à la visualisation, et se concentrer sur un mot pour l'année sont des outils qu'Alta utilise régulièrement. « Je choisis un mot qui va marquer le début de mon année. *Empire* est mon mot clé depuis longtemps, mais j'ai aussi utilisé *Argent*, *Courage* et *Concentration*. »

Elle pose également son intention pour écrire des séries.

« Je fais faire les couvertures à l'avance, comme ça, sur un plan énergétique, c'est comme si c'était fait. »

Alta Hensley

Elle ajoute : « Une grande partie de ce que j'ai fait avec

toi, ça a été d'arrêter de me mettre dans une boîte. J'ai dû arrêter de me limiter. Je suis revenue à l'énergie du mot *Empire* – je suis grande. Nul besoin d'être petite. »

Exercice d'écriture libre : puisez dans votre intuition

Écrivez librement sur la question suivante : **comment est-ce que je me fais toute petite ?**

Faites une liste ou remplissez une page en répondant à cette question : **que refusez-vous d'être ?**

Je suis sûre que vous avez d'excellentes raisons de refuser d'être tout cela. Ou peut-être que les raisons ne sont pas conscientes – c'est peut-être une chose que vous avez apprise en regardant *Les 101 Dalmatiens* ou à laquelle votre mère, votre père, vos grands-parents ou vos professeurs croyaient.

Êtes-vous prête à vous en débarrasser, pour qu'il n'y ait ni polarité ni charge énergétique sur rien de tout ça ? Ainsi, vous pourrez créer la vie abondante que vous désirez. Écrivez un oui géant sur la ligne ci-dessous, ou dites-le à voix haute.

Après avoir réfléchi à ces questions, quels outils de nettoyage vous aideront à éliminer ces éléments de votre champ d'action ou de votre champ énergétique ? Penchez-vous là-dessus et nettoyez-moi tout ça.

Étape 2 : Attisez le feu

Chapitre 6

Trouvez votre pourquoi et précisez vos intentions

L'étape suivante pour manifester l'abondance consiste à attiser le feu. C'est ici que vous précisez vos intentions, que vous trouvez votre pourquoi et que vous attirez les sentiments et l'énergie qui vous seront apportés lorsque vous manifesterez ces intentions.

Personnellement, je déteste quand, à la fin des livres ou des films, le héros ou l'héroïne s'éloigne de la richesse pour prouver qu'il ou elle a une moralité à toute épreuve. Le personnage n'aurait-il pas pu accepter l'argent et faire des choses incroyables avec ?

Bien sûr, vous n'allez pas devenir Ebenezer Scrooge. Au lieu de cela, pensez à tout le bien que vous pourrez faire avec votre abondance. Faire un don à l'association de parents d'élèves, reboiser la forêt amazonienne, aider votre nièce à acheter sa première voiture. Pensez à offrir à votre corps de beaux draps ou de beaux vêtements. Prenez des vacances. Vous n'aurez plus jamais à vous inquiéter de recevoir des factures imprévues. Tout ce qui vous illumine, tout ce qui vous rend heureuse, sera un cadeau à toute l'Humanité et à toute la Terre.

Il y a de fortes chances que vous sachiez déjà ce que vous voulez. C'est la raison pour laquelle vous avez choisi ce livre. Alors, attisons le feu. Imaginez votre avenir le plus radieux jusqu'au moindre détail, afin de pouvoir en retenir l'énergie et la vibration, et commencez à le vivre dès maintenant (nous en parlerons plus en détail dans l'étape 6).

C'est la meilleure partie ! Vous avez l'occasion de réfléchir à votre vie parfaite. Gardez en tête qu'elle peut très bien constituer une carte en perpétuelle évolution. Vous ne vous enfermez dans rien du tout. Vous pouvez parfaitement changer d'objectif en cours de route. Vous pouvez choisir, puis peaufiner ce choix, ou choisir quelque chose à l'infini. Le seul mauvais choix, c'est de croire que les mauvais choix existent.

Trouvons ensemble votre pourquoi.

De nombreuses personnes ne sont pas motivées par le simple fait d'être riche. Par un numéro affiché sur leur compte en banque. Elles sont motivées par l'idée d'envoyer leurs enfants à l'université, de quitter leur boulot, d'acheter une nouvelle voiture et de prendre des vacances de rêve. Si on creuse un peu plus, on s'aperçoit qu'en fait, ce qu'elles recherchent, c'est une sensation énergétique.

Il peut s'agir du luxe. La fin d'un sentiment d'impuissance ou d'inutilité. La liberté. L'un des nombreux problèmes que l'argent a résolus pour moi, ça a été la peur de ne pas pouvoir faire face aux obstacles que la vie mettait sur mon chemin. Comme la panne de chauffage chez moi. Ou ma voiture qui ne démarre plus. Une visite surprise à l'hôpital. Les problèmes sont un peu plus faciles à gérer lorsque vous avez les moyens de vous en sortir simplement. Mais la réalité, c'est que pour cela, vous n'avez pas besoin d'argent. L'Univers vous soutient déjà, si vous choisissez d'y croire, de lui demander de l'aide et de recevoir les cadeaux qu'il vous envoie. Et vous pouvez bénéficier dès à présent des énergies du luxe, du pouvoir et de l'estime de soi. Nous en reparlerons à l'étape 5.

Pour l'instant, jouons à rêver à l'existence de certaines choses.

Exercice d'écriture libre : puisez dans votre intuition

Écrivez jusqu'à ce que vous ne trouviez plus rien à dire en réponse aux questions suivantes :

- Si vous aviez une baguette magique et que vous pouviez la brandir pour transformer votre vie ou votre carrière de quelque manière que ce soit, que demanderiez-vous ?
- À quoi ressemblerait votre vie si elle était créée par une baguette magique ?
- En tant qu'écrivain, où voulez-vous être dans trois ans ?
- Mettez-vous dans cette situation – imaginez que c'est fait. À quoi ressemble votre vie ?
- Que faites-vous différemment ? Mieux ?
- Est-ce quelque chose que vous pouvez intégrer dès aujourd'hui ?
- Quelle est la chose que vous pourriez faire immédiatement pour améliorer votre carrière ?
- Quelle est la chose que vous pourriez faire aujourd'hui pour améliorer votre qualité de vie et vous sentir abondante ?

- Quels sont les exploits et les réussites que vous pouvez déjà honorer et célébrer maintenant ?
- Comment comptez-vous vous récompenser pour avoir atteint vos objectifs ?
- Quelles sont les trois journées parfaites de l'écrivain millionnaire ? (Petite astuce : c'est un excellent exercice matinal d'imaginer de plus en plus de variantes de la journée parfaite.)

Par exemple : vous vous réveillez et votre conjoint sexy vous a déjà préparé un cappuccino bien mousseux et absolument parfait. Votre assistante vous envoie un texto pour vous dire tout ce qu'elle va faire pour vous aujourd'hui et que vous n'avez pas besoin de vous préoccuper de quoi que ce soit sur le plan administratif – vous n'avez plus qu'à vous concentrer sur votre merveilleux livre. Vous prenez une longue douche ininterrompue au cours de laquelle toutes sortes de pensées créatives vous passent par la tête et vous vous enthousiasmez en pensant aux scènes que vous allez écrire. Vous attrapez votre sac de plage déjà prêt et vous vous rendez jusqu'à la plage (parce que vous habitez à quelques mètres de la plage, évidemment !). Vous vous installez sous un parasol et commencez à écrire, en dépassant facilement et sans aucun effort la quantité de mots que vous aviez prévu d'écrire pour la journée. Puis vous rentrez chez vous, où un masseur s'est déjà installé pour vous prodiguer un merveilleux massage. Cette nuit-là, vous passez à votre librairie de quartier, où vous avez une séance de dédicaces prévue, et vous voyez une file d'attente de gens qui n'attendent que vous qui fait le tour du bâtiment. Vous vous imprégnez de tout cela, vous souriez, et saluez, et vous adorez vos fans, qui vous le rendent bien...

Bon, d'accord, je n'ai jamais rêvé de ça, mais maintenant

que je l'ai écrit pour vous, je pourrais très bien l'incorporer dans ma machine à rêves !

Exercice pratique

Cette semaine, faites votre demande à l'Univers. Demandez-lui de l'aide, des conseils, une prise de conscience, etc. L'une de mes questions préférées est : « Quelles sont les possibilités infinies qui me sont offertes dans cette situation ? »

Posez votre intention

La façon dont vous formulez vos demandes à l'Univers compte énormément. Si vous avez déjà appris l'autohypnose (ou que vous avez été parent d'un tout-petit !), vous avez sûrement appris qu'il faut toujours formuler les choses de manière positive. Ainsi, on ne dira pas « plus de mal de tête », parce que le seul mot qu'entendra le subconscient, c'est « mal de tête », et vous en aurez encore plus.

Il faudra plutôt formuler les choses par l'affirmative. *Je me sens bien dans ma tête, mon esprit est au clair, et mon corps est en pleine forme* – ou quelque chose comme ça. Dans le cas des tout-petits, le fait de leur dire ce qu'ils *peuvent* faire (avec leur voix, le sable, la nourriture) au lieu de leur dire ce qu'ils ne peuvent *pas* faire fonctionne mieux. Lorsque j'enseignais les claquettes à des enfants de trois ans, au lieu de leur dire d'arrêter de taper du pied, de faire autant de raffut et de créer la pire cacophonie jamais entendue sur Terre, je leur disais d'une voix douce et calme « pieds légers », et ça fonctionnait comme par magie. La salle entière devenait silencieuse, et ils posaient leurs regards curieux sur moi, comme pour me dire qu'ils étaient prêts à recevoir la prochaine consigne.

Lorsque mes adolescents se plaignent, je leur demande toujours de reformuler leurs plaintes comme des demandes. Au lieu d'un « j'ai faim », je demande à entendre quelque chose comme : « Maman, est-ce qu'on peut manger un morceau ? » Je m'imagine qu'en les entraînant à faire cela, je les prépare à manifester leurs demandes à l'Univers comme des stars du rock.

Réfléchissez-y – combien de fois réagissons-nous face aux problèmes de la vie comme mes adolescents affamés ? Amazon vous envoie une lettre de demande relative aux droits pour un livre que vous avez mis en vente (ça m'est arrivé aujourd'hui – grrrr) et vous voilà à deux doigts de baisser les bras et de dire « Pfff, c'est nul ».

Effectivement, c'est nul. Mais quelle est votre demande ? (Là, c'est à moi que je pose la question, parce que j'adorerais modifier ce problème-là en particulier.) La demande à l'Univers pourrait être : « Tous mes livres sont diffusés sur la plateforme facilement. » Lorsque nous posons une demande ou une intention, il faut être clair. Parfois, je me surprends à dire « argh... pitié, pas encore une lettre d'Amazon », et ça peut me prendre plusieurs itérations avant d'arriver à mon intention réelle. Ça ne fait rien. Retravaillez votre demande jusqu'à ce qu'elle soit claire et vous semble légère.

Encore une fois, il s'agit de changer le scénario. Il est important de se rappeler que vous programmez à la fois votre propre cerveau, votre corps et votre état énergétique, que vous faites une demande à l'Univers et que vous déclenchez la loi de l'attraction. Chaque fois que vous vous plaignez de quelque chose ou de quelqu'un, vous invitez davantage cette chose ou cette personne dans votre vie. Vous en intensifiez votre expérience. Que voudriez-vous demander à la place ?

Si vous voulez zapper sur la chaîne de ce que vous *voulez* vivre, soyez claire avec vous-même. Formulez votre demande au positif.

•*Je suis une autrice de best-sellers citée par le* New York Times.

•*Je gagne sept chiffres par an grâce à mes œuvres.*

•*J'ai une équipe de communication et d'administration qui m'apporte tout le soutien dont j'ai besoin.*

•*Mes livres et mes histoires ont été adaptés en films.*

Vous avez remarqué que les demandes étaient formulées comme si elles s'étaient déjà produites, et non comme un souhait ou un besoin ?

Réfléchissez au mot *besoin*. On l'utilise pour formuler quelque chose depuis le manque. Par exemple : « Cette maison a besoin d'être réparée. »

Donc, le but n'est pas d'affirmer que nous manquons de quoi que ce soit !

Une fois que vous savez ce que vous voulez demander et que vous êtes capable de l'exprimer clairement, vous pouvez vous pencher dessus. Lorsque vous énoncez votre demande, sentez-vous comme une gêne dans votre corps ? Vos demandes pourraient vous aider à identifier des croyances limitantes agaçantes, bonnes à une seule chose : être éliminées. Penchez-vous là-dessus. Effacez-les !

Inventer le futur

Voici une façon encore plus croustillante de jouer : un jeu qui se nomme « **Inventer le futur** ». Le but, c'est de faire comme si la chose que vous demandez s'était déjà produite.

Lorsque, avec mes consœurs romancières locales, Tess Summers et Misty Malloy, nous avons créé nos tableaux de rêves ensemble, nous avons joué à un jeu appelé « Inventer le futur ». Nous avons parlé de l'année comme si elle était déjà terminée, et que nous avions déjà atteint tous nos objectifs. Par exemple : « Eh, les filles, vous vous souvenez qu'en 2020, j'ai multiplié mes revenus par dix et j'ai pu m'acheter une nouvelle Porsche ? »

Un jour, en allant à San Diego pour une séance de dédicaces, nous avons joué à ce jeu pour trouver des places de parking. Nous nous engagions dans un endroit bondé et commencions à dire : « Vous vous souvenez de cette fois où tout était plein à craquer, mais qu'on a trouvé une place de parking facilement ? » et littéralement *à chaque fois*, la place de parking apparaissait. C'est arrivé sans faute, jusqu'au moment où Tess a dit : « Ça commence à faire peur. »

Quand je me surprends à m'enfoncer dans une spirale d'anxiété à cause de quelque chose dont je n'ai pas envie, j'en fais une session d'invention du futur pour remettre mes compteurs à zéro. L'année dernière, nous avons adopté deux chatons qui avaient un rhume. À cause de la pénurie de travail due au Covid (ou d'une autre mystérieuse raison post-pandémique), je n'ai jamais pu obtenir de rendez-vous chez un vétérinaire pour les faire examiner. J'ai commencé à m'enfoncer dans la spirale d'anxiété du « c'est nul », en étant persuadée que nous allions devoir nous rendre dans un centre de soins d'urgence ou un hôpital vétérinaire pendant toute une journée au beau milieu du week-end pour les faire examiner. En cherchant sur Internet un centre vétérinaire d'urgence, j'ai vu qu'il y avait une clinique sans rendez-vous au Walmart[1]. Normalement, aller à Walmart pendant le week-end se trouve en tout dernier sur la liste de choses que j'ai envie de faire, mais j'ai eu comme une intuition qui me soufflait que ce serait notre meilleure option (je vous parlerai plus en longueur de la façon de faire confiance à votre instinct dans l'étape 3).

Pendant le trajet, ma fille et moi avons joué à inventer le futur pour nous débarrasser de tout ce que je ne voulais pas qu'il arrive une fois sur place. « Tu te souviens quand on est allées chez le vétérinaire du Walmart, et qu'il n'y avait aucune file d'attente ?

— Oh oui, c'était génial.

— Et tu te souviens combien ils étaient gentils ? Et à quel point ils se sont bien occupés de nos chatons ? Ils les ont aidés tout de suite et ils leur ont donné exactement ce dont ils avaient besoin pour aller mieux.

— Oui, c'était incroyable », m'a répondu ma fille.

Et devinez quoi... Nous avons obtenu exactement ce que j'avais prévu. En plein samedi après-midi, la clinique scintillante, propre et conviviale était complètement vide. Les quatre membres du personnel ont accordé toute leur attention à nos matous, et nous sommes reparties avec des médicaments, des compléments et tous les conseils dont nous avions besoin pour prendre soin d'eux. Ce qui aurait pu être un désastre s'est transformé en une expérience cinq étoiles. Je me suis rattrapée à temps, j'ai changé d'énergie, et j'ai expliqué à l'Univers comment je voulais qu'on me traite. Vous m'avez bien lue, comme une reine, merci bien !

L'une des raisons pour lesquelles inventer le futur fonctionne aussi bien, c'est parce que parler de vos désirs comme

---

1. NDLT : chaîne de supermarchés présente partout aux États-Unis.

s'ils s'étaient déjà manifestés vous met dans un état de gratitude et de célébration envers ce que vous voulez, plutôt que de juger ce qui ne s'est pas encore manifesté.

Une autre raison est parce que ça fait appel à ce que le philosophe Neville Goddard a appelé la *loi de l'hypothèse*.

La loi de l'hypothèse

La loi de l'hypothèse est une variante de la loi de l'attraction. La loi de l'attraction stipule que vous attirez ce à quoi vous correspondez en matière de vibrations. Vos pensées et vos sentiments ont une influence sur ce qui se présente dans votre vie. Cependant, lorsque vous utilisez la loi de l'attraction pour manifester vos désirs, vous fonctionnez à partir d'un endroit où vous n'avez pas ce que vous voulez et où vous avez besoin de « l'attirer ». Avec la loi de l'hypothèse, c'est tout le contraire : vous supposez que vous l'avez déjà, ou que c'est déjà en route vers vous.

Molly O'Hare, autrice de romance, a utilisé cet outil efficace pour figurer sur la liste de *best-sellers* de l'*USA Today* avec son livre *Learning Curves*. Elle s'est répété à elle-même toute la semaine durant : « Je pars du principe que je figure sur la liste. »

Notez à quel point cela diffère de « Je veux figurer sur la liste de l'*USA Today* », ou pire encore : « Un jour, je figurerai sur la liste. »

S'il vous plaît, par pitié, je vous en supplie, gardez tout hors de la sphère du « un jour ». Même si vous avez l'impression de demander à l'Univers que quelque chose se produise dans votre avenir, en réalité, vous le repoussez en le classant dans la catégorie des espoirs et des rêves. Vous ne croyez pas vraiment que cela se produira. C'est comme ce bon vieux sentiment du « un jour, mon tour viendra ». Inventer le futur, ou utiliser la loi de l'hypothèse, est bien plus efficace pour invoquer ce que vous désirez.

Écrivez votre réussite

Essayez de dire que vous « partez du principe » avec toutes vos demandes, par exemple :

• Je pars du principe qu'il y aura une place de parking juste devant moi quand j'arriverai.

• Je pars du principe que je gagnerai un revenu à six chiffres cette année.

• Je pars du principe que je trouverai la paire de chaussures parfaite lorsque j'irai faire du shopping.

• Je pars du principe que je terminerai ce manuscrit avant la date prévue.

• Je pars du principe que les lecteurs vont adorer mon livre.

• Je pars du principe que je vais devenir virale sur TikTok.

Si vous avez du mal à dire « Je pars du principe que les lecteurs vont adorer mon livre » parce que ça vous semble trop arrogant, c'est un indice que vous avez davantage de résistances dont vous devez vous débarrasser dans le domaine du mérite et de la volonté de réussir. Réfléchissez-y – si vous visez un revenu à six chiffres cette année, le fait d'avoir des lecteurs qui adorent vos livres fait partie du lot. Revenez à l'étape 1 et éliminez, éliminez, éliminez toutes ces croyances limitantes jusqu'à ce que vous puissiez prononcer cette phrase sans vous étouffer, sans bégayer, ou rire !

Nous parlerons plus de vivre, de respirer et d'incarner l'énergie de votre futur dans l'étape 5 : « Vivez maintenant ».

Étude de cas : Alicia Rades – La loi de l'hypothèse

Alicia Rades est autrice de *best-sellers* citée par l'*USA Today*, spécialisée en fiction paranormale *young adult*[1] et *new adult*[2]. Elle a appris à manifester en 2018 en entendant d'autres auteurs en parler, et depuis, elle travaille avec. « Je suis en cours d'apprentissage – tout commence à s'éclaircir », dit-elle. Avec sa coautrice, elles en discutent et l'utilisent sans arrêt. « On s'appelle et on se raconte : "J'ai un problème avec telle ou telle chose, manifestons là-dessus." »

Avec sa coautrice, elles ont posé l'intention d'obtenir un contrat audio avec une maison d'édition traditionnelle. « C'était plus de la vanité qu'autre chose – nous voulions que quelqu'un nous dise que nous étions assez bien pour décrocher un contrat audio. » En quelques mois, un éditeur les a contactées, et elles ont signé un contrat pour trois livres.

---

1. NDLT : le *young adult* ou « jeune adulte » est une catégorie de la littérature jeunesse visant les adolescents entre quinze et dix-huit ans.
2. NDLT : le *new adult* est un terme qui a été créé en réponse au *young adult* afin de désigner des ouvrages qui s'adressent à un public un peu plus âgé. En général, le public visé a entre dix-huit et trente ans.

Sur l'année suivante, elles ont réalisé que leurs livres audio autopubliés étaient beaucoup plus lucratifs. « Nous voulions récupérer le contrôle là-dessus et avons choisi de manifester le retour de nos droits. On nous a dit que c'était impossible, mais nous avons quand même contacté la société, en utilisant la loi de l'hypothèse et en confiant que nous parviendrions à un accord. Il nous a fallu six mois de négociations avec eux. Ils nous ont dit qu'ils ne faisaient jamais ces choses-là, mais nous avons continué à les bombarder d'e-mails. Ils nous ont demandé un total de 16 000 $ en frais. Nous ne savions pas comment obtenir l'argent, car cela représentait plusieurs mois de revenus à l'époque. Cependant, nous avions confiance, nous savions que l'argent arriverait. »

Alicia raconte que, comme par enchantement, comme par miracle, une série de subventions, de remboursements et d'autres revenus sont apparus. « Six semaines plus tard, nous avions déjà manifesté les fonds – tout cela parce que nous étions parties du principe que nous les obtiendrions. »

Après avoir autoédité ces trois livres audio, le duo est passé d'un revenu d'environ cent dollars par mois à un revenu mensuel à quatre chiffres systématique. « Nous avons appris que si votre manifestation originale ne vous convenait pas, il était possible de la modifier ou de l'améliorer pour obtenir les résultats souhaités. »

Alicia déclare : « Pour résumer, je pense que le plus important, c'est de croire en soi-même et de croire au processus. C'est là que j'ai le plus trébuché, et là où toute la magie opère. J'ai consigné deux choses dans mon journal dernièrement – l'une est l'affirmation que j'ai ma place partout. J'appartiens à l'endroit où j'ai envie de me trouver. Si je veux gagner des millions de dollars en livres audio, je dois croire que j'ai ma place dans la pièce avec les gens qui y parviennent déjà, et que je discute à la même table qu'eux. »

L'autre phrase qu'elle a écrite dans son journal est : « Ça arrive. »

« Je n'ai jamais pu adopter le "C'est déjà arrivé" en 3D parce que mon cerveau est tout simplement incapable de s'en accommoder. Je n'ai pas encore une carrière d'écrivain millionnaire dans la réalité, mais j'ai écrit mes livres, et l'Univers organise les choses pour moi. **Ça arrive.** » Avec la loi de l'hypothèse, l'affirmation que ça arrive est une véritable affirmation. Nous pouvons connaître les façons dont l'Univers conspire pour s'harmoniser ou non, et nous n'avons pas besoin d'en connaître les détails – mais *ça arrive*. Notre rôle est de le lui permettre, et d'avoir confiance, parce que ça va se produire.

Exercice d'écriture libre : puisez dans votre génie

- Où voulez-vous vous trouver en tant qu'écrivain d'ici trois ans ?
- Mettez-vous dans cette situation – imaginez que c'est déjà arrivé. À quoi ressemble votre vie ?
- Que faites-vous différemment ? Ou mieux ?
- Est-ce que c'est une chose que vous pouvez déjà intégrer à votre vie actuelle ?
- Quelle est la chose que vous pourriez faire immédiatement pour améliorer votre carrière ?
- Quelle est la prochaine étape de votre carrière d'écrivain ?
- Qu'est-ce qui vous empêche de devenir le brillant écrivain millionnaire que vous êtes ?

Chapitre 7

Exploitez le pouvoir de l'inspiration

Pour que l'inspiration reste fraîche dans votre esprit et présente chaque jour, vous devez vous immerger dans la vision que vous avez de votre meilleure vie. Abordez cette question joyeusement – amusez-vous. Suivez ce qui vous rend heureuse. Voici quelques idées pour garder votre rêve lumineux et bien en vue. Elles ne sont pas des indispensables pour manifester vos désirs – votre intention à elle seule est suffisamment puissante – mais elles vous aideront à maintenir la clarté quant à votre direction. Le fait de jouer avec les énergies vous permet de rester dans le bon état d'esprit, et en vous entourant de votre inspiration, celle-ci peut pénétrer dans votre subconscient.

Créez un tableau de rêves ou n'importe quelle autre source d'inspiration visuelle

Un tableau de rêves que vous verrez au quotidien vous rappellera vos intentions et vos objectifs. Certains utilisent Pinterest ou un logiciel d'art numérique, comme PicMonkey, pour créer leurs tableaux d'inspiration.

Je sais que lorsqu'elles sont là depuis un certain temps, il m'arrive souvent de ne plus voir les choses qui m'entourent. Je fabrique un tableau de rêves en janvier, et quelques mois plus tard, je ne le remarque même plus. Vous pouvez le déplacer dans la maison, pour qu'il attire à nouveau votre regard, ou le rafraîchir de temps en temps avec de nouvelles images ou de nouvelles inspirations. Après, la magie opère et vous y voyez de plus en plus clair. Continuez donc à rêver tout au long de l'année, au fur et à mesure que l'inspiration vient à vous.

Cette année, j'ai opté pour une liste à puces toute simple de choses que je veux manifester afin de rester concentrée. Je joue avec la liste, je déplace des éléments, j'en ajoute, j'en retire au gré de mon inspiration lorsque je fais le point avec mon intuition tous les jours.

Faire un tableau de rêves peut être aussi facile que d'avoir un tableau d'affichage près de votre bureau où vous épinglez les choses qui vous inspirent. Je crée des tableaux de rêve de la même manière que je pratique l'écriture libre – j'essaie de puiser dans mon subconscient et d'éliminer l'esprit conscient, ou le correcteur qui sommeille en moi, afin de pouvoir faire surgir la véritable essence de mes intentions. Faire des tableaux de rêve est une excellente activité à réaliser avec un ami ou un groupe d'amis. J'invite souvent mes amis auteurs chez moi au début du mois de janvier, pour que nous puissions les créer ensemble.

Si vous souhaitez insuffler un peu de magie dans la réalisation d'un tableau de rêves physique, essayez cette méthode amusante.

Matériel :
- Un panneau d'affichage ou du carton mousse.
- De la colle et des ciseaux.

Écrivez votre réussite

•Des piles de magazines, de vieux calendriers, de choses avec des photos qui vous rendent heureuse.
•Des autocollants, du matériel de scrapbooking – si vous le souhaitez.
•Une interview photoshopée de vous-même en première page de la section de critiques de livres du *New York Times* du dimanche, ou tout ce qui vous semblera amusant.
•Une capture d'écran de vos droits d'auteur BookReport, mais modifiée pour qu'on y voie la date de fin d'année. Ajoutez-y des zéros, pour que vos revenus soient énormes !
•Photoshopez l'une des couvertures de vos livres dans le top des *best-sellers*.
•Imprimez des mots ou des photos que vous ne trouveriez pas facilement dans les magazines et qui ont un lien avec des objectifs spécifiques, comme :

- Le logo de la liste des *best-sellers* de l'*USA Today*
- Le # 1 du *New York Times*
- Vos intentions de l'année
- « Fandom »
- « 5 millions de dollars en droits d'auteur »
- « Mes livres sont devenus viraux sur TikTok »

-« Cette année, je suis très reconnaissante pour... »
•N'oubliez pas de rêver à la façon dont vous souhaitez vivre votre vie. Qu'allez-vous faire avec ces 5 millions de dollars ? Où allez-vous vivre ? Quel sera votre mode de vie ? Allez-vous voyager ? Où ça ?

. . .

1. **Rassemblez tout votre matériel** avant de commencer et placez-le au centre de votre table de travail.

2. **Fixez-vous un délai de trente minutes pour rassembler les images.** Adoptez le même état d'esprit que pour l'écriture libre – ne vous arrêtez pas pour réfléchir, continuez d'avancer en parcourant les magazines ou les vieux calendriers et détachez les images qui vous plaisent ou qui représentent l'énergie de ce que vous recherchez. Par exemple, si l'idée de partir en vacances à la plage vous aide à vous sentir abondante, détachez des photos de plage et d'eau turquoise. Le minuteur vous donnera cet état d'esprit de *sprinteur*. Ce n'est pas le moment d'éditer ou de planifier quoi que ce soit, il faut simplement récupérer autant d'images que vous trouverez et qui représentent l'avenir que vous vous créez. Ce n'est pas non plus le moment d'utiliser les ciseaux et de découper les choses à la perfection. On découpe et on y va !

Si vous travaillez en groupe, dites à vos amis quels types d'images vous recherchez, pour qu'ils puissent les découper et vous les passer lorsqu'ils tomberont dessus. Par exemple, si le hibou est votre esprit-guide, vous pouvez demander à quelqu'un de vous passer tous les hiboux qu'il trouvera. Évidemment, dans notre corps de métier, les piles de livres ou les gros titres sur les livres adaptés en films sont parfaits.

3.) **Assemblez le tableau de rêves.** Après les trente minutes passées à rassembler les images, vous devriez avoir une pile de photos. Triez-les pour choisir vos préférées. De grosses images colorées (comme

Écrivez votre réussite

l'océan ou une grande fleur) peuvent constituer de meilleurs arrière-plans sur lesquels coller des mots plus petits ou des images spécifiques. Soyez créative. N'oubliez pas que vous n'êtes pas obligée de respecter les lignes du panneau. Quelquefois, il m'arrive de coller une découpe de forme unique sur le côté de mon tableau, de manière à ce qu'une partie dépasse du bord naturel. J'ai aussi vu des gens faire de la 3D, en froissant les images pour leur donner une texture et les faire ressortir en relief sur leurs tableaux. Parfois, à ce stade, je mets une minuterie de trente à quarante-cinq minutes, aussi, parce que ça permet à chacun de rester en dehors de l'esprit de l'éditeur et de rester dans le domaine de la sélection intuitive.

4) **Savoir quand s'arrêter.** C'est comme apprendre quand il faut quitter la fête ou arrêter de boire, vous devriez savoir quand il faut arrêter et ne pas abuser des bonnes choses. Si votre tableau est surchargé, votre œil risque de ne pas pouvoir se concentrer ni se poser sur les éléments qui sont censés vous inspirer. Arrêtez-vous, même si vous avez une pile d'images à côté de vous. Le but, ce n'est pas de coller toutes les images, mais d'avoir une inspiration visuelle que vous prendrez plaisir à regarder au quotidien. Vous cherchez l'énergie de ce que vous voulez invoquer dans votre vie. Les images ne doivent pas nécessairement être parfaites, ni représenter exactement votre rêve.

5) **Dynamisez-le.** Si vous travaillez en groupe, demandez à faire un tour de table, et que chacun mette en évidence les éléments clés de son tableau. Vous pouvez poser votre intention à l'attention de l'Univers

en utilisant des mots comme : « J'aurai ceci ou quelque chose de mieux. » Ensuite, assurez-vous de vous débarrasser de tout ce qui pourrait vous empêcher de recevoir ce qui se trouve sur votre tableau en disant quelque chose comme : « Tout ce qui ne me permet pas de recevoir ce qui se trouve sur ce tableau, je l'efface maintenant à tous les niveaux, dans toutes les couches, le temps et dans toutes les dimensions. »

Rappels et conseils

Il est très important de ne pas perdre de vue l'objectif à atteindre. Cela signifie que vous devez avoir autour de vous des rappels quotidiens de ce que vous invoquez dans votre vie. Cela vous aidera à changer votre niveau déterminé sur l'abondance. Si vous voyez constamment un zéro supplémentaire sur votre BookReport, vous vous désensibiliserez à cette quantité de chiffres et apprendrez à attendre de l'Univers qu'il vous le donne.

En plus du tableau de rêves, vous pourriez faire des choses comme :

•Changer tous vos mots de passe par quelque chose comme « ecr-7-Chif » ou « écrivain-millionnaire » ou tout simplement « Je-suis-abondante ».

•Renommer votre compte en banque avec un nom amusant, comme « 7chiffres » ou « Mes millions ». Mon livret A s'appelle « Coffre au trésor ». Lorsque j'économisais pour m'acheter une Tesla, je l'avais appelé « Nouvelle Tesla ».

•Faites de votre journée parfaite de l'écrivain millionnaire une visualisation matinale, parce que votre cerveau ne peut pas faire la différence entre le réel et ce que vous imaginez.

•Mieux encore, offrez-la-vous, cette journée parfaite de l'écrivain millionnaire ! Réservez cette journée au spa, allez à l'hôtel pour écrire sans interruption, faites-vous livrer un café. Faites tout ce qui pourra vous donner l'impression d'être millionnaire !

Je vous recommande chaudement le livre de ma coautrice H.L. Savino, *Your Journey Into Abundance: A 29 Day Program to Attract Wealth, Success and Serious Joy*. Il regorge de pratiques et de jeux quotidiens pour vous permettre de continuer à surfer sur cette vague.

Inutile de vous inquiéter quant au « comment »

Nous avons tendance à nous limiter avec nos idées fixes sur la façon dont les choses devraient être faites ou vont fonctionner. Nous arrivons à des conclusions basées sur ce que nous avons appris du passé, au lieu de nous fier à notre instinct ou à nos intuitions. Lorsque nous pensons qu'il n'existe qu'une seule façon de faire quelque chose, qu'il n'y a qu'un seul et unique chemin vers le succès, nous réduisons à néant les chemins infinis que nous aurions pu emprunter pour y parvenir.

À chaque fois que vous projetez la façon dont les choses vont se dérouler, ou décidez qu'une chose en particulier doit se produire pour que vous puissiez obtenir le résultat que vous souhaitez, vous en limitez considérablement le dénouement. L'Univers ne peut pas mobiliser toute la magie disponible parce que vous avez déjà refusé ces autres perspectives. Vous lui envoyez le message qu'il ne peut vous envoyer l'abondance que de la façon dont vous avez décidé de la recevoir.

Imaginez que votre maison se trouve à un croisement de routes. L'abondance pourrait se présenter à vous depuis n'importe laquelle de ces routes, dans n'importe quel type de véhicule, mais vous avez décidé qu'elle ne pouvait arriver que dans un taxi jaune sur Main Street. L'Univers a beaucoup moins d'options pour orchestrer cette livraison d'abondance ! Il se peut que les taxis jaunes sur Main Street ne livrent qu'une fois tous les cinq ans, mais si vous autorisez l'abondance qui vient d'autres routes, vous pourriez être livrée tous les cinq jours.

Le fait de s'inquiéter quant au « comment atteindre votre objectif économique » n'est pas seulement inutile : c'est aussi préjudiciable à la manifestation. Ça ne signifie pas que vous devez ignorer vos intuitions et ne pas agir dessus lorsqu'elles se présentent, mais nous parlerons de cela plus en détail dans l'étape 4.

En 2019, j'étais persuadée que si je pouvais maîtriser les publicités Facebook (même si j'avais déjà suivi cinq cours à ce sujet et que j'étais plutôt compétente), alors je deviendrais enfin un écrivain millionnaire. Je me suis tellement prise au jeu que j'ai dépensé cinquante pour cent de plus que l'année précédente pour ne gagner que 100 000 $ supplémentaires, et je n'en suis devenue que plus frustrée. C'était parce que j'avais décidé que les publicités Facebook constituaient *la seule et unique solution pour mon abondance*. Je m'étais coupée de toutes les autres possibilités.

Finalement, ce sont les traductions, et non pas les publicités Facebook, qui m'ont catapultée vers les sept chiffres. Est-ce que j'utilise toujours les publicités Facebook ? Oui. Surtout pour mes traductions !

En essayant de contrôler votre carrière de trop près, vous vous fermez à toutes les autres possibilités. S'ouvrir aux possibilités infinies, dans n'importe quelle situation, agrandit votre champ énergétique et permet aux intrications quantiques de se mettre en place. L'Univers peut vous offrir tout ce que vous désirez, si vous y êtes ouverte. C'est lorsque vous vous inquiétez du « comment », lorsque vous décidez de ce qui doit se passer, que vous réduisez votre champ et limitez toutes les façons dont l'Univers peut intervenir pour vous aider.

Étude de cas : Tess Thompson – Des intentions claires

Tess Thompson est une autrice primée et citée par l'*USA Today* avec près de quarante titres publiés. Elle est spécialisée en romance féminine historique et contemporaine. Récemment, elle a posté dans le groupe des écrivains abondants qu'elle venait de toucher le revenu mensuel le plus élevé de toute sa carrière :

« Les tableaux de visualisation, la manifestation, la foi... ça fonctionne ! »

Tess attribue son succès à la définition d'intentions claires et ciblées pour se concentrer dessus. « Une fois que vous savez ce que vous voulez, vous mettez une intention dans tout ce que vous faites, ce qui mène au résultat que vous voulez. Je crois qu'il y a énormément de choses que nous ne comprenons pas à propos de l'Univers et de la façon dont tout cela fonctionne. »

Son objectif était d'atteindre un chiffre d'affaires à sept chiffres pour son activité d'autrice cette année-là et d'obtenir un bonus KDP[1], ce qu'elle avait déjà réussi à accomplir. « J'ai des stickers et des Post-it dans mon bureau et dans toute la maison avec les chiffres que je souhaite gagner. Lorsque j'ouvre mon tiroir à maquillage, je vois un Post-it avec le chiffre 2 740 $, qui est le montant que je dois gagner tous les jours pour atteindre le million dans l'année. »

« La première fois que j'ai atteint ce chiffre exact, je l'ai montré à mon mari en disant *c'est vraiment bizarre !* »

Tess dit que ça lui a pris un an, mais qu'elle a continué à croire que ça arriverait, surtout lorsqu'elle essuyait un échec. « Ce sont les blocages liés à l'argent, il faut faire un véritable travail dessus. Je vous jure que ça fonctionne. Je ne comprends pas comment, mais ça fonctionne. »

Si l'année continue comme elle est partie, Tess est en passe d'atteindre son objectif à sept chiffres cette année. « Je n'ai jamais pensé que ce serait possible, mais les choses ont changé dès que j'ai modifié mon état d'esprit. »

« Vous pouvez tout à fait réaliser vos rêves, même les plus ambitieux. Il m'a fallu du temps et des efforts, mais j'ai surtout dû croire en moi et en mes histoires. Voir que certaines femmes du groupe d'écrivains abondants y parvenaient m'a inspirée sans commune mesure. J'espère que ma publication fera de même pour quiconque se sentirait découragé. Je suis passée par là. Continuez à y croire !! Vous allez y arriver ! »

En plus de se fixer des objectifs clairs, Tess utilise les autres étapes que je vous présente dans ce livre, dont le fait d'aimer ses livres et de se fier à son instinct.

Même si « tout le monde répète qu'il ne faut pas écrire

---

1. NDLT : la prime KDP est une prime mensuelle qui récompense les ebooks inscrits sur Kindle Direct Publishing Select.

de la *clean fiction*[2] ou de la fiction historique parce qu'il n'y a pas d'argent à se faire », Tess écrit ces deux genres-là, parce que c'est ce qui lui plaît.

« J'ai eu une idée pour écrire une série historique qui m'est venue en rêve. C'était au milieu d'une longue série contemporaine, mais j'ai écrit mon idée. Deux ans plus tard, j'ai ressorti mon carnet et je suis retombée dessus. Je me suis offert cette série à moi-même en guise de cadeau de Noël – je me suis permis d'écrire ce que je voulais pendant le mois de décembre. » L'amour que Tess a mis dans ces livres a payé. « Cette série a complètement décollé. »

« Nous essayons sans cesse de suivre les tendances, non pas que l'écriture pour le marché soit une mauvaise chose, mais il faut trouver sa propre magie et s'en inspirer. »

« Je pense que vous devez puiser dans tout ce qui vous rend unique. »

Tess Thompson

---

2. NDLT : la *clean fiction* est une littérature sans scène de sexe, qui ne contient ni acte ni mot susceptible de choquer les lecteurs.

Étape 3 : Aimez vos livres

Chapitre 8

L'amour est la réponse

Chaque fois que l'on me demande de donner des conseils à des auteurs, mon conseil numéro un est toujours : « Aimez vos livres ». Ça paraît tellement ésotérique et inapplicable, et pourtant c'est exactement cette énergie-là qui fera bouger les choses pour vous.

Quand on y pense, c'est tellement logique. Si vous aimez votre livre, vous allez aimer travailler dessus. Vous allez lui trouver la meilleure couverture possible. Vous allez passer du temps à travailler avec un bêta-lecteur et un correcteur. Vous allez le mettre en page comme il se doit et en faire un bel objet. Si vous ressentez le besoin de promouvoir votre livre, vous allez investir dans ce domaine. Quand vous aimez vos livres, tout est tellement simple et vous trouvez facilement la marche à suivre.

Dès que je me retrouve bloquée dans mon écriture, mon premier instinct est de déchirer le manuscrit et mes idées – à commencer à juger soit le livre, soit moi-même en tant qu'écrivain. Cette énergie n'est pas créative, elle est destructrice. Je ne sais pas ce qu'il en est pour vous, mais plus je juge mon livre, plus je me perds. Comme avec un pull-over à moitié tricoté, plus je tire sur certains fils, plus l'ensemble commence à s'effilocher jusqu'à ce que je n'arrive plus à distinguer le haut du bas – je ne fais plus la différence entre ce qui fonctionne et ce qui ne fonctionne pas.

Comment vous parlez-vous de vos livres lorsque vous vous sentez ainsi ? L'une de ces questions vous semble-t-elle familière ?

- Je ne sais pas ce qui se passe.
- Est-ce que cette intrigue est trop ennuyeuse ?
- Mon héros est-il excessivement désagréable ?
- Mon héros est-il trop mou ou trop amical ?
- Mon personnage est-il trop bête pour rester en vie ?
- Les descriptions sont-elles trop fades ?
- Je n'écrirai jamais aussi bien que tel écrivain.
- Mon écriture n'est pas aussi bonne que celle de mon dernier livre.
- Ce n'est pas de la vraie littérature.
- La romance *light*, ce n'est rien d'autre que du porno pour ces dames.
- Je suis complètement bloquée.
- Est-ce que c'est assez drôle/divertissant/effrayant ?
- Est-ce qu'il existe une personne qui ait envie de lire ce genre de choses ?
- Est-ce que ce roman ressemble aux millions d'autres livres du même genre ?
- Est-ce que quelqu'un va s'intéresser à ce livre en dehors de moi, ma mère/sœur/meilleure amie/mon mari/compagnon ?
- Je n'arrive pas à trouver la suite.
- Je ne sais pas quoi faire.

. . .

Écrivez votre réussite

Aucune de ces questions ou affirmations ne vous aidera à trouver la réponse.
Au lieu de cela, changez l'énergie. Demandez-vous :

•Qu'est-ce que j'aimais à propos de ce livre quand je l'ai commencé ?

•Quelles ont été les scènes où je me suis pâmée/où j'ai transpiré/où j'ai explosé de joie ?

•Pourquoi est-ce que j'aime les personnages ou le sujet ?

•Où sont mes passages préférés ?

•Où est-ce que je me suis amusée en l'écrivant ?

Tout comme dans une thérapie de couple, lorsque le thérapeute commence en vous demandant comment vous êtes tombés amoureux pour la première fois l'un de l'autre, le fait de revenir à cet amour initial, à cette étincelle, change tout.

Dès que je reviens à l'état où j'apprécie mon livre, les réponses recommencent à affluer. Soudain, je sais où je vais, ou comment réparer ce qui me gênait. Lorsque le jugement disparaît, il est plus facile de voir ce qui doit arriver. Vous ferez confiance à votre propre instinct et trouverez votre propre voie, et les miracles auront lieu. Que ce soit en écrivant le livre, en résolvant l'intrigue, en organisant le lancement, en sachant comment en parler aux lecteurs, en en faisant la promotion, en le faisant traduire ou en l'éditant en livre audio, votre passion pour votre livre vous montrera la voie à suivre.

Méditation guidée : aimez vos livres

Servez-vous de cette méditation guidée pour vous connecter à l'énergie de vos livres et les entourer d'amour.

1. Fermez les yeux. Visualisez votre énergie comme une gigantesque boule de lumière qui s'étend à un mètre de vous dans toutes les directions.
2. Développez votre énergie sur des centaines de millions de kilomètres pour englober tout ce qui existe.
3. Invitez-y l'énergie d'un livre, d'une série, ou de votre catalogue entier.
4. Prenez un moment pour expérimenter l'énergie de ce livre ou de cette série.
5. Envoyez de la reconnaissance vers votre travail. Remerciez-le d'exister. Aimez-le.
6. Demandez-lui ce qu'il attend de vous. Souvent, les auteurs entendent que leur livre a simplement besoin d'amour ou d'être plus apprécié, mais vous pouvez aussi obtenir une tâche spécifique à accomplir ou une idée pour promouvoir les ventes.
7. Inversez le flux d'énergie et recevez-en de la part de

votre œuvre. Que veut-elle vous offrir ? Comment peut-elle contribuer à votre vie ? Lui permettrez-vous d'y contribuer ?

8.Répétez les étapes cinq et sept, en envoyant de la gratitude et en en recevant en retour de votre livre, autant de fois que cela vous semblera intéressant ou vous fera du bien. Lorsque vous aurez terminé, remerciez à nouveau le ou les livres avant de vous déconnecter de votre énergie, d'ouvrir les yeux et de retourner à votre journée.

Étude de cas : Leigh James – Recevoir et figurer sur la liste de l'USA Today

L'autrice Leigh James écrit de la *billionaire romance*[1] et de la romance paranormale *young adult* sous le nom de Leigh Walker.

« Cela fait quatre ans que je travaille sur l'état d'esprit. À un moment donné, j'ai commencé à écrire dans un journal tous les jours. » Elle pratiquait un exercice quotidien, où elle écrivait dans son journal les choses pour lesquelles elle ressentait de la gratitude, dix rêves qu'elle avait déjà réalisés et le prochain objectif qu'elle comptait atteindre.

Le 22 juin 2020, elle a commencé à écrire : « Je suis un écrivain à succès cité par l'USA Today » comme prochain objectif à atteindre. « Je venais juste de commencer à diffuser des livres à grande échelle et je n'avais jamais figuré sur une liste, sauf avec un coffret. » À l'époque, figurer sur la

---

1. NDLT : la *billionaire romance* ou « romance milliardaire » est un sous-genre de romance où au minimum l'un des personnages principaux est extrêmement riche. Ces romans se concentrent en général sur la relation amoureuse entre le milliardaire et une autre personne, qui est souvent issu(e) d'une autre classe sociale.

liste était un but à atteindre, compte tenu de l'état de ses ventes. Pourtant, elle a écrit cela tous les jours pendant tout un mois.

« J'ai terminé mon journal et j'ai oublié cette histoire. J'ai commencé à travailler sur un autre objectif. »

À peu près à la même époque, elle a rejoint notre club des écrivains abondants. Elle a adoré trouver un groupe d'auteurs qui ressentaient la même chose qu'elle. « On peut ressentir cette énergie. Vous m'avez montré et appris des choses que je ne savais pas que l'on pouvait voir et apprendre par le biais d'un appel Zoom – ça a changé ma vie. » Elle a aussi commencé à suivre un coaching privé sur l'état d'esprit avec ma coautrice, Lee Savino.

En février 2021, elle a publié ses livres sur des applis de lecture comme Radish et KISS. En chargeant son livre chapitre par chapitre sur Radish, elle a dû le relire. « J'ai relu mon livre *Escorting the Billionaire*, que j'avais publié cinq ans auparavant. » En le relisant, elle en est retombée amoureuse. Il s'était bien vendu sur Kindle Unlimited lors de sa parution, et elle s'est dit que si elle l'avait diffusé à grande échelle, il aurait probablement pu figurer sur la liste de l'*USA Today*.

« Sans me mettre au courant, KISS a lancé une grosse campagne publicitaire sur Facebook pour ce livre-là. Je suis allée faire un tour sur Amazon, et j'y ai constaté un énorme pic de ventes. Je ne savais pas ce qu'il s'était passé. J'ai commencé à recevoir des e-mails de plein de personnes. » À ce moment-là, elle avait presque laissé mourir Leigh James, son nom de plume – elle n'avait plus de liste de diffusion et avait opté pour un site Internet gratuit chez Wix. « Je recevais plein de messages. Les gens disaient qu'ils avaient vu la publicité et qu'ils étaient incapables de s'arrêter de lire. J'ai pensé que j'étais ciblée par une attaque de bots, ou quelque chose de négatif. »

Lors de la semaine qui a suivi, les lecteurs sont devenus dingues. « J'ai vendu 9 000 exemplaires d'un livre à plein tarif vieux de cinq ans. Et sans crier gare, il est entré sur la liste de l'*USA Today* et y est resté deux semaines d'affilée. Pour moi, ça a été un moment divin. C'était incroyable. Je ressentais l'énergie positive du groupe d'écrivains abondants, et c'est arrivé d'un coup. »

Comme vous pouvez l'imaginer, ses revenus se sont multipliés, eux aussi. Elle est passée d'un revenu annuel oscillant entre cinq et six chiffres à un revenu annuel de près de sept chiffres. « Maintenant, je suis revenue sur terre, et je dois retrouver mon état d'esprit. Je dois me concentrer là-dessus, parce que ça marche vraiment. »

Pour elle, l'un des éléments clés de son état d'esprit qui a énormément joué a été de penser qu'elle était à la hauteur. « Le fait de croire que j'étais à la hauteur et que je le méritais ont travaillé en tandem. »

« J'ai constaté des changements très importants dans ma vie depuis que j'ai changé d'état d'esprit. »

Leigh James

« Ça fonctionne. Soyez assidue et attentive à vous-même. Si vous vous êtes engagée dans cette pratique, que vous voyez le bien en vous-même et dans le monde – cette bonté vous reviendra. »

Chapitre 9
Changer votre dialogue intérieur

Tout comme on changerait un scénario sur vos blessures liées à l'argent,
Changer votre dialogue intérieur et le faire passer de la critique à l'admiration peut transformer votre vie tout entière.

Nous vivons dans la peur que si nous ne passons pas constamment au microscope notre vie, notre travail et nos actions pour nous assurer que nous avons tout fait correctement, nous allons devenir égoïstes. En fait, je crois que l'inverse est vrai.

C'est souvent dans le domaine où vous vous jugez le plus que vous avez le plus gros potentiel.

Lorsque j'ai commencé à enseigner la danse contemporaine à des adultes, ce n'était pas parce que je me trouvais géniale et que je pensais avoir beaucoup à offrir. La prof en poste s'en allait et m'avait demandé de la remplacer. Même si je dansais depuis une vingtaine d'années, je n'avais pas de diplôme, alors je ne me sentais pas vraiment à ma place en tant qu'enseignante.

J'étais terrifiée à l'idée de ne pas faire les choses correctement, je voulais que mes élèves m'apprécient, et le besoin de « performance » plutôt que d'être présente m'a rendue rigide dans la façon dont je construisais mes cours. Je les calquais en suivant strictement la structure des cours de l'enseignante sortante et j'ai réutilisé et recyclé la plupart du contenu de ses classes.

Le fait de douter de mes propres capacités à trouver quelque chose de nouveau ou de créatif a complètement entravé ma démarche. Les gens ont-ils continué à venir ? M'appréciaient-ils ? Oui. Ça a fonctionné. Mais ç'aurait pu être tellement mieux.

Dans *Manifest Your Destiny*, Wayne Dyer décrit le trac qui l'envahissait avant de donner des conférences, son inquiétude concernant l'opinion des gens, et il explique comment il a appris à transformer cette inquiétude en une question : « Comment puis-je aider ? » Il raconte à quel point cette question a fait une énorme différence en lui, quant aux mots utilisés et à l'énergie qu'il transmettait pendant ses conférences.

Quand j'ai commencé à donner mon cours de danse avec cette mentalité-là, j'ai moins félicité mes élèves et j'ai commencé à leur faire des remarques plus précises. Après le cours, j'ai dit à mon amie : « J'ai l'impression d'avoir été une garce pendant ce cours. » Elle m'a répondu que c'était le meilleur cours que j'avais jamais donné.

Mes peurs m'avaient freinée.

Il me fallait simplement verser sur ma tête une énorme dose de sauce à l'ego pour me convaincre que j'étais capable d'enseigner.

J'avais bel et bien les réponses en moi, je savais comment en donner plus, mais je me retenais par peur de me tromper et que les gens ne m'aiment pas.

Dans quel domaine vous critiquez-vous le plus ? Et si ce

domaine-là contenait en fait votre meilleur don ou vos plus grandes capacités ? Je sais que ça peut vous sembler étrange, mais restez avec moi.

L'un des domaines sur lesquels je me critique le plus est mon manque d'organisation. Si je prenais une photo de mon bureau tel qu'il est maintenant et que je l'incluais dans ce livre, vous vous demanderiez comment j'arrive à travailler. Si je vous montrais le nombre d'onglets ouverts sur mon ordinateur pendant que j'écris ces mots, vous ricaneriez. C'est absurde ! Et pourtant... Si je verse un peu de sauce à l'ego sur cette particularité qui est la mienne et que je cherche les dons... waouh. En fait, ma capacité à travailler dans une situation chaotique est un don. Je suis extrêmement flexible. Je peux écrire partout – dans la voiture, au Starbucks, pendant les cours de natation de mes enfants. Je suis capable d'écrire trois livres en même temps. Je peux aider deux enfants à gérer leur scolarité à la maison en plein confinement sans ralentir mon rythme d'écriture.

Vous n'avez pas ce don-là ? Parfait ! Quel est-il ?

Cherchez les endroits où vous vous jugez le plus, versez-y un peu de sauce à l'ego pour inverser vos croyances limitantes et découvrez que c'est en fait l'une de vos plus grandes forces.

Revenons-en à nos livres. Lorsque vous verserez cette sauce à l'ego sur votre identité d'écrivain et sur vos livres, vous trouverez vos points forts. Vous saurez comment faire pour mieux commercialiser votre livre. Au lieu de vous forcer à vous adapter ou à suivre les lignes tracées par d'autres écrivains que vous considérez comme accomplis, vous vous agrandirez dans les domaines où vous excellez et écrirez davantage de choses qui vous plaisent.

Je me souviens qu'en tant que nouveau parent, l'un des

grands sujets de débat était « Jusqu'à quel point est-ce qu'il faut garder son bébé dans ses bras ? » L'une des mamans de mon groupe a déclaré avec une certitude absolue : « On ne peut pas trop gâter un bébé avec de l'amour. »

Cette réponse m'a vraiment fait réfléchir, parce que c'est une autre de ces idées ancrées dans la société. On « gâterait » trop les enfants avec la gentillesse. Avec le soutien. Avec l'acceptation. À la place, nous sommes censés leur signaler tous leurs défauts, leur taper sur la main et leur pointer du doigt tout ce qu'ils font de travers, et ainsi en faire des gens bien.

Euh...

Ça fonctionne, ça ?

Bien entendu, les fleurs peuvent toujours s'épanouir, même dans des conditions extrêmes, mais n'est-ce pas mieux quand elles ont beaucoup de lumière, d'eau et un sol adéquat où pousser ?

N'ayez pas peur de gâter votre livre – bon, d'accord, pas votre livre, mais vous-même, en tant qu'écrivain – en versant de la sauce à l'ego partout sur votre projet. Imprégnez-vous de cette sauce pendant un bon moment. Découvrez ce qui vous plaît de votre livre. Cela ne vous rendra pas inconscient de ce qui ne fonctionne pas. Ce sera même le contraire. Vous saurez quelles optimisations sont nécessaires pour l'améliorer – et non pas pour le réparer ! Quand vous cesserez de fonctionner sur la base du jugement et de la critique, vous serez beaucoup plus à même de voir comment vous améliorer.

Lorsque vous vous trouverez dans une énergie d'amour, vos lecteurs aimeront votre livre à leur tour. Lorsque vous déverserez de l'amour dans votre livre, ils le ressentiront à la lecture. Lorsque vous aimerez vos personnages, vous les écrirez mieux. Lorsque vous vous délecterez des coups de théâtre dans votre intrigue, vos lecteurs en seront ravis !

D'un point de vue énergétique, vous recevrez l'énergie qui correspond. **Donc, si vous aimez votre livre, les lecteurs l'aimeront aussi.** Si vous détestez votre livre…

Ne nous aventurons pas sur ce terrain-là.

Ne cherchez pas à intégrer l'énergie du reproche à votre livre, sinon vous vous retrouverez avec des lecteurs critiques et des avis négatifs.

Même si le livre est déjà écrit, publié et sur le marché, le fait de l'inonder d'amour fonctionne encore. *C'est ainsi que vos livres se vendront !*

J'ai quelques anecdotes amusantes à vous partager à ce sujet. Pendant l'été 2020, Lee Savino, ma coautrice, avait publié quelques vidéos pour ses fans sur sa page Facebook business. Elle est allée choisir un livre sur une étagère pour le lire à voix haute et a choisi au hasard l'un de nos romans, *Alpha's Prey*, que nous avions écrit et publié plus d'un an auparavant.

Elle a commencé à le feuilleter pour trouver un passage à lire à ses fans, et ce faisant, elle est retombée amoureuse du livre. Elle a eu énormément de mal à choisir un passage unique à partager. Lorsqu'elle l'a lu à ses fans, elle a eu du mal à le reposer. Elle aurait tranquillement pu le lire en entier ! Plus tard dans la semaine, elle a soumis ce livre à Bookbub sur un coup de tête. Ô surprise, il a été accepté tout de suite !

C'est arrivé une nouvelle fois en décembre 2020. Notre livre coécrit, *Alpha's War*, était sur le point d'être publié en allemand, et Lee venait de m'envoyer la nouvelle couverture.

J'ai ouvert le mail, et je lui ai dit : « Il est tellement sexy », en admirant le modèle de la couverture.

« Tu as tout à fait raison », m'a répondu Lee, et en se souvenant de l'efficacité de sa candidature lorsqu'elle s'était trouvée dans ce même état de gratitude, elle a une nouvelle fois soumis ce livre à Bookbub. À l'époque, Lee avait déjà essuyé plusieurs refus consécutifs de la part de Bookbub. (Dès que vous recevez un mail de refus, soumettez un autre livre, ou mieux encore, cherchez à entrer dans état de gratitude et *ensuite* soumettez-le.) Cette semaine-là, elle a fait une offre pour *Alpha's War*, et une fois de plus, le livre auquel je venais de donner de l'amour a été immédiatement sélectionné pour une offre Bookbub.

Il existe de nombreuses anecdotes où l'amour que l'on porte à un livre marque une différence qui ne peut pas être expliquée autrement, mais l'une de mes préférées est arrivée avec un livre audio. Je venais à peine de commencer à les publier, et le fait de les écouter pour les contrôler me gênait énormément et me mettait très mal à l'aise – surtout les passages sexy. Il m'arrivait même souvent de les sauter ou de les survoler.

Par contre, cette fois-ci, j'avais un voyage de neuf heures devant moi, alors j'ai décidé d'écouter ce livre en entier – c'était le deuxième tome d'une série *Regency*[1]. En l'écoutant, je suis retombée amoureuse du livre. J'ai vécu cette expérience, que vous avez probablement aussi vécue, de me souvenir de tout ce que j'avais aimé à l'origine, pendant que je l'écrivais. Oui, j'étais toujours un peu gênée pendant les scènes de sexe, mais en dehors de ça, ce livre audio a rendu

---

1. NDLT : sous-genre littéraire de la romance, avec des codes et des conventions stylistiques distinctes. Les romans *Regency* prennent place au temps de la Régence britannique.

mon voyage très agréable. J'ai validé le livre, et il a été mis en ligne.

Plusieurs mois plus tard, je vérifiais mes ventes sur ACX[2], et j'ai découvert qu'un livre audio en particulier avait triplé ses ventes, plus que les deux autres livres de la série – c'était celui que j'avais écouté et que j'avais inondé d'amour ! J'ai vérifié – peut-être l'avais-je placé dans une autre catégorie, ou peut-être s'était-il passé quelque chose de différent, mais non. Il n'y avait aucune différence. Et il n'y avait rien de spécial à propos de ce livre. L'ebook ne s'était pas vraiment mieux vendu que les autres livres de la même série. Il s'était même vendu à moins d'exemplaires. Il n'y avait aucune logique qui pourrait expliquer que ces ventes aient augmenté, si ce n'est l'énergie de mon amour absolu pour le livre lorsque je l'ai approuvé pour la mise en vente !

Essayez de mettre de l'amour dans votre projet. Pendant que vous l'écrivez, essayez de verser de la sauce à l'ego sur vous-même. Voyez si, au lieu de devenir un monstre d'ego incapable de voir à quel point vous êtes détestable, vous ne développez pas vos capacités d'écriture, en allant plus loin encore dans votre histoire ou votre création, en trouvant encore plus de fluidité, et en élargissant les possibilités pour votre manuscrit.

L'amour est la magie qui fait que tout fonctionne.

---

2. NDLT : ACX est une plateforme en ligne où auteurs, agents littéraires, éditeurs et autres détenteurs de droits peuvent entrer en contact avec des narrateurs, des ingénieurs, des studios d'enregistrement et d'autres producteurs capables de produire un livre audio fini.

Étude de cas : Mary E. Thompson – Aimez votre livre

Mary E. Thompson, autrice de *best-sellers* citée par l'*USA Today,* écrit des thrillers romantiques et contemporains depuis près de neuf ans.

Elle a rejoint le groupe Facebook des écrivains abondants peu de temps après sa création. « Je suis réservée, donc je n'ai pas beaucoup participé, mais je lisais les publications et j'ai vraiment réfléchi à mon état d'esprit. » Dès le lancement du club, elle s'est inscrite. « Je n'ai pas participé à tous les appels, et je n'y assiste pas toujours en direct, mais quand j'y assiste, je quitte toujours la réunion avec le sentiment que mon monde est en train de changer. »

Fin décembre 2021, elle a décidé de diffuser gratuitement le premier livre d'une de ses séries. « Je savais que le livre était bon et j'y avais versé tout mon amour pendant des mois après les appels, et j'avais vraiment changé mon état d'esprit. »

Elle a expliqué qu'elle avait toujours vécu dans cette mentalité du « écris-le et passe à autre chose », mais qu'après les appels, elle a compris qu'elle devait se rappeler combien elle aimait absolument tous ses livres lorsqu'elle les écrivait. « Ce livre était spécial. Au moment de sa sortie, j'avais enregistré ma plus grosse quantité de précommandes. Presque deux ans après sa parution, lorsque j'ai décidé de le diffuser gratuitement, je savais qu'il méritait de faire un tabac, donc j'ai postulé pour un *Featured Deal* chez Bookbub. »

Vers la même époque, elle produisait un livre audio pour ce roman, donc elle a dû y revenir et le relire. « [Dans mon évaluation Strengthsfinder[1]], je suis une futuriste, donc dès que je termine un livre, je passe à autre chose. Même quand je suis en train d'éditer, je suis déjà prête à passer au livre suivant. » En parcourant le livre audio, elle est retombée amoureuse du livre. « Je me suis dit que c'était une histoire merveilleuse, que j'aimais vraiment ces personnages, et tout s'est mis en place. Ça m'a semblé normal de recevoir une offre Bookbub pour ce livre-là. »

Bien qu'elle ait reçu une poignée de *Featured Deals* Bookbub réservés à l'international, elle n'en avait jamais reçu de gratuit exclusivement pour les États-Unis, et n'en avait qu'un seul qui incluait les États-Unis. Lorsque son nouveau livre gratuit a été accepté pour un *Featured Deal* en janvier 2022, elle était sur un petit nuage.

« J'étais choquée, mais je me suis lancée en sachant très bien que ce serait extraordinaire. Cette semaine-là, j'ai téléchargé d'autres livres gratuits pour soutenir les auteurs qui fêtaient un *Featured Deal* sur Bookbub avec moi, et j'en ai soumis un autre. » Une fois de plus, elle a été ravie de recevoir une offre pour un mois, après la parution du premier.

« Cette fois-ci, il s'agissait d'un livre vendu à 0,99 $. C'était mon livre le plus vendu, issu d'une ancienne série. Je

---

1. NDLT : StrengthsFinder est une évaluation fondée sur l'étude des performances et du potentiel.

savais que ça allait être incroyable, et une fois de plus, ça a été le cas. » Après celui-là, elle a soumis encore un livre. Elle a essuyé quelques refus, mais n'a pas abandonné, parce qu'elle savait que ses livres méritaient d'être reconnus. « Moins de deux semaines après mon deuxième *Featured Deal* chez Bookbub en 2022, ils ont accepté un troisième livre ! Mon mail d'acceptation est arrivé moins de douze heures après ma proposition, pour un autre livre qui était gratuit depuis cinq ans ! C'était un autre livre qui méritait de l'amour, je le savais, et grâce à l'état d'esprit abondant, je lui ai donné de l'amour, et l'Univers l'a cueilli et l'a révélé au monde. »

Mary nous raconte : « Au cours des cinq premiers mois de 2022, j'ai gagné plus que pendant toute l'année 2021. » Elle n'a pas encore reçu son quatrième *Featured Deal* chez Bookbub, mais elle est persuadée d'en obtenir un cette année. « En fait, je sais que cette année, j'en obtiendrai trois de plus. Je vais ramener plus d'argent à la maison que mon mari, et je vais accomplir tous nos rêves. »

Elle dit encore : « Je suis très reconnaissante, parce que tu m'as aidée pour que ça se produise. Je voulais te remercier d'avoir partagé tes connaissances avec moi et d'avoir écrit ton livre, parce que je sais qu'il va encore plus changer ma vie. Merci pour tout ça ! »

Désormais, Mary croit dur comme fer qu'il faut aimer ses livres. Elle donne un conseil aux autres écrivains : « Entourez-vous de vos livres. Ils sont dans nos têtes, nous devons les garder à l'esprit. »

« Je travaille dans mon sous-sol, et mes murs ne sont pas finis, mais s'il y a bien une chose que j'ai toujours voulue, c'est de voir mes murs recouverts des couvertures de mes livres. J'ai publié soixante-six romans. Si je tapissais mon bureau avec toutes les couvertures, ça me rappellerait encore plus tout ce que j'ai accompli en neuf ans. »

Exercice d'écriture libre : puisez dans votre intuition

Répondez aux questions suivantes en écrivant librement jusqu'à ce que votre inspiration se tarisse :

- Quels sont les trois domaines (ou plus) dans lesquels je me juge le plus ?
- Si je verse de la sauce à l'ego dessus, quel potentiel se dissimule dans ces domaines ? Quels sont les dons que je me cache à moi-même ?
- Qu'est-ce que j'aime de mon ou de mes livres ?
- En tant qu'écrivain, qu'est-ce que je fais bien ?
- Qu'est-ce que mes livres veulent que je sache ?

Lorsque je me pose cette question, il m'arrive souvent que le héros de mon livre me parle, en me rassurant sur le fait que les lecteurs aimeront le livre, ou bien il me montre une scène manquante.

- Comment puis-je recevoir davantage de mes livres ?

Il se peut que vous n'obteniez pas de mots à partir de cette question. Il se peut même qu'il s'agisse d'une réception énergétique, plus que ce que des mots peuvent exprimer. Ouvrez simplement votre conscience à tout ce qui se présente. Absorbez-le, qu'il s'agisse d'un simple sentiment de bien-être ou de l'énergie du livre.

•De quoi suis-je reconnaissante dans ma carrière d'écrivain ?

•Quelles personnes constituent un cadeau ou une contribution à ma carrière ?

Le simple fait de vous poser la question vous permettra d'accueillir plus de personnes serviables dans votre monde.

Étape 4 : Fiez-vous à votre instinct

Chapitre 10

Vous seule avez la réponse

Vous êtes la seule à détenir les réponses des questions que vous vous posez sur votre carrière.

Il m'a fallu énormément de temps pour me fier à cette affirmation. J'ai suivi tous les cours possibles et imaginables, suivi tous les conseils qu'on me donnait. Mais la réalité, c'est que nous ne pouvons pas reproduire le succès d'une autre personne. Je suis fermement opposée à l'idée que quelqu'un d'autre détient la réponse, et que si je me contente de suivre leur exemple, j'obtiendrai les mêmes résultats. La vie ne fonctionne pas ainsi. L'énergie ne fonctionne pas ainsi.

Une fois de plus – je ne le répéterai jamais assez – *personne d'autre ne détient les clés de mon succès.*

Pensez à l'éternel débat entre auteurs : dois-je choisir Kindle Unlimited ou une diffusion plus large ? S'il existait une réponse claire : l'un est bon, l'autre est mauvais... eh bien, *il n'y aurait pas de débat*. Dans les deux camps, les gens gagnent des tonnes d'argent. Vous n'êtes pas obligée de faire reposer toute votre réussite sur cette décision-là en particulier. Vous devez plutôt apprendre à faire confiance à votre instinct, ce qui implique votre propre timing parfait, en ce qui concerne absolument chaque décision que vous prendrez pour vos livres.

Il est inutile de faire appel à la foule pour prendre des décisions telles que :

•Publier dans une maison d'édition traditionnelle ou passer à l'autoédition.

•Mettre vos livres en vente sur Kindle Unlimited ou diffuser à grande échelle.

•Faire de la *rapid release* ou avoir un planning éditorial plus décontracté.

•Engager un traducteur ou vendre vos droits à l'étranger.

Bien sûr, vous pouvez demander des conseils et des commentaires, mais je ne vous conseille même pas de prendre ces décisions-là en vous basant sur la logique.

En fait, je vous suggère de les prendre avec votre instinct. Et ne croyez pas qu'une fois que vous aurez pris la décision, ce sera la réponse définitive. Les choses changent et évoluent. Ce qui fonctionne pour un livre ne fonctionnera peut-être pas pour le prochain. Le marché change, les goûts changent. Votre style peut changer. Peut-être que l'édition traditionnelle était parfaite pour vos besoins, mais que vous avez envie d'essayer l'autoédition. Dans ce chapitre, je vous apprendrai à puiser dans votre intuition pour trouver la réponse à toutes vos questions.

Votre intuition, c'est de l'argent

Prêtez attention aux idées qui ont l'air de vous « tomber dessus » – elles ne sont pas liées à vos pensées. C'est l'intuition qui vous parle. **Ces idées-là, c'est de l'argent.**

Vous pouvez très bien suivre une recette et la faire fonctionner, mais à terme, être ouverte à l'inspiration divine et agir en conséquence crée des choses que vous n'auriez jamais pu prédire – des choses étonnantes. Après que votre intuition vous a menée au succès, veillez bien à ne pas vous refuser à changer de cap. La vérité se trouve dans l'instant, avec chaque livre. Il nous faut continuer à consulter notre guidance intérieure, toujours poser des questions et rester ouverts aux réponses qui se présentent à nous à tout moment.

L'un des premiers moments de ma carrière où l'une de ces idées m'est tombée dessus sans crier gare a été lorsque j'écrivais ma première histoire d'amour, *The Alpha's Hunger*. Au début, j'avais prévu de la confier à un éditeur, mais pendant que je terminais de l'écrire, j'ai ressenti que je devrais la confier à un autre. Ensuite, au moment où j'ai finalisé l'écriture, j'ai eu un déclic : écrire une petite histoire bonus gratuite, dans le but d'accompagner le livre et de le vendre au prix fort. Je me suis fiée à la guidance. Je savais que ce n'était pas une idée que j'avais eue toute seule, ni en raisonnant ni en écoutant les conseils de quelqu'un, elle m'était venue à l'esprit et n'était connectée à aucune pensée antérieure. J'ai écrit l'histoire bonus, et mon éditeur l'a mise en ligne gratuitement en même temps qu'il publiait le livre. Ça a marché du feu de Dieu. Ce livre s'est vendu comme des petits pains. L'histoire gratuite a poussé le livre, et il a été l'un de mes *best-sellers* pendant plusieurs années.

À une autre occasion, j'ai publié mon roman *Alpha Bully*, avec une couverture que je m'étais imposée, en pensant que ce serait la bonne pour le livre. Immédiatement après la sortie, j'ai senti que la couverture devait changer. Par le passé, je m'étais un peu vantée de ne pas être une diva de la couverture. Vous savez, ces romanciers qui font les difficiles et qui exigent changement sur changement en essayant d'atteindre une certaine idée de la perfection. En tant qu'ancienne directrice d'une compagnie de danse, je me souvenais des danseurs qui se plaignaient toujours des costumes que les chorégraphes choisissaient. Je me disais que c'était sensiblement la même chose : les auteurs n'aimaient jamais leurs couvertures, mais ils n'avaient qu'à prendre sur eux. Mais dans ce cas, j'étais prête à faire ma diva et à demander au graphiste un changement de dernière minute. Dès que j'ai mis en place la nouvelle couverture, le livre a commencé à se vendre, et il a cartonné.

Petit aparté : je ne pense pas que vous soyez une diva si vous voulez une couverture parfaite. En revanche, je pense que vous devriez étudier le marché et vous assurer que votre couverture aidera à vendre correctement votre livre… ou mieux encore : faites appel à votre sagesse intérieure pour prendre cette décision.

« Mais, Renee, ces idées en or ne me viennent pas à l'esprit tous les quatre matins ! Comment suis-je censée utiliser ma guidance intérieure ? »

Ne vous inquiétez pas. Je suis là pour vous.

Le prochain chapitre parle de tout ce dont vous avez besoin pour pouvoir accéder à votre intuition et prendre n'importe quelle décision – qu'elle soit petite ou grande.

Puisez dans votre guidance intérieure pour *tout*

L'objectif principal de ce livre en tant que cahier d'exercices est de vous donner la possibilité de puiser dans votre propre savoir. J'ai constaté que l'écriture libre est l'un des moyens les plus simples et les plus accessibles d'obtenir des réponses intuitives, et c'est pourquoi j'ai inclus des questions pour votre journal ici.

Ma grande amie et guérisseuse quantique, Simone Gers, s'est entraînée à consulter son intuition et à suivre les conseils qu'elle reçoit, même sur les choses les plus insignifiantes. Elle demande comment s'habiller le matin, ce que son corps veut manger, etc. Elle est souvent surprise par la réponse, et au cours de la journée, elle comprend pourquoi elle a reçu ce conseil. Par exemple, elle se sentira d'humeur à porter un pull lors d'une journée qui semble chaude, puis le temps changera soudainement.

Un jour, elle avait une énorme pile de travail en retard, et aucune de ces tâches ne lui semblait très amusante. En se sentant dépassée, elle a demandé à l'Univers : « De quoi ai-je besoin pour accomplir tout ça ? » Étonnamment, la réponse qu'elle a reçue a été : « Va voir une comédie. »

Bien entendu, elle a répondu : « Pardon ? Je viens de dire que j'avais une pile de travail qui m'attendait. Je n'ai pas le temps d'aller voir un film en ville. »

Mais le message était clair, et elle avait appris à faire confiance à sa guidance intérieure. Elle a abandonné sa pile de copies à corriger et sa longue liste de choses à faire et elle s'est forcée à aller voir un film drôle. Il s'est avéré que c'était un tel soulagement par rapport au travail qu'elle avait à faire, que lorsqu'elle est rentrée chez elle, elle a constaté que l'Univers s'était occupé de certaines de ses tâches – d'autres personnes s'en étaient chargées ou s'étaient arrangées pour la libérer d'une mission – et elle est venue à bout de sa petite pile de travail restante en un rien de temps, sans difficulté aucune, et avec bien plus de joie et d'énergie qu'elle ne l'aurait fait si elle était restée à la maison pour se consacrer à son travail.

Nous reviendrons sur la façon d'obtenir le soutien de l'Univers lorsque vous vous sentez débordée ou épuisée à la fin du livre, mais ici, le message, c'est que **poser une question vous apportera toujours la bonne réponse**.

Nager à contre-courant

Il existe comme une règle tacite qui dit qu'en tant

qu'écrivain, on doit rester à sa place. C'est un domaine où je me suis fiée à mon instinct en faisant fi de l'avis populaire, et j'ai brisé cette règle. Vous avez déjà entendu ce conseil – trouve ton style et tiens-t'y. N'écris pas en dehors des tropes ou des schémas de ton genre, et si tu le fais, choisis-toi un nouveau nom de plume. Il existe plein de bonnes raisons de faire cela. La plus évidente, c'est l'image de marque. Pousser les algorithmes à montrer vos livres en est une autre.

Mais moi, je ne fais pas les choses comme ça. J'écris plusieurs genres de romance différents. J'ai des séries de romance paranormale, de romance science-fiction, et de *dark romance*. Je compte même à mon actif des livres plus anciens en *Regency* et en romance médiévale. Je n'utilise pas de nom de plume distinct pour toutes ces séries. Je n'ai pas utilisé de nom de plume différent pour écrire ce livre, même si d'un point de vue algorithmique, ça aurait probablement été logique. Certains pourraient me trouver paresseuse. Et ils auraient raison – je n'avais pas envie de devoir gérer plus d'un nom de plume. Mais je suis aussi connectée à mon intuition, qui m'a guidée et m'a fait comprendre qu'un nom de plume unique était la meilleure façon d'avancer, et que mes lecteurs me suivraient d'un genre à l'autre, et jusqu'à présent, c'est ce qu'ils font, pour la plupart. Ça a fonctionné pour moi. J'ai fait confiance à mon instinct plutôt qu'à la sagesse populaire. En tant qu'écrivain, je fais ce qui me rend heureuse, j'aime les livres que j'écris, et ça fonctionne, même si ça fausse mon image.

Voici le meilleur conseil que je peux vous donner en matière d'écriture. Il n'existe pas de bon ou de mauvais choix. Il n'existe pas de manière unique de faire les choses. Il n'existe pas une réponse unique. Vous devez vous mettre à l'écoute de ce qui vous convient le plus. Suivez votre instinct.

Écrivez votre réussite

Lorsque Lisa Daily, autrice de *best-sellers* citée par l'*USA Today,* a publié son premier ouvrage – un livre de conseils pour faire des rencontres – elle avait prévu de l'autoéditer, car elle travaillait déjà dans la publicité et savait comment le commercialiser. C'était son premier livre, et sa première expérience éditoriale, son énergie était donc grande ouverte aux possibilités qui s'ouvraient à elle, et la magie a opéré. D'abord, un agent qui était ami avec son attachée de presse a lu le livre et a voulu la représenter. Ensuite, parce que Lisa avait été invitée à parler au *Sally Jessy Raphael show*[1] à New York, son agent s'est démené pour lui obtenir des rendez-vous avec six grandes maisons d'édition. Ils ont rencontré les éditeurs, et les six lui ont fait une offre. Elle a dû se fier à son instinct pour savoir laquelle accepter – l'offre la plus basse d'un éditeur particulièrement avisé, ou celles plus élevées d'autres maisons. Elle a fait confiance à son instinct et aux conseils de son agent et a opté pour la plus basse, celle de l'éditeur qui avait une personnalité dynamique. Il s'est avéré que l'éditeur voulait faire décoller le livre, c'est-à-dire qu'il voulait le mettre sur le marché en suivant un calendrier abrégé, en quelques semaines seulement, afin de tirer profit du passage de Lisa à la télé.

En six semaines seulement, le livre était dans toutes les librairies – chose tout simplement inouïe dans le monde de l'édition traditionnelle. Sa sortie en magasin coïncidait avec la diffusion du *Sally Jessy Raphael show*, et le livre a fait un tabac. L'Univers l'a véritablement soutenue tout le long du chemin.

Est-ce que toutes les sorties de livres suivantes ont été magiques pour Lisa ? Non. Comme pour de nombreux écri-

---

1. NDLT : talk-show tabloïd étasunien diffusé de 1983 à 2002 par l'animatrice de talk-show radio Sally Jessy Raphael.

vains, la première fois est souvent la plus simple, et c'est lorsque l'on pense savoir comment ça fonctionne que l'on se ferme aux possibilités au lieu d'être ouverte à l'énergie de chaque instant.

Agir sans délai

J'ai constaté qu'il existait une fenêtre de tir pour tout. C'est encore plus vrai avec les intuitions, et c'est une raison de plus pour y prêter attention lorsqu'elles se manifestent.

Quand vous vient une de ces idées de nulle part (sans lien aucun avec une pensée antérieure), écrivez-la, si vous le pouvez.

En ce qui me concerne, les idées me viennent souvent lorsque je conduis ma voiture ou que je suis sous la douche, ce qui ne constitue jamais le moment idéal pour attraper un stylo et un papier, mais j'ai pris l'habitude d'y prêter attention et d'agir sans délai. Par exemple, si vous avez l'idée de mettre un livre en vente, programmez la mise en vente tout de suite, ne la mettez pas de côté dans un coin de votre tête comme une bonne idée pour « un jour peut-être ». Mieux encore, analysez votre instinct. (Rendez-vous au prochain chapitre pour des astuces pratiques sur le moment *idéal* pour programmer vos ventes.) Il existe peut-être un jour parfait.

Dans le cadre du club des écrivains abondants, j'ai guidé une méditation pour devenir viral sur TikTok. L'un des éléments qui en sont ressortis, c'était l'importance d'utiliser son intuition avec TikTok. De rester ouverte aux idées pour les vidéos lorsqu'elles arrivent, puis de les poster immédiatement, en suivant cette énergie du moment idéal pour l'algorithme. Après que de nombreuses participantes à la réunion ont partagé leurs résultats ahurissants, je l'ai moi-même mise en pratique et ai constaté que si je suivais mon instinct en matière de timing ou de contenu, les publications avaient de bien meilleurs résultats que si je faisais ce que je croyais devoir faire sur TikTok (poster trois fois par jour, etc.).

Pendant la pandémie de 2020, ma coautrice Lee Savino a refusé d'adhérer au désespoir et à la mentalité de manque qui s'était emparée de notre société. Elle s'est efforcée de vivre dans un état d'esprit abondant. L'avenir l'enthousiasmait, malgré la crise qui s'était propagée au monde entier et les avertissements des médias. Poussée par un coup de pouce instinctif – l'une de ces idées a éclos dans sa tête – elle m'a appelée et m'a dit : « Je pense qu'on devrait distribuer nos livres gratuitement. »

J'ai interprété ça comme je voulais l'entendre et j'ai répondu : « Oui, bonne idée. Nous n'avons qu'à donner l'un de nos livres.

— Non, pas un seul livre. Tous. »

J'ai tourné en rond pendant quelques secondes. Euh... *Tous nos livres ?* Est-ce que ce ne serait pas... *un peu beaucoup ?*

Mais je ressentais la puissance de l'abondance dans son désir. Elle ne fonctionnait pas depuis le manque. Elle se trouvait dans un espace de générosité et d'amour. Elle voulait redonner à la communauté. Nous n'étions ni infirmières ni docteurs. Nous ne pouvions pas aider nos voisins sur le plan médical. Mais nous avions des livres. Nous pouvions donner quelque chose à lire aux gens confinés chez eux. Et non, elle ne comptait pas leur faire payer le moindre centime.

Gloups.

« Tu en es sûre, Lee ?

— Oui. Je veux tous les diffuser gratuitement », a-t-elle insisté.

En sachant que son énergie se trouvait dans une vibration bien plus élevée que la mienne à ce moment-là, j'ai fait confiance à son impulsion.

Nous avons organisé la diffusion pour le début du mois d'avril et avons observé, stupéfaites, nos livres être téléchargés plus de 150 000 fois. Cette série-là avait rapporté moins de 10 000 $ par mois, et au cours des mois précédents, ces chiffres avaient eu tendance à baisser vers les 5 000 $ mensuels. Au mois d'avril 2020, les revenus de la série ont grimpé à 32 000 $, même si nous avions distribué les huit livres gratuitement. La série s'est maintenue à ce niveau pendant trois mois, puis a commencé à diminuer très progressivement.

« Je ne comprends pas comment ça marche, m'a dit Lee. On a distribué les livres gratuitement, avec le cœur, et avec gratitude, et on a reçu beaucoup plus que ce qu'on avait donné. » Depuis, les livres se vendent bien.

Récemment, j'ai décidé d'offrir les quatre premiers tomes d'une ancienne série pendant une semaine pour stimuler les ventes et les algorithmes. J'ai essayé d'obtenir une promotion chez Bookbub et Barnes & Noble[2] sur le premier tome, mais j'ai essuyé deux refus. Ensuite, j'ai entendu (j'ai tendance à vivre l'intuition comme une **clairaudience**[3] – des mots dans ma tête) que je devais attendre jusqu'au vendredi avant de soumettre le quatrième livre. C'est ce que j'ai fait, et on m'a accordé les deux promotions.

Je vous ai parlé de clairaudience. C'est la façon dont j'ai tendance à recevoir mes intuitions, mais chez vous, ces

---

2. NDLT : Barnes & Noble est le plus gros libraire des États-Unis.
3. NDLT : la clairaudience est un phénomène psychique qui implique la capacité à percevoir des sons ou des voix au-delà de la portée de l'ouïe normale.

réponses de l'Univers peuvent très bien se manifester sous forme de sensations, de visions, d'odeurs, de sentiments, ou simplement d'une impression de clarté et de calme. Jamais l'intuition n'est accompagnée d'émotions comme la peur, alors ne vous inquiétez pas. Si vous êtes, comme moi, une personne anxieuse, et que vos pensées dégénèrent en un coup de « oh, mon Dieu, j'ai une encéphalite ! » (ça m'est déjà arrivé), sachez que ce n'est pas votre intuition qui parle. C'est la peur qui se manifeste pour vous empêcher de créer votre avenir.

Ce dont je parle est subtil. C'est ce moment où, au lieu de tourner à droite comme d'habitude, vous prenez à gauche. C'est l'intuition qui vous fait rentrer dans *ce* magasin, alors que votre esprit exigeait que vous rentriez vite à la maison. C'est l'étincelle intuitive d'une chose inhabituelle et inattendue, et le moment où vous agissez en fonction de cette pulsion.

Nombre de personnes ont peur d'aller vers l'inconnu. Elles ont peur de ce qu'elles pourraient découvrir. En réalité, recevoir des réponses de l'intérieur n'est jamais effrayant. Je souffre (vous noterez que je n'ai pas dit « j'ai », parce que je ne veux pas affirmer que c'est à moi, ni que ça m'appartient) de polyarthrite rhumatoïde, qui me provoque des conjonctivites lors des poussées. Mon coach m'a demandé de répondre à la question suivante : « Y a-t-il quelque chose que je n'ai pas envie de voir ? » Je l'utilise donc souvent comme incitation à l'écriture libre dans mon journal.

Un jour, alors que j'écrivais là-dessus, j'ai entendu : « Ton père est en train de mourir. » Cette information m'a beaucoup attristée. Lorsque je l'avais vu à Thanksgiving, j'avais trouvé que mon père avait pris un coup de vieux, mais ma conscience n'avait pas accepté l'idée qu'il n'allait peut-être pas très bien. Deux mois plus tard, son médecin l'a informé que son lymphome était devenu actif. Il est décédé en huit semaines.

Parce que je savais que ça allait arriver, j'ai réussi à traverser cette épreuve et à accepter son décès bien plus facilement que si je n'avais pas été informée à l'avance de son départ relativement rapide.

J'espère que cette histoire ne vous a pas fait peur. Je ne suis pas en train de dire que vous recevrez des informations sur la mort de quelqu'un. Mais je vous raconte cette histoire parce que cette information, bien qu'elle ne constitue pas une bonne nouvelle, m'a donné de la force et de la quiétude pendant cette épreuve. Le fait de recevoir des réponses crée un sentiment de calme et d'apaisement, ça ne génère pas quelque chose d'effrayant.

Tant de fois, nous pourrions avoir les réponses à notre disposition, si nous posions tout simplement la question. Il est fort probable que si j'avais commencé avec une question telle que : « Dois-je soumettre ce livre-ci ? » ou « Le moment est-il bien choisi pour le soumettre ? » *avant* de l'avoir soumis, j'aurais pu éviter tous ces refus dès le départ, mais je ne pensais pas à poser la question – jusqu'au moment où je recevais ces nouvelles décevantes.

Souvenez-vous que chaque livre est différent. Chaque semaine sur Amazon ou chez d'autres distributeurs est différente. Ce mois-ci, vous êtes une autre personne que celle que vous étiez lors de la dernière parution. Vous devez donc vraiment être à l'écoute de vous-même. Continuez à poser des questions.

Lorsqu'on m'invite à participer à des anthologies ou à d'autres types de parution, j'utilise toujours l'intuition, plutôt que la logique ou mon calendrier. Je me demande : est-ce pour mon plus grand bien ? Est-ce que ça en créera davantage ? Si la réponse que j'obtiens est un « oui », je modifie mon calendrier et je m'arrange pour que ça fonctionne. Il m'est aussi arrivé à plusieurs reprises de poser la question au début, et j'ai su que c'était pour mon bien et que ça créerait davantage, mais quelque part en cours de route, le projet s'est alourdi. J'ai donc demandé une nouvelle fois. J'ai eu le courage de changer de cap en constatant que quelque chose n'était plus dans mon intérêt.

Étude de cas : Megan Linski – Suivre son intuition

Il y a plusieurs années déjà, Megan Linski, autrice de romans *fantasy* et paranormaux citée par l'*USA Today*, a reçu l'une de ces idées de l'Univers – cette idée qui vous tombe dessus de nulle part. « Je l'ai écrite sur un bout de papier et je l'ai oubliée. Quelques semaines plus tard, j'ai vu une couverture de livre toute faite qui correspondait parfaitement à mon idée. J'ai acheté la couverture et écrit le livre en moins de deux semaines, en me disant que c'était juste un projet pour m'amuser, et que je ne me souciais pas vraiment de savoir s'il se vendrait ou non. »

« J'avais véritablement envie de le faire. Je n'avais pas l'impression de *devoir* le faire pour gagner de l'argent, ou parce que c'était à la mode à ce moment-là. Il existe tellement de gens pour vous dire que si vous n'écrivez pas tel ou tel trope[1] à un moment précis, vous ne gagnerez pas un centime. »

Elle n'était particulièrement attachée ni au livre ni à sa

---

1. NDLT : les tropes sont des thèmes ou des schémas récurrents dans la fiction, qui diffèrent selon le genre littéraire.

parution. « Je n'avais aucune résistance. J'étais simplement curieuse de voir ce que cela donnerait et je me suis vraiment amusée en écrivant cette histoire, qui s'est avérée bien plus courte que mes livres plus sérieux. »

Elle sait que le fait d'être attachée aux résultats peut tuer l'énergie dans l'œuf. « Chaque fois que vous êtes désespérée à propos de quelque chose, ça ne fonctionne pas. Il y a une différence entre croire« je n'ai pas le droit à l'échec » et « il faut que ça marche, sinon je suis foutue ». Dans le premier cas, vous manifestez votre volonté de réussir coûte que coûte. Dans l'autre, vous vous accrochez désespérément à un résultat. »

Elle a publié le livre en dépensant moins de cent dollars en publicités, puis a ignoré le livre à partir du moment où elle l'a mis en vente.

Vous savez déjà ce qui va se passer, n'est-ce pas ? Tous les bons éléments sont réunis pour que la magie opère – une histoire inspirée par l'instinct, écrite pour le plaisir, sans attente aucune.

Megan nous raconte : « Pendant les trois mois qui ont suivi sa sortie, le livre est devenu viral, et m'a fait gagner plus de 20 000 $, soit plus que ce que j'avais jamais gagné auparavant pour une sortie et avec moins d'efforts que je n'en avais déployés pour un projet. »

Était-ce de la chance ? Ou Megan a-t-elle créé cette magie ? « J'ai définitivement eu de la chance. Mais je pense que j'ai manifesté cette chance, et je crois que le fait d'avoir suivi mon intuition quand il le fallait m'a permis de réussir au moment précis où je devais réussir. »

Son conseil aux autres auteurs est le suivant : « Si vous avez une idée, n'essayez pas d'y résister, foncez. Faites confiance à votre instinct. Les plus grosses erreurs de ma carrière, je les ai commises parce que je n'ai pas fait confiance à mon instinct. J'ai écouté ce que tout le monde me disait au lieu de faire ce que je devais faire. »

Elle pense que les plus gros blocages et les chemins interminables que nous empruntons parfois dans notre carrière d'écrivain sont le résultat d'une écoute trop attentive de l'opinion des autres. « Si j'avais fait ce que je voulais il y a des années, je serais bien plus avancée qu'aujourd'hui. »

« Vous êtes venue au monde pour écrire les livres que vous êtes censée écrire. Si vous écrivez les mêmes livres que les autres, vous n'accomplissez pas votre dessein. »

« Vous êtes la seule à pouvoir écrire les livres que vous êtes appelée à écrire. »

Megan Linski

« Si vous essayez d'être comme tout le monde, et que vous suivez les tendances, vous ne créerez jamais l'histoire à laquelle vous êtes destinée. »

Exercice d'écriture libre : puisez dans votre génie

Pensez aux moments où vous vous êtes fiée à votre instinct (ou où vous n'avez pas suivi une intuition). Qu'avez-vous ressenti ? Comment avez-vous su que c'était l'intuition qui parlait et non pas la peur, ou la logique ? Les exercices suivants vous aideront à puiser dans ce puissant outil.
- Dans quel domaine ne vous faites-vous pas confiance ?
- Dans quel domaine vous faites-vous confiance ?
- Quelles sont les intuitions que vous avez eues dans le passé ?
- À quel moment de votre vie avez-vous agi en suivant votre intuition ?
- Quelle(s) méthode(s) pour puiser dans votre sagesse intérieure fonctionne(nt) le mieux chez vous ?
- Où et quand êtes vous le plus ouverte à l'intuition ?

Chapitre 11

Petit guide pour accéder à votre intuition

Comment vous fiez-vous à votre instinct ? Il existe de nombreuses manières de s'y prendre. Dans ce livre, nous pratiquons principalement l'écriture libre. Je pars du principe que puisque vous êtes écrivain, poser un stylo sur une page sera aussi magique et instructif pour vous que ça l'est pour moi. Il existe d'autres méthodes qui pourraient vous convenir. Voici un petit guide pour accéder à votre intuition. Vous y trouverez sûrement la méthode adéquate.

Tenir un journal

Je trouve que le fait de tenir un journal tôt le matin est particulièrement fructueux pour recevoir des pépites intuitives. J'aime poser des questions pour en écrire librement les réponses. Faites glisser votre stylo sur la page sans vous arrêter ni rien modifier. Vous pouvez préparer vos questions, utiliser les nombreuses suggestions de ce livre, ou simplement poser des questions et y répondre au fur et à mesure.

Si vous avez lu *Libérez votre créativité*, vous avez peut-être pris l'habitude d'écrire ce que Julia Cameron appelle les *morning pages*. Après avoir lu ce livre, j'ai commencé à écrire cinq pages tous les matins dès le réveil, et ça m'a permis d'utiliser l'écriture libre comme moyen de cibler mes désirs. Je travaillais comme rédactrice technique, et j'ai manifesté une subvention de deux millions de dollars pour mon entreprise. Certes, ça m'a « seulement » rapporté un petit bonus et un peu de reconnaissance, mais le pouvoir que j'ai ressenti lorsque j'ai compris que je pouvais écrire pour manifester mes désirs était inestimable.

Un autre avantage de commencer la journée en écrivant son journal, c'est qu'après avoir écrit mes pages, je me sens bien dans ma peau. J'ai investi en moi. J'ai cru en moi. Je suis inspirée. J'ai donné le ton pour la journée – aujourd'hui, j'écris ! J'ai pris du temps pour moi dans ma journée. Je suis importante dans mon propre monde. J'ai le courage de réfléchir, de révéler des choses, de recevoir. Et ça me fait du bien.

Vos *morning pages*, vous les tapez au clavier ou vous les écrivez à la main ? Qu'est-ce qui créera quelque chose de plus grand ? Bien sûr, vous pouvez puiser dans votre connaissance de vous-même. J'écris à la main, et même si je peux taper au clavier rapidement et avec beaucoup plus de facilité qu'en m'asseyant avec un stylo et un papier (quand je m'y mets vraiment, j'ai des crampes à la main), ce que j'ai remarqué, c'est que dès que j'ai un stylo dans les doigts, il se tisse une connexion entre mon corps et mon âme. C'est comme si mon âme parlait à travers cette connexion. Je n'ai plus aucun mal à entrer en transe. Le correcteur avec qui je cohabite et qui m'accompagne quand je tape au clavier n'apparaît jamais, lorsque j'écris mes *morning pages* à la main. Lorsque je fais glisser ma main au-dessus du papier, c'est comme si mon âme prenait le volant. C'est un acte intime, et je me sens connectée. Des découvertes puissantes, des rires, des cadeaux du ciel surgissent sur la page. Pour moi, cette pratique est une question de présence – intrinsèque à ma nature. Parfois, il m'arrive de revenir en arrière et de lire quelque chose dans un journal sur lequel je suis en train de travailler, parce que les idées viennent souvent au compte-gouttes, et il peut s'écouler la moitié d'un journal avant que je me rende compte que ce que j'ai écrit à ce moment-là, c'est énorme. Bien que je ne relise pas souvent mes vieux journaux, j'aime savoir qu'ils se trouvent dans leur endroit spécial, comme un rappel de mon engagement envers moi-même, de mon processus, et de ma vie d'écrivain millionnaire.

Légère ou lourde

Pour appliquer cette méthode, il vous faudra ressentir l'énergie de la situation et vous poser des questions. Par exemple, admettons que vous vous demandez si vous devriez cumuler les promotions avec votre Bookbub. Vous vous posez la question : devrais-je cumuler les promotions ? Si vous vous sentez légère et à l'aise, c'est un oui. Si vous vous sentez lourde et terne, c'est un non.

Test musculaire

Cette méthode fonctionne très bien pour les questions fermées. Formez un cercle avec votre pouce et l'auriculaire de votre main non dominante et ensuite, essayez de briser le cercle avec l'index de votre main dominante. Si le cercle tient bon, c'est un oui. S'il se brise, c'est un non. Cette méthode n'est que partiellement fiable pour moi, mais je pense que c'est parce que, parfois, la réponse n'est pas un oui ou un non tranché, c'est un peu plus compliqué que cela. Il se peut que vous deviez approfondir et poser de nombreuses questions fermées pour obtenir une réponse claire.

Évaluer deux options

Celle-là ne fonctionne que si vous avez deux options. Imaginez que vous tenez une option dans chaque main et que vous ressentez l'énergie qui s'en dégage. Laquelle vous semble la plus lumineuse ou la plus importante ? Par exemple, admettons que vous ayez le choix entre deux couvertures de livres. Tendez vos mains comme si elles étaient deux balances et imaginez une couverture dans votre main droite et l'autre dans la gauche. Laquelle fait pencher la balance ?

Jeter un œil vers l'avenir

Posez cette question et ressentez la réponse ou écrivez-la librement dans un journal : « À quoi ressemblera ma vie d'ici six mois (ou un an, ou cinq ans...) si je choisis cela ? » RESSENTEZ ou ÉCRIVEZ la réponse. Puis posez-vous la question : « À quoi ressemblera ma vie d'ici ____ mois/années si je ne choisis pas cela ? » et RESSENTEZ ou ÉCRIVEZ la réponse.

Le pendule

Cette méthode ressemble au test musculaire, mais la différence, c'est que vous pouvez l'utiliser pour choisir entre plusieurs options. J'achète des pendules au Festival des gemmes et des minéraux de Tucson pour trois dollars, mais si vous ne voulez pas en acheter un, vous pouvez utiliser un écrou ou une rondelle attachée à un morceau de fil dentaire. Ce ne doit pas forcément être une pierre précieuse, ni quelque chose de raffiné. Vous montrez au pendule les différentes options sous forme d'angles d'oscillation. Par exemple : « Devrais-je dépenser 10 $, 20 $, 30 $, 40 $ dans cette publicité Facebook, ou une autre somme ? » Chaque option représente un angle d'éloignement différent par rapport à vous. Ensuite, fermez les yeux pour voir quelle direction le pendule a prise.

Celle-là, je l'ai utilisée pas plus tard que ce matin pour savoir quel réparateur d'air conditionné j'allais appeler. Un jour, lorsque j'ai acheté une propriété à Taos et que j'ai dû souscrire à une assurance, j'ai utilisé le pendule pour savoir vers quelle compagnie d'assurance je devais me tourner. Quand un local m'a demandé qui j'avais choisi et que je le lui ai dit, il m'a répondu : « Oh, ce sont les meilleurs, comment l'avez-vous su ? »... C'est un vieux secret chinois !

Soyez attentive à ce que vous ressentez dans votre corps

Si aucune des idées ci-dessus ne résonne en vous, essayez de vous mettre à l'écoute de votre corps lorsque vous pensez à une question. Vous avez déjà entendu des gens dire qu'ils « sentaient quelque chose dans leurs tripes » ? On dit que l'intestin est notre « deuxième cerveau », parce qu'il contient notre système nerveux entérique (ou SNE), avec plus de cent millions de cellules nerveuses. Si vous vous retrouvez avec une sensation de tension dans le ventre à propos d'une chose en particulier, tenez-en compte – il y a quelque chose qui ne résonne pas en vous. Par contre, si vous éprouvez une sensation agréable et effervescente, vous êtes sur la bonne voie.

Comment savoir si c'est vrai ?

Dans son livre *Vivre conscient du divin en toute chose*[1], Machaelle Small Wright parle de la façon dont elle s'est servie du test musculaire pour se connecter avec la nature et les plantes de son jardin. Elle a posé toutes sortes de questions fermées pour déterminer où planter chaque graine, la direction des rangées, etc. Elle a fini par cultiver des choux de plus de quinze kilos ! Son conseil : toujours partir du principe que votre intuition est la bonne et agir en conséquence, et en faisant cela, vous affinerez votre capacité à savoir si c'était bel et bien de l'intuition ou si c'était votre propre esprit qui vous soufflait quelque chose à l'oreille. Souvent, je ne tiens pas compte de mon intuition, puis par la suite, je comprends exactement en quoi j'ai eu tort. Par exemple, il m'est arrivé d'avoir l'intuition de prendre un autre chemin pour rentrer chez moi, de l'ignorer, et de me voir ralentie par un accident ou par des travaux.

J'utilise mon intuition pour déterminer mon budget publicitaire alloué aux nouvelles parutions, en utilisant souvent un pendule pour obtenir des montants précis. Lorsque j'ai publié le livre *Alpha Knight*, j'ai entendu que je devais dépenser 500 $ par jour en publicités Facebook. C'est ce que j'ai fait, mais le livre ne décollait pas. À l'époque, j'étais chez Kindle Unlimited, donc je devais suivre le classement de mon livre sur Amazon, et mon objectif était de le maintenir dans le top 100. Il m'a fallu bien plus que 500 $ par jour pour y figurer et y rester. J'aurais dû écouter ma sagesse intérieure, mais mon ego a pris le dessus. Je ne voulais pas que mon bébé fasse un flop. Je voulais le voir dans le top 100 – en tant qu'écrivain, c'était

---

[1]. NDLT : en version originale, *Behaving as if the God in all Life Mattered* (1983).

important pour moi. Ça aurait voulu dire que j'en étais digne. Ou que j'avais assez de succès. Que mes livres étaient pertinents. J'ai donc augmenté le budget alloué à la publicité.

Si vous êtes chez Kindle Unlimited et que vous avez utilisé la même stratégie publicitaire que moi, vous savez le genre de pari que ça représente. Votre retour sur investissement n'est pas immédiat, parce que vous êtes payée à la page lue. Le classement Amazon vous indique le nombre de fois où le livre a été téléchargé, mais vous devez attendre que tout le monde l'ait lu avant de commencer à gagner de l'argent.

Malheureusement, mon effort sur *Alpha Knight* a fait un bide. Les lectures de pages n'arrivaient jamais. Lorsque j'ai déduit mes dépenses publicitaires de mes revenus, j'ai constaté que je n'avais gagné que 8 000 $.

Oui, j'avais quand même gagné de l'argent. J'aurais probablement dû m'en réjouir. Mais j'avais dépensé 18 000 $ pour en arriver là, ce qui est une somme ridicule. J'avais poussé et poussé les dépenses publicitaires sur ce livre, déterminée que j'étais à le faire décoller, même si mon instinct m'avait intimé de faire machine arrière.

Était-ce un échec ? En tout cas, c'est ainsi que je l'ai ressenti à l'époque, mais avec du recul, et d'un point de vue énergétique, ce n'en était pas un.

L'échec n'existe pas.

J'ai appris à me fier à mon instinct. Je n'ai peut-être pas fait beaucoup de profits, mais en dépensant ces 18 000 $ en publicité, j'ai atteint beaucoup de gens. Si vous connaissez la loi des sept vues, vous savez que les spécialistes du marketing pensent que les gens doivent voir votre nom, votre marque ou votre produit sept fois avant d'acheter. C'est à cette occasion-là que j'ai obtenu l'une de mes sept occurrences pour les milliers de personnes qui ont vu ces publicités et n'ont rien acheté.

Parfois, nous ne connaissons pas la raison pour laquelle notre instinct nous a orientés dans une certaine direction. Oui, ce pourrait être parce que, comme moi, vous êtes en train d'apprendre à ne pas aller à l'encontre de votre sagesse intérieure. Mais parfois, nous ne savons jamais pourquoi. Si vous entendez « tourne à gauche », vous ne vous rendez peut-être pas compte que votre instinct vous empêche d'avoir un accident. Parfois, nous le comprenons – et nous gagnons 20 000 $, comme Megan Linski – et parfois, nous ne le comprenons pas. Faire confiance à son instinct, c'est, entre autres, travailler le muscle de la confiance en soi. Plus vous faites confiance à votre instinct, plus votre confiance en vous est élevée, mieux votre muscle intuitif fonctionne. Lorsque vous vous entraînerez à répondre aux petites intuitions, vous aurez à chaque fois plus de confiance pour agir sur les grosses intuitions – comme diffuser tous vos livres gratuitement, par exemple.

Dès que vous êtes bloquée et que vous ne savez pas quoi faire, demandez à l'Univers de vous montrer le chemin. Dites-lui de vous envoyer une réponse évidente, afin de ne pas avoir à deviner ou à essayer d'interpréter. Tant que vous y êtes, dites-lui que vous aimeriez que l'Univers montre que vous êtes à l'aise avec la situation. Rendez cela amusant. Rentable, même – si la situation s'y prête. Demandez-lui de créer quelque chose de plus grand pour vous.

Souvenez-vous bien : comme nous l'avons dit à la deuxième étape, il est inutile de vous inquiéter du « comment » – ayez confiance, tout simplement.

Exercice pratique : Invitez votre intuition

•Pendant toute la semaine, utilisez votre instinct pour choisir quels vêtements vous porterez. J'aime fermer les yeux pour dégager mon champ visuel, puis je pose mon intention pour voir quel sera le vêtement parfait, et j'ouvre les yeux pour parcourir le placard avec cette même intention. Je suis souvent directement attirée par un certain haut ou une certaine couleur.

•Utilisez votre intuition pour choisir les meilleurs passages et extraits pour votre prochaine publication.

C'est le même principe que l'exercice précédent. Ouvrez votre manuscrit sur votre ordinateur (ou prenez le livre dans vos mains, si vous en avez un exemplaire papier) et posez votre intention pour choisir les meilleurs passages ou extraits à partager sur les réseaux sociaux ou avec les blogueurs littéraires. Ensuite, faites défiler la barre vers le bas et arrêtez-vous lorsque vous sentez qu'il est temps. Lisez cette page pour y trouver votre extrait parfait. Si vous ne trouvez rien – ce qui m'arrive rarement – ne vous fâchez pas en voyant que vous avez échoué. Recommencez, tout simplement !

•Utilisez votre intuition pour déterminer les dépenses publicitaires d'une campagne.

N'essayez pas cet exercice s'il vous stresse – ne le faites que si vous le trouvez amusant. Utilisez un pendule ou le test musculaire pour déterminer le montant à consacrer à une campagne publicitaire. Pour utiliser le pendule, attribuez des montants différents à chacun de ses angles. Par exemple, un angle de quarante-cinq degrés correspondra à dix dollars par jour ou moins, quatre-vingt-dix degrés à dix ou vingt dollars, cent trente-cinq degrés, entre vingt et trente dollars. Une fois que vous avez votre réponse, vous pouvez la préciser davantage. Vous pouvez aussi écrire les fourchettes sur de petits morceaux de papier, les plier et les mélanger. Disposez-les en ligne sur une table et demandez au pendule de vous indiquer l'option qui générera le plus de profits pour votre livre. Quand j'ai peur que mes propres opinions interfèrent avec une réponse claire du pendule, la méthode des bouts de papier fonctionne mieux, parce que je ne sais pas ce qu'ils contiennent.

Pour effectuer un test musculaire, posez-vous la question : « Est-ce que c'est moins de dix dollars par jour ? » Testez avec un oui ou un non, puis continuez en fonction de la réponse que vous obtenez. Par exemple, si vous avez un oui, demandez ensuite : « Est-ce que c'est moins de cinq dollars par jour ? »

•Utilisez votre intuition pour planifier votre calendrier d'écriture sur les douze prochains mois (ou plus loin encore, selon vos habitudes).

Faites de l'écriture libre sur les questions suivantes :

•Quels sont les meilleurs projets à mener l'année prochaine pour faire avancer ma carrière d'écrivain ?

- Quelle série ?
- Quel livre ?
- Lequel dois-je écrire en premier ?
- Quel est le meilleur moment pour sortir tel ou tel livre ?
- Quel livre ou projet me rapportera le plus d'argent ?
- Quel livre ou projet sera porteur pour ma carrière d'écrivain ?

Si vous le désirez, vous pouvez affiner vos réponses et établir un plan en effectuant des tests musculaires pour déterminer l'ordre exact des livres et des semaines de parution. Ensuite, soyez attentive lorsque vous passez votre plan en revue. Il se pourrait que l'énergie change, et que vous ayez le sentiment soudain que quelque chose dans la liste doit être déplacé, que ce soit vers le haut ou vers le bas. Modifiez-le en vous servant de vos nouvelles connaissances.

• Utilisez votre intuition pour le travail que vous avez en cours.

Écrivez librement pour répondre aux questions suivantes :

- Qu'est-ce que j'écrirai ensuite ?
- Quels sont éléments clés pour ce livre ?
- Qu'est-ce que je fais bien ?
- Qu'est-ce qui a besoin d'être développé ?

Même si vous ne prenez que cinq minutes pour écrire dans votre journal chaque matin à propos de votre prochain livre, cela pourrait modifier votre relation tout entière à l'écriture. Je suis consciente du fait que ma quantité de mots explose lorsque je sais ce que je vais écrire, plutôt que lorsque je suis assise devant mon écran d'ordinateur, à essayer de trouver quoi écrire.

Étape 5 : Vivez maintenant

Chapitre 12
Recevoir

Si la manifestation se résume à *demander, croire, recevoir,* alors les deux étapes suivantes traiteront de la partie où vous *recevez*. Vous avez fait votre demande ou vous avez posé la question dans l'étape 2, « Attisez le feu », lorsque vous avez posé votre intention. Vous avez travaillé sur la croyance et l'élimination de vos résistances à recevoir avec l'étape 1, « Faites place nette », puis tout au long du parcours avec vos contemplations écrites. Maintenant, il est important de s'ouvrir pour recevoir, ce qui implique d'accorder vos vibrations avec celles de ce que vous invoquez (étape 5, « Vivez maintenant ») et de donner à cette invocation assez d'espace pour apparaître (étape 6, « Laissez couler »). Nombreux sont ceux qui croient que recevoir est la partie la plus difficile de la manifestation. La définition de l'intention est la partie la plus amusante. La partie du rêve. L'endroit où l'on se sent bien. Mais ensuite, il peut nous arriver de bloquer nos manifestations de bien des façons. La résistance peut apparaître sous la forme de croyances limitantes. Ou d'impatience. En fonctionnant à partir du passé plutôt que l'avenir que vous avez envie de créer.

Dans cette étape, vous allez commencer à jouer le rôle de l'écrivain millionnaire. Vous allez le devenir maintenant. Lorsque vous vous enveloppez dans l'énergie de ce que vous invoquez, sachez que vous avez déjà cette chose. Vous vous sentez déjà abondante. Bénie. Reconnaissante. Vous n'avez pas vraiment envie ou besoin de la chose que vous avez demandée. Vous ne vous trouvez pas dans un état de manque.

L'une des astuces pour attirer l'abondance, c'est d'être vraiment prête à la recevoir. Vous pensez être prête. Vous pensez être disposée, mais si vous ne croyez pas sincèrement que vous le méritez ou que ça viendra vraiment un jour, vous empêcherez cette chose d'entrer dans votre vie.

Pendant plusieurs années de suite, j'ai posé ma candidature pour être autrice signataire de la *Shameless Conference*[1] mais je n'ai jamais été acceptée – du moins, c'était ce que je croyais. Un jour, Lee Savino m'a appelée pour dire : « J'ai été invitée à la Shameless ! »

Oh. Mes épaules se sont affaissées. « Je n'ai pas eu de nouvelles.

— Je suis sûre que tu es invitée, m'a-t-elle dit, persuadée qu'ils ne l'auraient pas invitée sans m'inviter aussi. Vérifie tes spams. »

Effectivement, l'invitation se trouvait dans mes spams. Ma conviction que je ne serais pas invitée m'avait empêchée de la recevoir. Pendant combien d'années d'affilée avais-je été invitée sans en avoir connaissance ? C'était peut-être la première année, ou peut-être avais-je été invitée chaque

---

1. NDLT : convention littéraire réunissant auteurs et lecteurs de romance érotique.

année sans jamais le savoir ! Pour le bien-être de mon ego, j'aime à croire que c'était la seconde option.

Comment, armée de vos doutes, empêchez-vous l'abondance, les invitations, les récompenses ou même les bonnes critiques d'apparaître ?

Parfois, nous demandons une chose à l'Univers, et nous ne sommes pas préparés à la voir arriver si vite. Nous sommes si peu préparés que nous rejetons des opportunités.

L'année dernière, j'ai joué avec le rêve lucide. Les rêves nous montrent la direction dans laquelle va notre énergie, donc je me suis dit que si je pouvais faire un rêve lucide pour imaginer ce que j'essayais de créer, alors je programmerais mon énergie en fonction de ce que j'invoquais.

La première nuit, j'ai tout bêtement rêvé que je volais – n'est-ce pas ce que nous faisons tous avec les rêves lucides ? La deuxième nuit, j'ai décidé de choisir une chose que je voulais manifester dans ma vie. Vu que j'avais commencé à écrire ce livre, j'ai décidé d'essayer de faire un rêve lucide où j'intervenais dans une convention d'auteurs, et je présentais ce matériel.

Le lendemain, j'ai reçu un mail d'une autrice pour me demander si je pouvais faire une présentation devant un groupe de réflexion dont elle faisait partie.

En oubliant que c'était exactement ce que j'avais demandé la veille, j'ai essayé de le dévier vers la sphère de ce que je savais déjà faire – mon énergie présente – et je lui ai demandé s'ils cherchaient à être coachés. Puis, après lui avoir envoyé le mail, je me suis souvenue du rêve lucide. *Oups !* Je lui ai vite envoyé un autre mail en demandant si elle cherchait plutôt une présentation.

Elle m'a répondu : « Nous aimerions que vous fassiez une présentation, *le genre de présentation que vous feriez lors d'une convention d'auteurs.* »

Waouh. Je n'arrivais pas à y croire ! Le rêve lucide fonctionnait vraiment pour une manifestation instantanée ! Mais j'étais aussi un peu terrifiée à l'idée de recevoir ce que j'avais demandé. Le doute à propos de ma capacité à faire une telle présentation s'est insinué en moi. J'avais encore cet instinct d'essayer de le détourner vers le territoire plus familier du coaching.

Pourtant, je sais pertinemment qu'il ne faut pas refuser les cadeaux que vous fait l'Univers. Surtout lorsqu'il s'agit de quelque chose que vous avez demandé.

Souvenez-vous – l'Univers ne peut pas vous aider si vous n'êtes pas prête à recevoir.

Par bonheur, cette présentation pour un petit groupe de réflexion s'est transformée en deux grandes conférences d'auteurs cette année. L'Univers a entendu mon souhait et l'a rapidement exaucé. Dès que j'ai été disposée à recevoir, il m'en a offert davantage.

Soyez très attentive aux façons subtiles de refuser ou d'esquiver les cadeaux qui vous sont offerts. Il peut exister une multitude de raisons – vous ne vous en sentez pas digne, l'image que vous avez de vous-même ne vous permet pas de les recevoir, vous avez l'habitude de distribuer les éloges ou l'abondance aux autres.

Lorsque vous trouvez un centime par terre, est-ce que vous le ramassez en remerciant l'Univers pour l'abondance qu'il vous a envoyée ? Lorsque quelqu'un vous dit *merci*, répondez-vous « avec plaisir » ? Si quelqu'un vous fait un compliment, êtes-vous capable de le recevoir avec gratitude, c'est-à-dire en répondant « merci », ou est-ce que vous minimisez vos accomplissements immédiatement (« ce n'est rien », « c'était simple ») ? Ou vous en attribuez le mérite à quelqu'un d'autre (« je n'étais pas toute seule, on l'a fait en équipe ») ? Ou vous le laissez s'évanouir dans les airs (vous rougissez, et ne répondez rien, ou vous riez) ? Recevoir de l'énergie peut vous sembler une chose anecdotique – quelque chose de vraiment minuscule – mais ce que vous faites de l'énergie, c'est comme dire à l'Univers : « J'en reprendrais bien un peu, *merci*. » Vous lui dites que vous êtes disposée à recevoir. Ne refusez pas les cadeaux qui vous sont envoyés. Réfléchissez-y. Si quelqu'un vous dit « merci », et que vous n'êtes pas capable de reconnaître ce cadeau énergétique et le recevoir en disant « avec plaisir », pouvez-vous en recevoir davantage ? (Une invitation à parler à une convention, une offre Bookbub, de la promotion gratuite de la part de votre application préférée...) Si vous n'êtes pas capable de recevoir un compliment – qui constitue un véritable cadeau énergétique – pouvez-vous recevoir de l'énergie physique, des pages lues, des critiques, des recommandations, de l'argent ? Si vous êtes incapable de recevoir de l'énergie et que vous la laissez s'évanouir dans les airs, l'Univers donnera cette énergie à quelqu'un d'autre, quelqu'un qui pourra recevoir cette énergie. Recevez l'énergie avec gratitude, et les cadeaux se multiplieront !

L'effet d'observateur dans la théorie quantique

Il a été scientifiquement prouvé que par le simple fait de regarder, l'observateur affecte la réalité observée[2]. Cela faisait des années que j'entendais parler de ce phénomène en lien avec la manifestation, mais vu que je ne suis pas scientifique dans l'âme, je n'en ai saisi l'importance que très récemment. J'ai compris qu'il s'agissait d'une partie scientifique derrière l'idée que « nos pensées créent notre réalité »,

---

2. NDA : https://www.sciencedaily.com/releases/1998/02/980227055013.htm (article en anglais : « Théorie quantique : l'observation affecte la réalité »).

ce qui est très bien, mais j'étais déjà adepte de cette théorie. En revanche, ce que j'ai compris, c'est combien il est important de garder cela à l'esprit lorsque vous adressez votre requête à l'Univers ou lorsque vous demandez à ce que cette chose se produise.

Si un observateur peut transformer les atomes en ce qu'il observe, vous en conclurez comme moi qu'il est fondamental de rester concentrée sur ce que vous voulez, et non pas sur ce que vous ne voulez pas. Si vous regardez dans votre miroir et que vous y voyez une personne qui doit perdre du poids, devinez quoi ? C'est exactement ce que vous allez continuer à voir.

Si vous voulez que votre corps change, vous devez vous entraîner à observer les choses merveilleuses qu'il fait pour vous. Combien vous êtes forte. La vitesse à laquelle va votre métabolisme. La rapidité avec laquelle vous développez vos muscles. Même si ces choses-là ne se manifestent pas encore, trouvez quelque chose que vous pouvez observer ou croire, et qui créera ce que vous aimeriez voir dans le miroir. Débarrassez-vous de vos croyances limitantes concernant votre corps et entraînez-vous à devenir l'observateur qui voit toutes les choses merveilleuses de votre corps. Lorsque j'active ce mode magique, je perds soudain deux kilos en une semaine, je me raffermis et je suis superbe. Et c'est parce que j'ai trouvé quelque chose d'extraordinaire à apprécier chez mon corps que ce dernier m'en donne encore plus.

C'est l'explication de l'effet placebo – un phénomène qui, à mon avis, devrait faire autant objet d'études et de recherches que les nouveaux médicaments et traitements. Quand les gens pensent qu'ils ont pris le médicament qui les soignera ou qu'ils ont subi une chirurgie qui va réparer leur articulation, au moins un tiers, et parfois jusqu'à soixante pour cent d'entre eux, connaîtront une véritable guérison. C'est ça, le pouvoir de la croyance.

Comment cela s'applique-t-il aux livres ? Imaginons que vous avez posé une intention, en demandant à l'Univers de faire entrer votre livre dans le top 100 d'Amazon. Ensuite, vous agissez en tant qu'observateur, vous vous installez confortablement et cherchez des preuves que cela va se produire. Lorsque vous les recherchez, les molécules se transformeront pour que ça se produise ! Vous voyez la place dans le classement grimper le jour de sa parution. Chaque changement dans votre classement prouve que vous vous rapprochez. S'il cesse de grimper et commence à diminuer, arrêtez de regarder cette mesure et trouvez-en une autre qui vous fasse du bien.

Découpez le succès en petites bouchées et fêtez absolument chaque victoire. Lorsque vous êtes un écrivain à six chiffres, une bonne journée de profits équivaut à 274 $. Je parie que vous en avez déjà eu une ! Alors, fêtez-la. Fêtez-les toutes comme des journées à six chiffres. Ensuite, fêtez une semaine à six chiffres : 1 923 $. Ensuite, fêtez votre mois à six chiffres : 8 333 $.

Le fait de célébrer envoie à l'Univers le message que vous en voulez davantage. Cela attire votre attention sur ce que vous voulez, et non pas sur ce que vous ne voulez pas, de sorte que l'effet d'observateur se met en branle. Nous parlerons davantage de cela dans l'étape 7 : « Honorez-vous ».

Quand j'étais en route pour gagner un million de dollars en un an, j'ai divisé mon objectif en petites bouchées. J'ai attrapé ma calculatrice et j'ai calculé ce que représenterait une journée de millionnaire (2 739 $), donc dès que j'atteignais ce montant en une seule journée, je la fêtais comme si c'était une journée à un million de dollars ! Ensuite, j'ai calculé ce à quoi équivaudrait un mois de millionnaire (83 333 $), et lorsque j'ai atteint ce montant-là, je l'ai fêté comme si c'était un mois de millionnaire. Enfin, au fur et à mesure que j'observais ces victoires progressives, elles ont commencé à s'accumuler. Elles arrivaient de plus ou plus souvent. En fin de compte, j'ai bel et bien eu mon année à un million de dollars.

En revanche, si vous cherchez sans relâche des preuves que vos livres n'atteindront jamais le top 100, eh bien... vous voyez en quoi c'est une très mauvaise idée, non ?

Séance de méditation : Attirer et recevoir de l'argent

Souvent, nous avons déjà créé notre abondance quelque part dans le multivers[1], mais elle ne s'est pas manifestée dans cette ligne temporelle ou dans notre présent. Cette méditation fonctionne merveilleusement bien pour attirer de l'argent dans l'ici et maintenant.

1.Fermez les yeux et visualisez votre énergie comme une boule de lumière autour de vous.

2.Étendez-la jusqu'aux confins de l'Univers.

3.Exigez que la somme d'argent que vous désirez se présente tout de suite. Vous pourriez dire : « Je veux l'argent maintenant, s'il vous plaît », ou même : « J'exige que l'argent arrive maintenant. » Remarquez qu'il y a une certaine puissance dans le fait d'exiger de l'argent, plutôt que de quémander.

4.Ouvrez-vous à l'abondance, en lui permettant d'entrer

---

[1]. NDLT : le multivers est une idée qu'il pourrait exister de nombreux univers que l'on pourrait considérer comme des bulles distinctes. Dans chacun d'entre eux, les choses se comportent un peu différemment, peut-être avec des constantes naturelles différentes.

dans votre champ énergétique et d'y rester. Vous pourriez la visualiser comme une tempête de billets de cent dollars qui tourbillonneraient autour de vous et se colleraient à votre corps.

5.Ressentez la gratitude qui accompagne cette abondance – les vibrations sont les mêmes. Augmentez cette sensation de gratitude. Savourez-la aussi longtemps que vous le souhaitez.

6.Remerciez l'Univers (ou tout ce que vous voulez remercier) pour l'abondance qui est en route vers vous.

Étude de cas : Mia Brody – Devenir autrice à plein temps

Il y a à peine plus d'un an, Mia Brody avait deux commerces en ligne et écrivait des nouvelles pour le plaisir.

« J'aimais bien mes autres activités, jusqu'à un certain point, mais je ressentais sans arrêt cette énergie créative infatigable. Je me suis lancé le défi d'écrire tous les jours pendant mille jours comme manière de soulager mon stress. »

Elle a découvert l'autrice Hope Ford, qui gagnait sa vie à plein temps en écrivant des nouvelles. « J'écrivais déjà des nouvelles pour m'amuser, et je me suis dit : et si j'essayais de gagner de l'argent en faisant ça ? J'avais des aptitudes commerciales et j'adorais écrire des romans, alors je n'avais qu'à joindre l'utile à l'agréable. »

Mia a commencé à écrire des nouvelles romantiques mettant en scène des cow-boys et des montagnards. Elle a créé un tableau de visualisation axé sur sa carrière d'écrivain avec une liste d'objectifs. « J'adore planifier, organiser, rêver. Si vous voulez accomplir quoi que ce soit, il vous faut d'abord en avoir une vision. Si vous n'avez pas de vision, c'est comme si vous vous mettiez au volant de votre voiture pour rouler sans but. Vous savez que vous voulez aller quelque part, mais vous ne savez pas où. »

Une partie de sa vision comprenait d'abandonner ses deux commerces en ligne pour devenir autrice de fiction à plein temps. « Grâce à mes autres entreprises, je savais que si on arrive à gagner un dollar en ligne, on peut en gagner cinq. Donc je savais que si je pouvais gagner mille dollars par mois grâce à mes livres, je pourrais en gagner cinq mille. Ça m'a pris six mois pour gagner ces mille dollars, mais j'y suis arrivée. »

Malheureusement, une maladie neuromusculaire dont souffre Mia s'est soudainement manifestée de façon dramatique juste au moment où elle publiait ses premiers livres. Bien que clouée au lit, elle a persévéré et a fait fonctionner ses activités en ligne tout en construisant sa carrière de romancière.

« Ma mère m'a donné un ordinateur portable, et j'ai commencé à écrire dessus. J'ai simplement continué à écrire. Je ne savais pas quoi faire d'autre. Il est arrivé un moment où j'écrivais mon dixième livre, et j'ai vu que deux autres romancières abandonnaient leurs carrières. Je souffrais comme jamais je n'avais souffert. Pendant que j'écrivais ce livre, je sanglotais. Mais je me disais : "Si tu abandonnes, qu'est-ce que tu vas faire ?" » Elle s'est rendu compte qu'elle continuerait à écrire. Elle continuerait à écrire ces histoires pour le plaisir. Elle a donc décidé qu'il valait mieux continuer, après tout. « Depuis, je m'arrange toujours pour avoir une commande de roman sur le feu, pour ne pas me laisser l'option d'abandonner ou d'arrêter. »

Mia a fini par publier trente-deux nouvelles en l'espace de quinze mois, ce qui lui a permis de mettre fin à ses autres activités et d'écrire à plein temps. Les revenus de ses livres ont plus que supplanté son ancien chiffre d'affaires.

« J'ai vu des auteurs commencer à parler de la manifestation, et commettre l'erreur de croire que tout va se passer comme sur des roulettes. Puis, lorsque l'inévitable se produit, ils se découragent et jettent tout ce travail de réflexion par la fenêtre. Je ne veux pas que ça arrive à qui que ce soit ! »

Mia dit qu'elle est la preuve vivante que l'on peut faire face à d'énormes obstacles tout en arrivant à manifester exactement ce que l'on désire.

« Je crois que pour y arriver, il faut maintenir la vision, tout en restant flexible sur la méthodologie. Il faut s'armer de temps et de patience. »

Mia Brody

Chapitre 13

Comment le vivre dès maintenant

Créez votre « dossier qui défonce »
Un jour, ma coautrice et partenaire de coaching en abondance, Lee Savino, m'a donné une mission : créer ce qu'elle appelait « un dossier qui défonce ». J'en ai créé un virtuel dans ma boîte de réception. À l'intérieur, j'y archive les mails gentils que m'envoient les lecteurs et les captures d'écran des critiques qui me font plaisir. N'importe quelle distinction qui prouve que je suis une autrice qui défonce. Après avoir utilisé ce dossier pendant environ un mois, j'ai eu un énorme regain de confiance en moi. J'avais déjà été démoralisée par quelques mauvaises critiques, mais j'avais tellement de bons mails à classer ! Tellement de bonnes critiques ! Lorsque je les ai comparées aux rares mauvaises critiques que j'avais reçues, le positif l'emportait largement sur le négatif. Le simple fait de devoir classer les bonnes critiques a attiré mon attention sur le positif. Je pense qu'avant, j'avais écarté tous ces adorables commentaires, parce que j'avais formé mon esprit à chercher les critiques. Je m'étais concentrée sur les choses

qui me faisaient culpabiliser en tant qu'écrivain. Quelle magnifique façon de couler son propre navire !

S'il vous plaît, si vous ne retenez qu'une chose de ce livre, que ce soit la création et l'utilisation de votre « dossier qui défonce ». Le fait de le créer et d'y classer des choses donnera à l'Univers l'ordre de vous envoyer encore plus de réactions géniales à votre travail.

Attendez-vous à des miracles

Lorsque j'étais petite, mon père avait l'habitude de nous faire écouter des livres audio de développement personnel dans la voiture. Il nous faisait aussi méditer. Bien entendu, ça m'a poussée à me rebeller et à résister, et il m'a fallu un certain temps avant de retrouver mon chemin.

Pourtant, nombre des pépites que j'ai entendues dans sa voiture me sont restées en tête pendant toutes ces années. L'une d'entre elles était une anecdote de Tony Robbins, où il racontait que les pilotes de course ne peuvent pas regarder le mur parce que sinon, ils fonceraient dedans. Sur la piste, ils ne peuvent que regarder droit devant – ils doivent se concentrer sur l'endroit où ils veulent aller, et SEULEMENT sur là où ils veulent aller.

C'est la même chose pour les funambules. Ils ne regardent jamais en bas – ils gardent leur regard fixé droit devant eux, en visant bien l'endroit où ils se dirigent.

Je me souviens d'avoir mis ça en pratique, un jour où je traversais un ruisseau en Alaska. Si je regardais le prochain rocher sur lequel je voulais aller, j'y atterrissais en toute sécurité. Mais lorsque je ne choisissais pas de rocher – lorsque je commençais à paniquer et à penser « Oh, mon Dieu, je vais tomber dans l'eau » – c'était le moment où mon pied tombait dans l'eau. Existait-il une façon correcte de traverser ce ruisseau ? Des rochers spécifiques sur lesquels il fallait marcher ? Nope. N'importe lequel de ces rochers aurait fait l'affaire. L'important, c'était de continuer à marcher dessus. Notre chemin ne contient pas d'erreur. Il nous mène toujours à nos objectifs. Sauf si vous vous concentrez sur ce que vous ne voulez pas faire, comme par exemple terminer dans le ruisseau.

Il en va de même pour attirer le succès et l'abondance dans nos carrières d'auteurs. Si vous vous concentrez sur l'endroit où vous voulez aller, vous allez y arriver. Si vous vous concentrez sur le négatif, vous en obtiendrez davantage. Je parie que vous avez déjà vu cela dans vos relations. À la seconde où quelque chose chez votre partenaire ou votre enfant commence à vous déranger, on dirait qu'ils en rajoutent jusqu'à ce que ça vous rende dingue. C'est extrêmement difficile, de changer le scénario avec les personnes qui partagent votre foyer. Je peux facilement devenir irritable ou me mettre à râler à propos de mes enfants qui ne font pas leurs corvées et sont ingrats quand je leur prépare à dîner. Mais si je réécris l'histoire pour en faire ce que je veux – des enfants reconnaissants, obligeants, aimants (si je m'attends à des miracles, en gros !)... Soudain, et comme par magie, c'est exactement ainsi qu'ils se comportent. Pas plus tard que cette semaine, mon adolescente maussade qui prend des cours de langue des signes a commencé à signer « Devine qui t'aime ? Moi ! » et lorsque je l'aidais à réviser pour un examen, elle m'a dit : « Merci de passer autant de temps avec moi, maman. » Je vous parle d'une enfant qui, il y a quelques semaines encore, passait ses journées à se plaindre.

Dans *Notre Capital Chance*[1], Richard Wiseman rapporte les conclusions d'une étude sur la chance qui a duré dix ans et qui prouve que les personnes qui pensent

---

1. NDLT : en anglais, *The Luck Factor* (2003).

être chanceuses sont en fait *plus chanceuses que la moyenne* parce qu'elles recherchent et voient des opportunités que ne voient pas les personnes qui pensent que le destin s'acharne sur elles. Il dit : « Les personnes chanceuses génèrent leur propre chance grâce à quatre principes de base. Elles sont douées pour créer et remarquer les opportunités, prennent de bonnes décisions en écoutant leur intuition, créent des prophéties autoréalisatrices grâce à des attentes positives, et adoptent une attitude résiliente qui transforme la malchance en bonne fortune. »

C'est pourquoi il est si important d'être vigilante avec vos pensées et votre énergie à propos de l'argent. « Je ne peux pas me le permettre », et « Je n'y arriverai jamais » ne créent ni succès ni possibilités. Dans le monde de l'écriture, ce peut être un « Bookbub me déteste », ou « Je n'aurai jamais autant de succès qu'untel ou untel », ou même « Je dois vraiment passer à la vitesse supérieure ». En transformant ces idées-là en quelque chose de positif auquel votre esprit croira et qu'il acceptera, vous changerez complètement la donne sur le plan énergétique. « Chaque fois que je soumets un livre à Bookbub, je me rapproche de la sélection » ou « Bookbub adore mes livres, et lorsque le moment sera venu, ils me choisiront ». Vous pourriez aussi inventer le futur : « Je suis tellement reconnaissante que Bookbub me fasse une offre dès que je soumets un livre. Vous vous rappelez avant, quand je pensais qu'ils me détestaient ? Ha ! Maintenant, ils m'ADORENT ! »

Nous obtenons ce que nous recherchons et attendons. Peu importe, si vous croyez que l'Univers vous l'apporte magiquement ou si vous pensez que c'est le pouvoir de votre subconscient qui entreprend les bonnes démarches une fois que votre croyance a été programmée – dans tous les cas, c'est vrai.

Alors ATTENDEZ-VOUS à des miracles. Attendez-vous-y tous les jours. Attendez-vous-y dans chaque aspect de votre vie.

Cette douleur que vous avez dans le bas du dos ? Décidez qu'elle va s'arranger d'elle-même, et que vous n'avez plus besoin de vous en inquiéter, à présent.

Vous voulez obtenir un contrat avec Netflix pour votre livre ? Ça va arriver. Attendez-vous-y. Visualisez-le. Choisissez votre casting idéal. Fêtez l'événement comme si c'était vrai. Imaginez les chaussures que vous porterez pour la fête de lancement. Faites-en un tableau de visualisation, avec les noms des personnages et des acteurs qui les interprètent.

Attendez-vous aux miracles et célébrez-les lorsqu'ils se présentent à vous. Dès le départ, je savais qu'ils viendraient à vous.

Formulez les choses comme si vous étiez convaincue qu'elles vont se produire

« Ensemble, on est magiques. »

Pendant des années, Lee et moi avons projeté que la série *Bad Boy Alpha* nous rapporterait des millions. « C'est notre série à un million de dollars », disait Lee avec espièglerie. À l'époque, cette série avait du succès, mais elle était très loin de nous rapporter des millions. Pourtant, nous sommes restées enthousiastes et satisfaites. Nous avons continué à publier des livres. Entre août 2019 et février 2021, nous avons marqué une pause dans la publication des tomes de *Bad Boy Alpha* et avons travaillé sur d'autres projets. Bizarrement, la série a continué à nous rapporter de l'argent. Nous avons commencé à faire traduire la série dans plusieurs langues, et ces traductions se sont très bien vendues.

À la fin de l'année 2020, j'ai consulté mon tableau de bord et je me suis rendu compte que cette série avait accumulé plus d'un million de dollars en chiffre d'affaires au cours de son existence. Sans travail acharné, avec une grande facilité, les livres ont franchi ce seuil. Nous avons projeté et fait comme si cette série serait notre série à un million de dollars, et c'est exactement ce qu'elle est devenue !

Essayer, ce n'est pas croire

Pendant plusieurs années, j'ai hésité entre diffuser mes livres à grande échelle ou rester chez Kindle Unlimited. J'avais gagné beaucoup d'argent chez Kindle Unlimited, tout comme certains de mes amis proches qui diffusaient à grande échelle. J'ai donc décidé de faire un essai. J'ai pris une ancienne série achevée – c'était une série de romance avec des guerriers extraterrestres – et l'ai diffusée à grande échelle.

C'est ça que tout le monde vous dit de faire, n'est-ce pas ? Essayer des choses. Recueillir des données. Prendre des décisions en connaissance de cause. Je ne tape pas sur cette méthode. Nous devrions toujours disposer de toutes les informations possibles. Tout ce que je dis, c'est que l'information est là, avec ou sans les données. Elle est là lorsque vous utilisez votre intuition. Chaque réponse dans l'Univers est disponible à n'importe quel moment. Si ma lycéenne de fille ne connaît pas les réponses d'un examen, je lui dis toujours de les attirer, et ses « suppositions » sont incroyablement précises.

Bref, sur cette série-là, je n'ai pas fait appel à mon intuition. Je me suis assise et j'ai attendu. Je l'ai laissée en diffusion large pendant un an. J'ai collecté les données. J'ai comparé les résultats de la série sur Kindle Unlimited et les résultats d'une diffusion large. J'ai constaté que c'était exactement la même chose. Je n'avais gagné ni plus ni moins en diffusion large que sur Kindle Unlimited.

C'est alors que j'ai eu une prise de conscience stupéfiante. Sur un plan énergétique, j'avais seulement *permis* aux chiffres de rester les mêmes. J'avais développé une énergie de prudence, « on essaie et on verra », et je n'avais pas l'amplitude nécessaire pour inviter quelque chose de différent. Soudain, j'ai su que si je m'étais lancée à fond dans la diffusion à grande échelle de la même manière que je l'avais fait avec Kindle Unlimited lorsque j'y avais rencontré le succès, j'aurais pu créer encore plus.

En fin de compte, j'ai été contrainte de quitter Kindle Unlimited quelques années plus tard, et c'est cette année-là que j'ai doublé mes revenus (vous pouvez lire cette histoire dans la section « Gérer les revers » à la fin de ce livre).

J'espère que vous savez que je ne vous raconte pas cette histoire pour vous inciter à diffuser à grande échelle ou à rester chez Kindle Unlimited. Il s'agit de s'engager à réussir au lieu de tâtonner. Dès que vous déciderez que quelque chose va fonctionner, que vous allez connaître le succès, vous y parviendrez. La racine latine du mot « décider » signifie littéralement « couper », comme si vous coupiez toutes les autres possibilités. Ainsi, lorsque vous déciderez de devenir un écrivain millionnaire, au lieu d'attendre de voir ce que ça donne, vous enverrez un message très différent et très puissant à l'Univers, et l'Univers vous répondra avec tout ce dont vous aurez besoin pour y parvenir.

Se sentir riche pour devenir riche

L'abondance, ce n'est pas ce que vous avez sur votre compte en banque, c'est un état d'esprit. Vous pouvez très bien avoir tout l'argent du monde sans vous sentir riche. Et au contraire, vous pouvez très bien vous sentir abondante en ayant moins que le gros chiffre que vous visez. Il s'agit plutôt de vibrer en chœur avec l'abondance.

Non, il ne s'agit pas d'une autre de ces publications qui

vous incitent à être reconnaissante pour ce que vous avez parce c'est bien assez. Chercher à en avoir plus, c'est toute la joie d'être sur cette Terre dans un corps physique ! Notre corps aime être bien traité. Il désire des choses agréables. Notre être veut s'étirer, grandir et accomplir toutes les choses nouvelles.

La vibration de l'abondance nous amène plus d'abondance. La gratitude et la joie résonnent à une fréquence plus élevée que le manque et le fameux « pourquoi moi ? ».

Comment pouvez-vous utiliser cette vibration pour atteindre vos objectifs ? Alignez-vous sur ce qui vous fait du bien. Payez-vous ce café à cinq dollars. Allez vous promener. Faites-vous plaisir dès maintenant, de toutes les manières possibles et imaginables. Ne vous privez pas de ce jean qui épouse parfaitement bien vos formes, ni de ce cosmétique cher. Ensuite, profitez réellement de ce que vous vous offrez à vous-même. Ressentez-en l'abondance.

Envoyez à l'Univers le message que vous pensez que vous le méritez et que vous adorez vous sentir abondante, et il vous répondra en vous envoyant encore plus de grandeur !!

Il y a quelques années, j'ai arrêté le gluten et le sucre et j'ai adopté le café comme « friandise » de substitution. À mes yeux, une excursion au Starbucks était une récompense. Un réconfort. Un stimulant. Je suis devenue membre du Starbucks Rewards, et j'utilisais leurs récompenses étoiles pour obtenir encore plus de café. Cette année-là, Starbucks a lancé un jeu où on pouvait gagner du « Starbucks pour la vie ».

Mon Dieu, j'étais excitée rien qu'à l'idée ! Ça me semblait si décadent. Si délicieux. Si je gagnais cela, je me sentirais incroyablement abondante. Je jouais tous les jours, et je gagnais quelques petits prix, comme un sachet de grains de café, une tasse, une boisson gratuite. Je me suis posé la question – qu'est-ce que ça ferait, de gagner ? J'ai fait quelques recherches et j'ai découvert que le gagnant recevrait une boisson gratuite de Starbucks tous les jours pour le restant de sa vie.

Donc... une boisson par jour. Je pouvais effectivement me le permettre. Et c'était tout ce qu'il me fallait pour me sentir incroyablement abondante. Tout ce que j'avais à faire, c'était d'arrêter de me priver de ce grand cappuccino décaféiné quotidien si j'en voulais un.

Pourquoi faire une telle chose ? Si ça me permettait d'avoir l'impression d'être millionnaire, ça valait le coup ! Aujourd'hui, si j'en veux un, je me l'achète avec joie.

Qu'est-ce qui vous aide à vous sentir abondante ? Ce peut être quelque chose d'aussi insignifiant qu'une tasse de café. Cela changerait-il votre réalité, d'avoir un bouquet de fleurs fraîches sur votre table ou sur votre bureau ? J'ai récemment souscrit un abonnement pour me faire livrer des fleurs par ReVased[2], qui me livre un bouquet par mois. Pour chaque bouquet livré, l'entreprise en livre un second à une maison de retraite, ce qui me donne l'impression de répandre de la joie tout en me faisant plaisir. Donner et recevoir, c'est doubler l'abondance.

Un autre plaisir pour moi, c'est de m'acheter des myrtilles biologiques. Oui, parfois, elles coûtent deux fois plus cher que les non biologiques. Mais de tous les fruits qui existent, ce sont les myrtilles qui absorbent la plus grande quantité de pesticides, et je les adore, donc c'est une excellente occasion de me faire plaisir.

Quels sont les endroits où vous refusez de vous faire

---

2. NDLT : service étasunien de livraison de bouquets de fleurs.

plaisir ? Qu'est-ce que vous désirez et qui évoque en vous un sentiment d'abondance ?

Exercice pratique : Améliorations

Attrapez entre 10 $ et 20 $ et allez vous acheter de petits objets qui amélioreront instantanément votre vie. Je vous laisse quelques idées de ce que vous pouvez acheter :

• Des stylos neufs : rien de pire que d'attraper un stylo pour noter une liste de courses et voir l'encre tirer sa révérence au milieu du mot « laitue ». C'est l'horreur ! Vous êtes un écrivain millionnaire, vous méritez d'avoir de beaux stylos !

• Musique : est-ce qu'un abonnement à Spotify, Apple eMusic ou Amazon Music vous donnerait l'impression d'être riche ? Alors, foncez. Faites-vous plaisir ! Vous aurez l'impression d'être millionnaire dès que vous utiliserez l'application !

• Un bon oreiller : on n'a jamais assez de jolis oreillers !

• Offrez-vous un café, un déjeuner ou un petit dessert. Ou achetez une meilleure marque de café ou de thé et un superbe mug – ce sont d'autres indispensables de l'écrivain.

• Une nouvelle brosse à dents ou un nouveau rasoir : vous avez sûrement un de ces objets neufs qui traîne dans un tiroir sous le lavabo de votre salle de bain. Vous attendiez simplement le bon moment pour l'utiliser.

•Une culotte sexy ou des chaussettes douillettes. Tout ce qui peut faire briller votre corps !

Dans l'idéal, vous devriez commencer par vous débarrasser des objets anciens, sales ou inutiles. Mais contre toute attente, c'est une tâche qui peut s'avérer très difficile. L'une des raisons pour lesquelles nous nous accrochons à des vieilleries, c'est parce que nous pensons : « Je ne peux pas me le permettre. Il vaut mieux que je m'en tienne à l'ancien, parce que si je m'en débarrasse maintenant, je pourrais en avoir besoin plus tard, et il se peut qu'un jour, je n'aie pas assez d'argent pour acheter ce dont j'ai besoin. En plus, je n'ai pas envie de gaspiller de l'argent pour me faire plaisir. Je ne mérite pas d'avoir de belles choses. »

J'ai une amie riche qui, après avoir divorcé, a gardé tous ses meubles du temps de son mariage. Elle a acheté puis vendu trois maisons, en s'y installant avec les anciens meubles, et à chaque fois, soit elle n'aimait pas la maison, soit elle ne s'y sentait pas à sa place après y avoir emménagé. Je lui demandais : « Comment tu te sentirais, si tu avais des meubles neufs ? », et jusqu'à récemment, elle me répondait : « Je ne veux pas jeter ces meubles ou les vendre au rabais – ils ont coûté très cher et sont de bonne qualité. » Lors de son dernier achat de maison, elle s'est acheté un nouveau canapé, et pour la première fois en dix ans, elle m'a dit : « Je me sens vraiment à l'aise quand je m'assieds dans mon salon. J'aime bien cette maison. »

Lorsque vous vous autorisez à améliorer votre vie, le message sous-jacent est : « Je suis digne d'avoir de jolies choses. J'ai confiance, je sais que j'aurai assez d'argent pour acheter ce dont j'ai besoin à l'avenir. » C'est là que vous vivez en étant votre propre abondance.

Je ne vous encourage pas à dépenser sans compter et à faire faillite. Tout ce que je dis, c'est que nous nous privons souvent de petites choses qui créent d'énormes changements sur le plan énergétique. Est-ce que vous écrivez vos romans dans un placard ou dans un endroit que vous détestez parce que vous ne méritez pas d'exiger un espace dans lequel vous avez vraiment envie d'écrire ? Écrivez-vous dans un environnement qui ne vous inspire pas parce que vous ne voulez pas gêner qui que ce soit ou changer les habitudes des autres, ou encore parce que vous ne vous sentez pas capable de le peindre ou de l'embellir ? Est-ce que la différence de prix entre les myrtilles biologiques et non biologiques change votre vie sur le plan financier, ou bien le fait de choisir de faire des folies vous fait vous sentir comme une reine chaque fois que vous mangez vos myrtilles ? Ce à quoi je vous encourage, c'est de faire la liste des choses que vous percevez comme étant juste au-delà de votre champ des possibles et d'en introduire une dans votre vie. Voyez l'effet que ça vous fait. Lorsque vous voyez ce que vous avez choisi, vous illuminez-vous ? Ressentez-vous votre joie ? Votre valeur ? Remarquez ce que vous ressentez. Si ça a marché, quel sera votre prochain objectif ?

En tant qu'écrivain, vous avez des moyens d'investir dans votre entreprise pour qu'elle aille de l'avant. Quand il est temps de créer un nouveau site, de mettre en place une newsletter, de vous abonner à BookFunnel[1] ou Book

---

1. NDLT : BookFunnel est un service aux auteurs spécialisé dans la distribution d'ebooks et de fichiers audio. Il facilite l'organisation des échanges d'auteurs et des promotions pour proposer les livres à de nouveaux lecteurs.

Report, d'investir dans des publicités Facebook ou dans des traductions, vous permettez-vous d'agir comme l'écrivain millionnaire que vous êtes ? Ou bien est-ce que vous vous rapetissez en vous disant que vous ne pouvez pas vous le permettre ?

Je me souviens de l'époque où j'utilisais la version gratuite de Mailchimp[2], et que ma liste de diffusion grandissait. Je me suis retrouvée à la croisée des chemins. Devais-je passer à la version payante ? J'ai commencé à chercher les options. J'ai sauté le pas vers ce qui me semblait être un bienfait, et très vite, j'étais déjà à l'étape suivante. J'ai fait confiance à mon instinct, et ma liste a dépassé un palier en un rien de temps.

Vous n'êtes pas obligée de dépenser de l'argent inutilement, mais si votre instinct vous dit d'augmenter votre budget marketing, ne laissez pas votre piètre estime de vous-même se mettre en travers de votre chemin !

Que ferait un écrivain millionnaire à ma place ?

C'est la question que j'essaie de me poser dès que j'aborde un problème. J'ai tendance à voir les choses en petit. À me faire toute petite. À aborder les situations comme si j'étais minuscule.

Cette idée de refonte de l'estime de soi est la bonne vieille stratégie du *Fake it until you make it*[3]. Faites comme si vous aviez déjà la vie que vous imaginez. Ainsi, vous

---

2. NDLT : Mailchimp est une plateforme de mise en place de newsletters.
3. NDLT : « *Fake it until you make it* » signifie littéralement : fais semblant jusqu'à ce que ça fonctionne ou que tu y arrives. Dans l'esprit, ça veut dire « toute nouvelle situation est potentiellement inconfortable, donc en attendant que la persévérance produise ses effets, souris et fais comme si ça fonctionnait ». C'est une sorte de méthode Coué.

prenez d'autres types de décisions – des décisions qui vous valorisent et envoient au monde le message que vous êtes sacrément coriace.

Souvent, lorsque j'analyse les écrivains à succès, je me rends compte qu'en matière de qualité d'écriture, ils ne sont pas bien meilleurs que moi. Parfois, c'est le cas, et cela constitue une véritable source d'inspiration. Mais ce que je remarque souvent, c'est qu'ils prennent leurs carrières et leurs livres au sérieux. Avec leur énergie, ils ne projettent pas un message du genre : « J'espère que vous aimerez ce livre. » C'est plutôt un message dans ce goût-là : « Ce livre est génial, et je le sais. Et parce que je le sais, j'y ai investi mon temps et mon argent pour lui donner le meilleur. » Que ce soit avec une couverture professionnelle, un lancement en fanfare, des dépenses publicitaires ou simplement la volonté d'être vus, la foi qu'ils ont en eux-mêmes et en leurs livres se manifeste sur le plan énergétique. Si vous faites de même, les lecteurs partiront du principe que vous êtes un écrivain extraordinaire.

Imaginez que vous êtes un écrivain multimillionnaire. Les sociétés de production posent des options pour adapter vos livres en films. Vous êtes un ponte. Vous êtes cette autrice qui, aux séances de dédicace, voit les lecteurs former des files d'attente interminables pour pouvoir accéder à sa table. Vous êtes cette autrice-là. Maintenant, examinez le problème ou la situation à laquelle vous faites face. Est-ce que vous l'aborderiez différemment ?

Il y a fort à parier que depuis la perspective d'un écrivain millionnaire, vous feriez un choix différent. Penchez-vous là-dessus. Le choix de « la moindre option » est-il associé à la peur de l'échec – n'importe quel type d'échec ? Souvent, lorsque je suis confrontée à un choix et que j'ai peur d'appuyer sur la gâchette, je me penche et je saute, en sachant que je suis au bord du gouffre, et en étant persuadée que le jeu en vaut la chandelle. Parfois, ces risques ont payé, et à d'autres occasions, ça n'a pas été le cas de manière quantifiable. Dans tous les cas, j'ai progressé. J'ai vécu quelque chose de nouveau dont j'ai tiré des enseignements. J'ai développé mes compétences et mon assurance de ponte.

Plus vous arriverez à jouer avec cette énergie de ponte, plus vous vous y adapterez. Vous entrerez en résonance avec cette énergie, et les choses de votre vie qui y correspondent commenceront à se manifester. Vous ne croirez plus que les autres écrivains sont meilleurs que vous. Vous ne croirez plus que votre projet en cours est nul. Vous ne paniquerez plus lorsque votre nouvelle parution ne démarrera pas aussi fort que prévu, parce que les écrivains millionnaires savent pertinemment qu'une carrière ne se fait ni ne se défait à cause d'un seul livre.

Pensez-y comme au *method acting*[4]. Vous allez incarner le rôle de *l'écrivain millionnaire* et le vivre pleinement – à temps complet. C'est amusant, non ?

Trouvez d'autres écrivains à succès que vous admirez et prêtez attention à ce qu'ils font. Suivez-les sur les réseaux sociaux, abonnez-vous à leurs newsletters, lisez leurs livres et suivez leurs cours. Notre cerveau modifie naturellement nos comportements pour que nous puissions mieux nous adapter à la foule, alors entourez-vous de personnes qui réussissent – ça fonctionne même s'ils ne savent pas qui vous êtes. Lee les appelle ses « écrivains modèles ». En général, ce sont des écrivains indépendants couronnés de gloire

---

4. NDLT : le *method acting* est une technique de théâtre associée à une école new-yorkaise (l'Actors Studio) où le comédien se laisse habiter par la psychologie et le vécu du personnage pour le devenir réellement.

qui ont connu un succès fulgurant, en tête des ventes de la romance contemporaine et paranormale.

Cette pratique ne consiste pas à imiter l'autre auteur, ni à vous forcer à rentrer dans le moule d'une autre personne. Il s'agit simplement d'essayer une énergie différente. Parfois, nous avons envie de changer, mais nous ne savons pas comment. Nous sommes disposés à nous étirer ou à tendre la main, mais nous ne savons pas comment faire. Je voulais vivre une vie d'écrivain milliardaire et leur ressembler. Mais j'achetais les mêmes vêtements que j'avais portés toute ma vie. Je ne savais pas comment m'habiller différemment. Je ne savais même pas comment choisir quelque chose de différent. J'avais ces perceptions sur ma morphologie, ma corpulence, etc. Je suis allée faire du shopping avec mon amie, Melody Edmondson, qui a écrit Your Fashion Guide Based on Body Shape & THE SPACE OF THE WAIST®. Melody est experte pour habiller les gens en fonction de leur morphologie. Elle m'a aidée à me voir différemment, à choisir des formes et des couleurs différentes, à combiner de plein de façons diverses et variées. À ne jamais rater une occasion d'être superbe. À essayer de porter des vêtements nouveaux. Et c'est ça que les écrivains modèles peuvent faire pour vous : vous aider à vous percevoir vous-même dans l'expansion.

Remarquez le genre d'auteurs que vous avez dans votre entourage. Sont-ils principalement positifs ? Fonctionnent-ils à partir d'un état d'esprit abondant, ou seraient-ils ouverts à jouer au jeu de l'abondance avec vous ?

Plongez-vous dans la gratitude envers les écrivains à succès qui vous entourent. Chaque fois qu'il se passe un drame dans la communauté des auteurs, rappelez-vous les personnes positives qui sont dans votre entourage et choisissez de passer plus de temps à les apprécier et à les aimer.

La journée de l'écrivain millionnaire

Vous vous souvenez de l'étape 2, lorsque vous avez écrit à quoi ressemblerait votre journée idéale en tant qu'écrivain millionnaire ? Vous pouvez passer cette journée maintenant !

Célébrez votre statut d'écrivain millionnaire – car il est en route vers vous – en passant une « journée millionnaire ». Une journée millionnaire inclut tout ce que vous feriez en tant que millionnaire. Par exemple : se réveiller sans se presser, boire un expresso ou une tasse de votre thé préféré, écrire au bord de l'océan ou dans un café sympa, retrouver une amie pour le déjeuner, aller à un cours de yoga et peut-être vous faire masser, ou vous offrir un soin du visage. Dans la soirée, vous pourriez aller à votre restaurant préféré, ou voir un film qui vous faisait envie depuis longtemps.

Tout comme vous commencez à surveiller et à célébrer vos petites victoires chaque fois que votre journée équivaut à celle d'un auteur à six ou sept chiffres, vous allez commencer à vous faire plaisir comme si vous y étiez déjà arrivée – un jour à la fois.

Si vous n'avez pas encore beaucoup d'argent à dépenser là-dedans, ce n'est pas grave. Vous pouvez conduire jusqu'à l'hôtel de luxe le plus proche, vous asseoir sur leur terrasse somptueuse et commander un verre de vin. Tant que vous y êtes, travaillez sur toutes les croyances que vous pourriez avoir sur le fait de ne pas être à votre place, que vous ne vous intégrez pas, que vous ne pouvez pas vivre cette vie-là. Vous *vivez* cette vie-là ! Vous la choisissez en ce moment même ! Inutile de se ruiner pour se sentir millionnaire. Il s'agit simplement de se créer le temps et l'espace nécessaires à l'épanouissement des sens et de s'entourer de richesse.

Écrivez votre réussite

Je n'avais jamais séjourné dans un Four Seasons[5] avant que Skye Warren n'y organise la première rencontre de la *Romance Author Mastermind*[6]. Je lui étais si reconnaissante d'avoir choisi cet endroit, parce que pour moi, c'était l'occasion de sentir que j'étais un écrivain millionnaire. À la réception, j'ai été accueillie avec une coupe de champagne, puis on m'en a servi une deuxième, offerte par la maison, parce que ma chambre n'était pas encore prête. J'étais entourée de luxe. Il y avait des gens célèbres au bar de l'hôtel. Il y avait *Drake*, et même un sénateur ! Bon, d'accord, je n'ai vu aucune de ces célébrités, mais on m'a dit qu'ils étaient là. Et le papier hygiénique des toilettes du salon était noir. Noir ! *La classe*, comme dirait ma fille. Le simple fait de me retrouver dans cet environnement a changé mon monde, et ce n'était que le temps d'un week-end !

Faire du lèche-vitrines pour votre vie future

Tout comme boire un verre de vin dans un hôtel de luxe peut être enrichissant, essayer des vêtements de créateur, tester des voitures de luxe neuves, ou même visiter des maisons à la vente à plusieurs millions de dollars l'est tout autant. Vous testez des saveurs. Vous vous immergez dans l'énergie du futur que vous créez dans le moment présent.

Vous voulez vous offrir des sensations physiques, traiter votre corps avec les délices qui seront bientôt les vôtres et avec lesquelles vous vous enthousiasmerez, et vous sentir digne de les posséder. Ce que nous voulons, c'est que vous vous habituiez au luxe, pour que l'Univers commence à vous en offrir sans effort. Faites des folies : offrez-vous un

---

5. NDLT : chaîne d'hôtels de luxe.
6. NDLT : groupe de réflexion d'auteurs de romance, créé pour partager des connaissances et se soutenir entre auteurs.

service de voiturier et habituez-vous à être traitée comme une reine.

Si vous avez un magasin de vêtements de marque vers chez vous, allez-y et essayez une robe Gucci ou Prada à 10 000 $. Sinon, essayez Rent the Runway[7], où vous pourrez louer des tenues de créateurs, que ce soit pour une occasion particulière ou tout simplement pour vous sentir comme la reine du pétrole !

Quelle est la voiture de vos rêves ? Pourquoi ne pas aller en tester quelques-unes tout de suite ? Pour découvrir ce que ça fait, de se mettre au volant d'un bolide ? Recevez le luxe et la joie de conduire une telle voiture maintenant, afin d'en ressentir l'énergie d'office.

Les améliorations que vous pouvez faire dès aujourd'hui

L'un des concepts que j'utilise le plus de *Get Rich, Lucky Bitch*, le livre de Denise Duffield-Thomas, est l'idée qu'il faut faire des améliorations progressives dès maintenant pour inviter l'abondance à entrer dans notre vie. Demandez-vous s'il existe une amélioration que vous pourriez apporter à votre vie dès à présent et qui vous permettrait de vous sentir somptueuse, fortunée, soutenue ou encouragée.

Vous n'avez pas les moyens de vous acheter les draps ? Achetez la taie d'oreiller ! Achetez quelque chose de tangible qui vous aidera à vous sentir riche dès que vous l'utiliserez ou le verrez. Des fleurs fraîches sur votre table à manger, ça vous dit ? (Petit conseil : Costco et Trader Joe's[8] vendent des bouquets magnifiques pour pas cher.) Laissez

---

7. NDLT : plateforme de e-commerce permettant à ses utilisateurs de louer ou acheter des vêtements et des accessoires de marque.
8. NDLT : les deux sont des chaînes de supermarchés étasuniens.

l'objet de votre choix devenir votre **porte-bonheur de millionnaire** – un rappel de la vie que vous aurez bientôt, que vous verrez ou vivrez au quotidien. Peut-être achèterez-vous un porte-clés spécial qui représente la réussite (j'en ai vu quelques-uns en forme de sacs d'argent ou qui affichaient les mots « pétasse riche »). Choisissez tout ce qui vous rappelle le luxe ou qui est luxueux à vos yeux.

Voici quelques suggestions :

•Engagez une femme de ménage qui viendra une ou deux fois par mois – ça change la vie !

•Embauchez un assistant personnel pour gérer vos newsletters (ou déchargez-vous d'une petite tâche simple sur Fiverr[9] pour 5 $).

•Testez les livraisons de box gourmandes ou de plats préparés.

•Vous êtes absorbée par l'écriture ? Faites-vous livrer un café ou un déjeuner par DoorDash ou Grubhub pour pouvoir rester concentrée. Sinon, vous pouvez aussi vous faire livrer vos courses ou vos encas par Instacart !

•Prenez votre petit-déjeuner au lit ! (Avant, j'adorais ramener mon café au lit pour rester sous les couvertures et écrire pendant des heures.)

•Prenez un bain moussant avec des bougies et un soin du visage.

•Allez dans une école d'esthétique, où ils ont tout le temps besoin de clients pour essayer les soins de spa pour pas cher. On y utilise les mêmes produits que dans un spa, et les gens qui y travaillent sont étudiants, mais ils sont très prudents et attentifs, car ils sont encore en phase d'apprentissage – et supervisés.

---

9. NDLT : plateforme en ligne qui met en relation clients et travailleurs indépendants.

Appropriez-vous l'énergie du luxe

Une fois, ma coautrice Lee et son amie sont venues depuis la Virginie pour tester Miraval, un spa huppé très cher en dehors de Tucson. Là-bas, deux personnes peuvent partager une chambre à 1 200 $ la nuit, mais ils ne font pas de réduction pour une troisième personne. Autrement dit, si je voulais y aller avec elles, je devais payer 1 200 $ plein pot la nuit. À la place, j'ai opté pour un laissez-passer d'une journée, pour ensuite dormir sur une couchette dans leur chambre avant de repartir chez moi. Hélas, cette solution m'a donné l'impression de ne pas être à ma place, d'être là clandestinement, en fraude.

Et bien entendu, l'Univers vous transmet exactement les mêmes ondes que vous exprimez.

Lorsque nous sommes arrivées, elles m'ont donné l'instruction à l'interphone de me diriger directement vers le service de voiturier, et malgré cela, je suppose que je me sentais encore inférieure, alors j'ai choisi de garer ma propre voiture.

Un employé du spa – le voiturier, peut-être – est venu jusqu'au parking où je m'étais garée. Au lieu de me souhaiter la bienvenue et de me demander s'il pouvait prendre mes bagages, il m'a reproché de ne pas être venue au service de voiturier ! Et par-dessus le marché, il m'a *demandé de mettre ma voiture entre les lignes*, parce que je ne l'avais pas assez bien garée !

J'ai été obligée de remonter dans ma voiture et de la redresser pour lui faire plaisir ! C'était complètement absurde, mais c'était l'expérience que j'avais attirée en apportant mon énergie d'infériorité à Miraval.

Waouh. C'était loin d'être l'expérience de luxe à laquelle je m'attendais.

Lorsque nous sommes entrées, Lee a observé la beauté

et le faste qui nous entouraient – les chutes d'eau et les sculptures en cristal. « Waouh, tu t'imagines vivre cette vie-là ? » m'a-t-elle demandé, en se trouvant manifestement dans la même énergie que moi, qui pensais ne pas avoir ma place dans cet endroit.

Mais ensuite, elle a été assez intelligente pour reconnaître cette énergie. « Attends un peu, s'est-elle corrigée. C'est *ça*, ma vie ! »

Quand vous effectuerez votre surclassement progressif ou que vous testerez la nouvelle Porsche, ou n'importe quoi d'autre, souvenez-vous de mon histoire. Ne vous retrouvez pas au beau milieu d'une expérience qui est censée être luxueuse que vous repousserez en sentant que vous ne la méritez pas. N'ayez pas l'impression d'être une fraudeuse, et d'emprunter cette chose-là aux vrais riches.

Ouvrez-vous sincèrement, pour mieux recevoir cette expérience. Affirmez que c'est ce que vous méritez et mieux encore. Que vous l'acceptez, ça et plus encore. Affirmez que vous êtes à votre place, que vous méritez de belles choses, de belles expériences, et d'être traitée comme une reine. Ensuite, mettez un signet sur cette sensation. Donnez-lui un nom ou attribuez-lui un symbole, afin de pouvoir faire appel à cette énergie dès que vous penserez à votre vie future.

Lorsque je cherchais ma nouvelle maison, je voulais absolument des plafonds voûtés parce que c'était mon symbole d'élévation. Le signe que j'avais mon propre espace. Chaque fois que je m'imaginais la maison idéale, je sentais que je m'élevais, que je regardais par des fenêtres plus hautes avec une perspective plus ambitieuse. Et c'est ainsi que j'ai invoqué la maison idéale.

Exercice d'écriture libre : puisez dans votre génie

Écrivez librement vos réponses aux questions suivantes :

• Comment puis-je m'immerger dans le luxe aujourd'hui ? (Est-ce en vous achetant des draps en coton égyptien mille fils ? Ou un oreiller de plumes, peut-être ?)

• Qu'est-ce je peux choisir comme porte-bonheur de l'écrivain millionnaire, et quelle est l'énergie que cet objet incarnera ?

• Qu'est-ce que je me refuse à faire qui, si je m'y adonnais, m'aiderait à me sentir riche ?

• Dans quels domaines de ma vie pourrais-je avoir plus d'opportunités et de facilités ?

Chapitre 14

Incarnez votre futur moi

Soyez vigilante avec les mots que vous employez

Comme je l'ai déjà mentionné, les mots que vous choisissez ont leur importance. Remarquez-le lorsque vous dites des phrases comme « J'aimerais pouvoir me le permettre » ou « Un jour », et reformulez-les en disant « C'est ça que je choisis », même si, pour l'instant, vous en choisissez seulement l'énergie jusqu'à ce que cette chose apparaisse concrètement sur le plan physique. Ne laissez jamais le manque ou la négativité se glisser dans les mots que vous employez, à propos de quoi que ce soit. Dès qu'ils sortent de votre bouche – ce qui arrivera inévitablement jusqu'à ce que vous entraîniez votre esprit à observer ce qui va bien dans votre monde, plutôt que ce qui va mal – marquez une pause et reformulez-le en une phrase qui créera votre avenir au lieu de le dégrader.

Voici quelques exemples de choses que les auteurs peuvent se surprendre à dire :

•Ma nouvelle parution n'a pas marché.

Reformulez : Chaque jour, de plus en plus de gens découvrent mon livre et l'aiment.

•Personne ne va acheter mon livre.

Reformulez : Les personnes adéquates vont trouver mon livre et l'aimer. Je suis ouverte à une infinité de possibilités.

•Je ne comprends pas comment faire marcher les publicités Facebook.

Reformulez : Je suis en train d'apprendre.

•Ouais, mais je ne connaîtrai jamais le même succès qu'untel ou untel parce que... (cette personne a déjà énormément de fans, peut se payer une agence de relations publiques, a toute une équipe derrière son succès, a de l'argent à dépenser en marketing, je ne peux pas écrire aussi vite que cet écrivain, j'écris des histoires plus longues/courtes/plus sombres/plus légères/en un seul tome [insérer votre excuse ici]). Si vous avez du mal à ce sujet, consultez le chapitre 21, qui traite de la jalousie et de la compétition.

Reformulez : Moi aussi, j'aurai tout ça !

•Mes livres ne se vendent pas aussi bien que les siens.

Reformulez : Mes livres se vendent !

•Je ne peux pas me permettre ____ [des couvertures professionnelles, de la publicité, des photographies personnalisées].

Reformulez : Je choisis où investir mon argent.

Contrôler votre discours peut être fatigant, et ça ne doit pas devenir une nouvelle manière de vous donner tort, donc si vous vous sentez déprimée par la quantité de choses négatives qui sortent de votre bouche à propos de vous-même et de vos livres, souvenez-vous que ce n'est rien d'autre qu'une mauvaise habitude. Il faut du temps pour se débarrasser d'une habitude, mais plus vous vous entraînerez, plus ce sera facile.

Plus vous alignerez votre discours, vos pensées et votre énergie sur vos rêves, plus vite ils se manifesteront !

La playlist de l'écrivain millionnaire

La musique a une façon merveilleuse de créer ou de renforcer un certain état. Si vous écrivez une scène émouvante, la musique mélancolique est idéale. Si vous essayez de faire de l'exercice, il vous faudra plutôt une musique dynamique. Que dites-vous de créer une playlist qui vous fera vous sentir comme la reine du pétrole ? Il ne faut pas nécessairement des chansons sur l'argent, mais ça pourrait être le cas. Votre playlist devrait être composée de chansons qui vous donnent le sentiment d'avoir du pouvoir, d'être unique en votre genre, optimiste, et d'attendre l'excellence.

J'adore certaines chansons : *It's a Perfect Day*, du film *La Revanche d'une blonde*, *A Million Dreams* et *This is Me*, de *The Greatest Showman*, et *Don't Stop Me Now*, de Queen. J'ai créé une playlist sur Amazon Music que je peux écouter quand je veux, et qui me met dans l'état énergétique adéquat pour soulever des montagnes. Allez créer la vôtre tout de suite. Mettez-la à jour régulièrement, et elle deviendra un autre domaine où vous attirerez votre attention sur les choses qui vous font du bien et qui modifieront votre avenir tout entier.

Réinventez votre passé

Dans *Devenir super-conscient*[1], le docteur Joe Dispenza dit : « Vous ne pouvez pas créer un avenir nouveau si vous vous accrochez aux affects du passé. »

Et il est impossible de changer le passé, n'est-ce pas ? Peut-être pas, mais nous pouvons en modifier l'énergie. Nous pouvons libérer la douleur, ou même... réinventer notre passé pour le transformer en quelque chose qui nous procurerait des émotions agréables aujourd'hui.

Repensez à tous les films où le héros ou l'héroïne repart dans le passé, comme *Retour vers le futur* ou *17 ans encore*, et où leur réappropriation du passé change complètement leur avenir. Lorsque le personnage arrive au moment crucial de la croisée des chemins, il doit choisir entre deux options et prend la même décision que la première fois, mais c'est un choix qu'il ressent différemment.

Vous pouvez faire la même chose sur un plan énergétique ! Vous n'avez pas besoin d'un concierge magique, d'une machine à remonter le temps ou d'une équipe de tournage. Revenir en arrière est bien plus simple que vous ne le pensez – tout ce dont vous avez besoin, c'est votre imagination.

J'ai une amie qui est devenue mère célibataire assez jeune, et elle n'y était absolument pas prête. Elle manquait de patience avec son fils et le voyait comme un fardeau, surtout lorsqu'il était tout petit. Aujourd'hui, il est adulte, et elle a en quelque sorte voulu guérir leur passé et se racheter pour l'énergie qu'elle a projetée sur lui dans son enfance, elle a donc RÉINVENTÉ tous ces moments du passé. Le premier jour de l'école maternelle, elle était là, à lui tenir la main et à le soutenir. Pendant ses matchs de foot, elle était

---

1. NDLT : en anglais, *Becoming Supernatural* (2017).

là, à l'encourager. Elle s'est imaginée en train de passer le chercher à l'école, de le tenir dans ses bras, d'être là pour lui. Elle m'a raconté que plus elle a fait cela, plus leur relation actuelle se transformait du tout au tout. Elle ne lui a pas raconté ce qu'elle faisait, mais d'une manière ou d'une autre, il a reçu son amour, et leur relation s'est adoucie pour devenir quelque chose de nouveau.

Il y a peu, j'ai eu la vision de ce qu'aurait pu être ma vie si le mariage de mes parents avait été merveilleux, et non pas brisé. Notre foyer aurait été rempli d'amour, de sexualité positive et de joie de vivre. J'aurais pu copier cela et en profiter dans mon propre mariage au lieu de vivre dans l'angoisse d'une fin inévitable.

Grosse astuce : cet exercice n'est pas fait pour que vous vous sentiez mal à propos de ce qui n'est pas arrivé, mais il sert plutôt à réécrire le passé, pour transformer l'énergie comme s'il était VRAIMENT arrivé quelque chose d'extraordinaire. Il est fait pour revisiter votre passé.

Scientifiquement parlant, le cerveau ne fait pas la différence entre une activité imaginée et une activité réelle. En outre, nous savons que sur un plan métaphysique, le temps n'existe pas, donc le passé est en fait le présent, qui est en réalité le futur. Si vous modifiez le schéma de votre passé, aussi simplement qu'en le revoyant tel que vous auriez aimé qu'il soit, et que vous recevez l'énergie qui en découle, vous deviendrez une personne complètement différente. Une personne puissante, épanouie, forte, qui est consciente d'avoir le pouvoir de créer tout ce qu'elle veut.

Essayez de penser à l'une des choses les moins positives qui vous ont forgée, et réécrivez-la. En ce qui me concerne, en-dehors du divorce de mes parents, ce qui m'est venu à l'esprit, c'est mon expérience au sein de l'équipe de pompom girls du lycée. Je ne m'étais pas rendu compte à quel point ça avait forgé mon caractère, mais je suis sûre que c'est le cas. Ces filles étaient d'une méchanceté ! Elles m'ont fait passer une année horrible.

J'ai donc joué avec ce scénario. Et si ç'avait été ma meilleure expérience au lycée ? Et si j'avais été leur danseuse étoile plutôt qu'un rebut ? J'en ai reçu une énergie formidable. Je me suis sentie confiante, enjouée, immense. Heureuse.

Alors, maintenant, je crée mon avenir à partir de ce passé-là. C'est bien mieux, non ?

Mais... Que se passe-t-il si je ne peux pas faire comme si ça n'était pas arrivé ?

Si vous avez souffert d'un traumatisme avec lequel vous vous définissez, il se peut que vous résistiez à cet exercice. Vous avez l'impression que vous ne pouvez pas faire comme si quelque chose n'était pas arrivé. C'est arrivé, c'était réel, et vous devez y faire face.

D'accord... Alors... Que pouvez-vous faire avaler à votre cerveau ? Peut-être que vous pouvez tout simplement recadrer les événements. Ce serait comme chercher un côté positif à l'événement. Par exemple, vous avez eu un accident de voiture qui vous a rendue invalide. Et si c'était un cadeau ? Peut-être qu'au cours de votre longue convalescence, vous vous êtes découvert une passion pour les livres et avez décidé de devenir écrivain. Et si cette épreuve était exactement ce dont vous aviez besoin pour arriver là où vous en êtes aujourd'hui ?

Est-ce que le fait de partir de cette énergie-là, plutôt que sur une énergie de tragédie ou sur le sentiment d'être une victime, change votre passé, votre présent et votre futur ?

Écrivez votre réussite

Lorsque ma fille, une timide maladive, était à la maternelle, elle s'est cassé la jambe et s'est retrouvée dans le fauteuil roulant le plus mignon que vous ayez jamais vu. Dans ce fauteuil roulant, elle a reçu une attention incroyable, et le cadeau, c'était que – pour la toute première fois – elle a commencé à interagir avec les adultes qui lui parlaient. L'Univers lui a offert énormément d'attention positive, et ça a suffi à la faire sortir de sa coquille.

Exercice pratique : réécrivez votre histoire

Réécrivez votre propre histoire, en vous mettant dans la peau du héros ou de l'héroïne. En quoi les choses seraient-elles différentes ? L'événement serait-il différent, s'il était simplement recadré ? Prenez comme exemple un incident où les filles méchantes du lycée vous maltraitaient, et où au lieu de vous faire toute petite, vous auriez su à ce moment-là qu'elles n'étaient rien d'autre que des petites brutes insignifiantes, et que vous étiez parfaite telle que vous étiez.

Ou bien est-ce que vous changeriez complètement l'histoire pour devenir la reine du bal, la fille qui a été invitée à sortir par la star de l'équipe de foot du lycée ou le major de promo qui a obtenu une bourse d'études à Stanford ?

Que changeriez-vous ? Et comment ce passé modifierait-il votre présent ? Comment ressentez-vous cette énergie-là maintenant ?

Que vous recadriez cette expérience traumatique en devenant l'héroïne de votre histoire et en gardant les mêmes faits, ou que vous changiez complètement le déroulé de l'événement, je vous garantis que ça changera toute l'énergie de votre présent.

Séance de méditation : Jacuzzi à remonter le temps

Dans le cadre du club des écrivains abondants, j'ai guidé une méditation « Jacuzzi à remonter le temps », dans lequel vous voyagez pour rencontrer votre futur moi – celle qui a déjà atteint tous vos objectifs.

1.Fermez les yeux et imaginez que vous entrez dans le plus luxueux des jacuzzis. Peut-être s'agit-il d'un spa avec une chute d'eau. Peut-être est-il rempli d'eau salée.

2.Vous entrez dans le jacuzzi, et il vous transporte dans une autre époque ou une autre dimension. Une dimension où vous êtes déjà cet écrivain millionnaire cité par le *New York Times*, ou quel que soit l'objectif que vous voulez atteindre.

3.Sortez du jacuzzi et tenez-vous face à face avec votre autre moi. Vous aurez peut-être envie de lui attraper les mains, ou de la regarder dans les yeux.

4.Faites le point avec elle – qu'a-t-elle envie que vous sachiez ? Quel message veut-elle vous transmettre ? Quel conseil veut-elle vous donner ?

5.Synchronisez votre énergie avec la sienne.

6. Ouvrez-vous à ses encouragements, son amour ou sa gratitude.

7. Remerciez-la et remontez dans le jacuzzi pour vous transporter dans votre réalité spatio-temporelle actuelle.

8. Ouvrez les yeux et repartez dans votre journée avec les cadeaux ou les informations que vous reçus de votre autre moi.

Exercice d'écriture libre : puisez dans votre génie

- Où est-ce que je veux me trouver dans cinq ans en tant qu'écrivain ?
- *Mettez-vous dans cette situation – imaginez que c'est déjà arrivé.* À quoi ressemble ma vie ?
- Qu'est-ce que je fais de différent ? De mieux ?
- Est-ce que c'est une chose que je peux déjà intégrer aujourd'hui ? Comment ?
- Quelle est la chose que je pourrais faire immédiatement pour améliorer mon mode de vie ?
- Quelle est la chose que je pourrais faire immédiatement pour améliorer ma carrière ?
- Quelle est la prochaine étape dans ma carrière d'écrivain ?
- Qu'est-ce qui m'empêche de devenir le brillant écrivain millionnaire que je suis ? *Imaginez cet obstacle, et remaniez-le, visualisez-le, réécrivez-le.*

Étape 6 : Laissez couler

"There will be an answer. Let it be." — The Beatles

Chapitre 15

En faire moins pour en recevoir plus

Cette étape est peut-être bien la plus difficile, surtout si vous êtes un bourreau de travail comme moi. Nous sommes persuadés que pour réussir, il faut travailler d'arrache-pied. Mais ça ne nous laisse pas toujours assez d'espace pour que la magie et les miracles se produisent.

Le contrôle ou le fait de s'accrocher trop fermement à quelque chose est une expression du manque.

Lorsque vous essayez d'avoir le contrôle sur tout, que vous êtes impatiente, que vous pensez être la seule personne à être capable de faire les choses, vous empêchez l'abondance de venir à vous.

En lâchant prise et en faisant confiance à l'Univers, vous ouvrez votre énergie et cela vous met en état de recevoir, de sorte que quand vous avez quelque chose à faire, vous le savez, vous l'entendez, et vous avez le temps d'agir en conséquence. Et vous constaterez que ces tâches sont très faciles à terminer !

L'une des méthodes que j'utilise pour produire plus de livres (et de revenus) tout en faisant moins, c'est la coécriture. Je ne vous suggère pas de partir en courant chercher un coauteur, c'est tout simplement une option qui a fonctionné pour moi.

Lorsque vous coécrivez, vous avez quelqu'un avec qui partager non seulement la partie de l'écriture, mais aussi la partie du marketing et de l'administration. Certes, vous partagez les bénéfices, mais j'ai constaté que les ventes des livres coécrits étaient plus élevées, probablement grâce à la portée accrue de deux auteurs qui ont deux listes de diffusion et deux publics différents.

La coécriture peut prendre bien des formes. Je travaille avec chacune de mes coautrices de façon différente. Avec l'une d'entre elles, nous nous renvoyons la balle, chapitre par chapitre, jusqu'à ce que le livre soit terminé. Avec une autre, nous alternons quant à la direction que prend le roman. L'une écrit, l'autre suit le cours de l'histoire et l'étoffe. Dans certains cas, coécrire peut être aussi simple que d'ajouter votre nom à un livre que quelqu'un a écrit dans votre monde et partager les bénéfices. Je pense que certains types de personnalité se prêtent mieux à la coécriture que d'autres. Fiez-vous à votre instinct. Si vous envisagez de coécrire avec quelqu'un, choisissez un écrivain dont vous aimez les livres. Écoutez les réponses aux questions suivantes :

Travailler avec cette personne me permettra-t-il de créer davantage ?

À quoi ressemblera ma carrière dans trois ans si je collabore avec cette personne ?

Vous n'êtes pas obligée de *faire*. Il suffit de permettre.

Pouvez-vous croire que parfois, tout ce dont votre carrière a besoin, c'est d'un peu d'espace ? Si vous êtes accro à l'idée de faire plutôt que d'être ou de permettre (je lève la main !), je vous recommande vivement le livre de Denise Duffield-Thomas, *Chillpreneur*. Elle donne d'excellents conseils sur la simplification des tâches, le fait de regrouper et de déléguer. Je vous recommande également *La semaine de 4 heures,* de Tim Ferriss, parce qu'il y décrit comment il est passé de douze heures de travail par jour à une semaine de travail de quatre heures tout en gagnant les mêmes revenus.

Si vous gardez trop le contrôle sur votre carrière ou votre vie, vous ne laissez pas de place aux intrications quantiques. Vous risquez fort de ne pas vous trouver au bon endroit au bon moment. Vous détournez une opportunité majeure parce qu'elle ne correspondait pas à votre plan pour l'année.

Katherine McIntosh, autrice de *Don't Diet, Be Happy*, l'explique comme suit. Jamais, après avoir réservé dans un restaurant, vous ne les rappelez toutes les vingt minutes pour vous assurer qu'ils ont bien compris. Vous avez confiance, vous savez que votre table sera prête lorsque vous arriverez.

C'est la même chose pour les demandes que vous adressez à l'Univers. Vous avez fait votre demande. Vous avez visualisé votre meilleure vie. Vous aimez vos livres, vous êtes reconnaissante envers vous-même, vous ressentez de la gratitude pour tout ce que vous avez déjà accompli. Maintenant, laissez couler, tout simplement.

Étude de cas : Maggie Dallen – En faire moins pour recevoir davantage

Maggie Dallen, autrice de *young adult* à l'eau de rose et de romans historiques, a lutté contre l'anxiété toute sa vie. Elle en souffrait tellement que lorsqu'elle était au cours préparatoire, elle a été envoyée chez le médecin de l'école pour une énorme crise de panique. « J'ai cherché à me libérer de ça pendant toute ma vie », raconte-t-elle.

À l'université, son père lui a acheté un livre Abraham-Hicks[1] pour l'aider à gérer son anxiété. En théorie, elle comprenait la loi de l'attraction, mais dès qu'elle obtenait une victoire, aussi mineure soit-elle, elle essayait de prendre le contrôle dessus. « Je pensais que je contrôlais [les victoires] avec mes pensées. »

Elle raconte que la grande leçon qu'elle a fini par apprendre, c'est qu'elle n'avait le contrôle sur rien. « Je choi-

---

[1]. NDLT : Abraham-Hicks est considéré comme l'un des meilleurs professeurs de spiritualité au monde, bien qu'« Abraham » ne soit pas une personne mais plutôt une conscience ou un esprit, et Esther Hicks est le « médium » qui exprime son message.

sis, mais ce n'est pas moi qui fais bouger les choses. Je choisis ce que je veux, tout simplement », explique-t-elle.

En 2017, elle a gagné 7 000 $ pour toute son activité d'écriture sur l'année. Elle s'est inscrite au Money Bootcamp[2] de Denise Duffield-Thomas. « J'ai fait de l'EFT et j'ai travaillé sur certains blocages dont j'ignorais complètement l'existence. Comme par magie, je suis passée de 7 000 $ en une année à un revenu à six chiffres l'année suivante. » Mais l'anxiété de Maggie est revenue au grand galop presque instantanément. « Je suis devenue très anxieuse à ce sujet – je me demandais comment faire pour que ça continue. J'avais instantanément oublié que ce n'était pas *moi* qui l'avais fait, mais l'Univers. »

Au cours des années suivantes, elle a commencé à étouffer son entreprise. « J'avais une poigne de fer dessus. J'étais une dingue de travail, et plus je travaillais, moins mes livres se vendaient. »

En mars 2021, et après avoir publié vingt-cinq livres en deux ans et demi, Maggie a pris ses toutes premières vacances. « C'était la première fois que je relâchais la pression depuis des années. » Pendant ses vacances, elle s'est réjouie de voir qu'après tout ce travail, elle constatait enfin que ses revenus avaient considérablement augmenté. C'est alors qu'elle a reçu un appel de son expert-comptable pour lui annoncer qu'en vue de l'augmentation de ses revenus, elle allait devoir payer plus d'impôts. « Ça m'a fait perdre les pédales. Depuis que j'étais enfant, je n'avais pas eu une crise de panique pareille. Après toutes ces années passées à me tuer à la tâche, j'avais l'impression de me heurter continuellement à un mur. »

---

2. NDLT : formation en ligne enseignant des stratégies pratiques de gestion de l'argent aux entrepreneurs qui veulent augmenter leurs revenus.

À l'époque, elle lisait le livre *Super Attractor* de Gabby Bernstein. « J'ai commencé à lire le chapitre sur le fait d'être un bourreau de travail et un maniaque du contrôle, qui explique qu'il s'agit simplement d'une manifestation de la peur. »

Elle constate : « C'est logique que l'autoédition attire les maniaques du contrôle. Nous pouvons en contrôler les moindres aspects. » Maggie dit que parfois, nous pensons avoir un plan bien formé dans nos têtes, mais il pourrait très bien exister une autre avenue ou une route vers le succès qui pourrait mieux fonctionner.

« J'ai passé tellement de temps à me heurter à un mur de briques alors qu'en fait, il y avait une magnifique porte juste à ma gauche. J'aurais pu ouvrir cette porte et la franchir, tout simplement. »

Maggie Dallen

Lorsqu'elle s'est rendu compte qu'elle ne voulait plus jamais avoir de crise de panique et qu'elle ne voulait plus être la maman stressée qu'elle avait toujours été, elle a su qu'elle pouvait choisir soit de vivre dans la peur et être une maniaque du contrôle, soit de laisser aller les choses et d'avoir la foi, que tout s'arrangerait et que tout se passerait bien.

« Je suis si heureuse d'avoir eu ces problèmes d'anxiété, parce qu'ils m'ont amenée à ce moment. » Elle a choisi de renoncer à tout contrôler. De laisser couler.

« À partir de ce moment-là, mon mari me surprenait à faire du tapping constamment, ça m'aidait à lâcher prise. Je laissais partir les choses qui ne me faisaient pas de bien, tout simplement. » Elle s'est retiré des échéances, des délais et tous les engagements qui ne lui faisaient pas de bien. Pendant des mois, elle a eu peur que son entreprise s'effondre à cause de tout ce qu'elle avait laissé tomber.

« J'ai passé beaucoup de temps à me déprogrammer. J'ai été élevée dans une famille où on travaille dur. Je me vantais de me lever à quatre heures du matin pour terminer telle ou telle tâche, et j'étais fière d'être épuisée, mais au fond, je me demande qui ça impressionnait. »

Bien sûr, lorsque vous créez de l'espace, les choses se mettent en place naturellement. Les miracles peuvent se produire.

Maggie, qui écrit normalement de la littérature PG[3], a raconté à une amie qu'elle avait des idées pour écrire une série historique torride. Son amie a discuté avec un éditeur, qui a contacté Maggie et lui a demandé d'écrire cette série. Elle a aussi commencé à coécrire avec une amie très naturellement. Maintenant, elle a deux autres noms de plume actifs – un pour la série historique érotique et l'autre pour la romance à l'eau de rose coécrite. Ces deux noms de plume sont beaucoup plus lucratifs que son nom d'origine.

Une autre coïncidence s'est produite avec l'écriture de scénarios. « En novembre, j'ai vu une annonce pour un cours d'écriture de scénarios, j'y suis allée et j'ai adoré. » Elle s'est particulièrement bien entendue avec l'une des intervenantes, et lorsqu'elle a appris que cette femme offrait un mentorat en groupe réduit un mois plus tard, elle a sauté sur l'occasion.

Sa tutrice lui a recommandé de commencer à adapter le livre qui lui faisait du bien, plutôt que celui qui, selon la logique, ferait mieux l'affaire. C'est ce qu'elle a fait, et trois semaines plus tard, sa tutrice l'a présenté à un producteur, qui l'a adoré. Deux semaines plus tard, elle a signé un

---

3. NDLT : la littérature classée PG convient à un public général, ne contient donc en général ni scènes de sexe, ni violence, ni usage de substances illégales.

accord de vente. « En un mois d'écriture de scénarios, je me suis sentie plus validée qu'en vingt ans d'écriture de romans ! »

Ce qu'elle en a retenu, c'est ça : « Lâchez prise, ayez plus confiance, ne faites que ce que vous avez envie de faire. »

Cet été, elle a continué à choisir la facilité plutôt que le travail. Comme elle voulait passer plus de moments privilégiés avec son fils, elle a annulé ses projets de parution estivale. « Mon fils est dans sa meilleure période. Il a cinq ans et il n'a qu'une envie, c'est jouer. Je sais qu'il ne va pas avoir envie de me faire des câlins toute la vie. »

Il s'est avéré que ne rien faire lui convenait très bien. « En juin, j'ai gagné le triple de ce que je gagne d'habitude. J'ai eu un peu de succès sur TikTok et le lancement s'est bien passé. Vu de l'extérieur, on pourrait croire à de la chance, mais moi, je sais que j'ai permis que ça se produise. Je m'améliore pour permettre aux événements de se produire sans avoir l'impression d'être obligée de travailler dur pour que ça se fasse. »

Maintenant, Maggie a établi le « en faire moins » comme pratique permanente. « J'essaie de trouver un équilibre, parce que j'aime profondément mon travail, mais c'est beaucoup trop facile de perdre le plaisir et de recommencer à essayer de prendre le contrôle. Je m'amuse en travaillant, puis soudain je ressens le besoin d'avoir cette poigne de fer à nouveau. J'arrive de mieux en mieux à me rattraper lorsque j'atteins ce stade. Là, je m'oblige à prendre un jour de congé. Je vais faire du yoga ou j'emmène mon fils au cinéma, et je ne m'autorise pas à travailler. Maintenant, j'attends avec impatience les moments où je travaille dur, parce que je sais que ça signifie qu'ensuite, je m'octroierai une journée de congé. »

« J'ai vécu ce moment il y a plus d'un an, et ça a été un véritable miracle. Parfois, je ne reconnais même pas la personne que je suis devenue. Et lorsque je me reconnais, je suis vraiment heureuse. »

Chapitre 16

Faites confiance au calendrier divin

Si les manifestations prennent leur temps pour faire leur apparition, nous avons tendance à nous demander ce que nous faisons de travers. Nous commençons à chercher quelque chose que nous pourrions contrôler ou faire pour remédier à cela.

Parfois, il y a un timing à respecter pour que les intrications quantiques fonctionnent. Peut-être n'avez-vous pas encore écrit le livre sur lequel Netflix posera une option. Peut-être que l'idée vous viendra à l'esprit lorsque vous donnerez un peu d'espace à votre carrière et à vos livres. Lorsque vous aurez confiance et que vous vous ouvrirez aux possibilités.

Diminuez la pression que vous vous mettez pour accomplir vos objectifs en faisant comme si c'était déjà arrivé (comme dans l'étape 5). En ayant confiance, en sachant que vos buts sont en route vers vous.

Quand je me suis mariée à trente ans, j'ai voulu fonder une famille. J'ai arrêté la pilule et... il ne s'est rien passé. Alors, comme je suis une femme d'action, j'ai commencé à faire. J'ai lu des livres sur la fertilité. J'ai essayé toutes les superstitions possibles et imaginables (j'ai fait l'amour les soirs de pleine lune, je me suis débarrassée de ma structure de lit en métal, j'ai enlevé mon piercing au nombril). J'ai bu des herbes chinoises et j'ai essayé l'acupuncture. Je me suis tenu les genoux contre la poitrine après chaque rapport sexuel. Au bout d'un an et demi, je suis enfin tombée enceinte. Puis j'ai fait une fausse couche. J'en ai eu le cœur brisé. J'ai fait mon deuil, j'ai guéri, et j'ai recommencé à essayer de tomber enceinte. J'étais tellement impatiente à l'idée de tomber enceinte. À l'époque, je m'intéressais déjà à la loi de l'attraction et à la manifestation des résultats. Je savais que je ne voulais pas être dans un état de résistance, alors tous les matins, je remerciais l'Univers à l'avance pour le bébé qui était en chemin.

J'ai mis beaucoup d'efforts là-dedans. Ça a été un travail à plein temps pour mon énergie et ma psyché.

J'ai consulté deux voyantes différentes qui m'ont dit la même chose : le bébé attend le bon moment pour arriver. C'est logique. Si on croit à l'idée que l'on choisit nos parents, la date et le lieu de notre naissance avant même d'arriver, alors il est logique que le bébé choisisse un moment précis pour naître. Ce moment précis ne correspondait pas à celui où j'espérais concevoir et accoucher.

Finalement, trois ans après avoir commencé à essayer, je suis tombée enceinte et j'ai mené ma grossesse à terme. Lorsque j'y repense aujourd'hui, depuis ma perspective de maman de deux adolescents en bonne santé, j'adorerais pouvoir revenir en arrière et serrer la Renee de trente ans dans mes bras. Pouvoir lui dire de se détendre et d'avoir la foi – que ça va arriver.

Mais j'agissais depuis le manque. Je ne faisais pas confiance à mon instinct, qui me disait pourtant que j'étais faite pour être mère. J'avais bien trop peur que la chose que je désirais le plus au monde ne se produise jamais.

Si seulement j'avais connu cette étape magique : « Laisser couler ». Faire confiance au calendrier divin. Savoir que l'on ne peut pas tout contrôler. Que nous ne sommes pas censés faire quoi que ce soit. Et que lorsque nos rêves ne se sont pas encore manifestés, ça ne veut pas dire que nous faisons mal quelque chose, que nous n'en faisons pas assez ou que nous devons changer. Nous avons peut-être simplement besoin d'un peu d'espace. D'un tout petit peu de temps.

Si je m'étais fiée à ça, j'aurais eu les enfants que je désirais tant, ET j'aurais pu profiter des trois années que ça m'a pris pour avoir mon premier bébé. Au lieu de cela, j'ai vécu une période terriblement délicate et douloureuse.

Parfois, le mieux que vous puissiez faire pour votre carrière ou votre avenir est de passer à autre chose. Vous avez envoyé votre demande à l'Univers ; à présent, donnez-lui le temps et l'espace nécessaires pour prendre forme. Ouvrez-vous à l'idée de recevoir sans essayer d'en contrôler le résultat.

Exercice d'écriture libre : puisez dans votre génie

Faites de l'écriture libre sur les questions suivantes :
- Quels sont les domaines de ma carrière et de ma vie que j'essaie de contrôler et qui, si je les laissais aller, finiraient par s'épanouir ?
- De toutes les décisions que j'ai prises à propos des choses que je dois faire ou l'ordre dans lequel elles doivent se produire, lesquelles pourraient limiter mes possibilités ?
- De quelle façon ai-je décidé que le succès pourrait se produire ? Existe-t-il d'autres moyens d'y parvenir ?
- Quelles sont les possibilités infinies qui s'offrent à moi pour mes livres, pour ma carrière ?
- Comment est-ce que j'autorise la magie de l'Univers à entrer dans ma vie ?
- Imaginez que vous vous abandonnez complètement à la magie de l'Univers. Sentez-le. Qu'est-ce que vous ressentez ? Explorez cet espace de liberté.

Chapitre 17

Choisissez la facilité

Demandez à l'Univers : « Montre-moi la voie de la facilité »

Comme vous pouvez l'imaginer, j'étais incroyablement anxieuse à l'idée de divorcer. J'ai décidé de préparer moi-même les papiers du divorce, car je ne voulais pas que la situation devienne conflictuelle ou hostile en faisant appel à un avocat. Le jour où je suis allée déposer les documents que j'avais préparés, j'étais à bout de nerfs. Voilà un autre moment où, avec le recul, j'aimerais pouvoir revenir en arrière, me faire un énorme câlin et me chuchoter à l'oreille que tout se passera bien. Que ce sera du gâteau, même.

Mais j'étais tellement tendue... Je ressentais l'importance et la finalité de l'acte, et j'étais persuadée qu'un désastre me guettait. En me rendant au tribunal, j'ai supplié l'Univers, je lui ai demandé : « Montre-moi la voie de la facilité. »

C'est un outil que j'ai appris avec Access Consciousness® – comment demander à mon corps ou à l'Univers de me montrer la voie de la facilité. Selon la situation, vous pouvez ajouter la mention : « et la rendre manifeste, lucrative ou amusante ».

Dans ce cas-là, je cherchais juste la facilité. Le problème numéro un du palais de justice était de savoir où se garer. Je ne savais pas si le bâtiment du centre-ville disposait d'un parking souterrain, s'il était ouvert au public, ni ce qu'il en était réellement.

Mais en m'approchant du bâtiment, j'ai repéré des places dans la rue, et l'une des deux places se trouvait *juste en face du bâtiment*.

Waouh, d'accord, ai-je pensé. L'Univers me soutenait. *Waouh...* Je me suis garée, je suis sortie de la voiture et j'ai attrapé quelques pièces pour le parcmètre. Quand j'y suis arrivée, j'ai découvert qu'il était encore plein. La personne qui s'était garée ici auparavant m'avait laissé une heure entière. Encore un beau geste de la part de l'Univers.

J'ai passé la sécurité et suis entrée dans le bâtiment, où j'ai demandé mon chemin. J'ai trouvé le bon étage, j'ai attrapé un numéro et je me suis assise. Moins d'une minute plus tard, on m'a appelée au guichet pour que j'aille déposer mes documents. Permettez-moi de vous dire que j'étais tendue. Mon père était avocat, et l'été, pendant mes études, j'avais travaillé pour lui. J'allais souvent déposer des documents au palais de justice. Je me souvenais clairement que si les documents n'étaient pas parfaits, ils avaient une tolérance zéro. Comme je n'avais pas fait appel à un avocat et que je n'étais pas sûre de ce que je faisais, j'avais peur que ça se passe mal.

Mais une fois de plus, j'avais demandé la facilité, et c'est exactement ce que j'ai obtenu. La greffière était aimable à souhait. Elle a examiné les documents, s'est assurée que j'avais tout rempli correctement et m'a expliqué l'ensemble de la procédure. Elle m'a aussi dit que j'avais beaucoup de chance – que normalement, les vendredis, il y avait de longues files d'attente à son guichet.

Je me suis sentie réellement bénie. J'avais demandé de l'aide, et elle était apparue.

Lorsque je suis revenue pour ma date d'audience, l'Univers avait conspiré une fois de plus pour m'apporter un soutien utile. J'étais assise sur une chaise dans le couloir, et un papa (très sexy) de l'école primaire de mon fils est passé par là et m'a vue. Il s'est approché, s'est accroupi devant moi et m'a demandé si j'avais besoin d'aide. Il m'a dit qu'il était avocat, et que si j'en avais besoin, son bureau se trouvait au coin de la rue. C'était adorable de sa part, et ça m'a prouvé que si j'étais ouverte à l'aide et au soutien, il y en avait partout.

Univers, règle le problème est un autre outil formidable pour passer à autre chose lorsque tout va mal. En confiant le problème à l'Univers ou à votre équipe énergétique, vous vous mettez en retrait, vous abandonnez le contrôle et vous permettez au positif de se produire quand vous êtes concentrée sur le mauvais.

Cela vous permet de sortir de la résistance et d'entrer dans le cours des choses. Vous savez que parce que vous avez refilé votre problème à l'Univers, il sera pris en charge, et qu'à présent vous n'avez plus besoin de faire une fixette dessus, de vous focaliser, de travailler, de faire, de nourrir des émotions et de bloquer énergétiquement les solutions à ce problème.

Lorsque Lee Savino et moi-même avons formé une nouvelle S.A.R.L. pour gérer nos romans coécrits, nous avons ouvert un nouveau compte sur Kindle Direct Publishing, publié notre premier livre, et... Kindle a clôturé notre compte parce qu'ils pensaient que nous avions volé le livre ! Ça aurait pu être perturbant. Ça a été un peu frustrant, bien entendu. Mais elle comme moi, nous en savions assez à propos de l'énergie pour admettre que la frustration crée des blocages et empêche les choses de s'arranger. Nous avons demandé à l'Univers de résoudre ce problème. Nous avons aussi appelé et envoyé des mails presque tous les jours jusqu'à ce que ce soit résolu, mais sans avoir une grande charge négative sur le problème. Nous avons fait confiance à l'Univers pour arranger les choses à notre place, et c'est exactement ce qu'il a fait. Vous avez peut-être déjà entendu la phrase : « Je lâche prise et m'en remets à Dieu. » Si cette expression résonne davantage en vous, utilisez-la !

Dans quel domaine pourriez-vous demander plus de facilité ? Y a-t-il un domaine en particulier que vous essayez de contrôler ? Où vous sentez que si vous ne le faites pas, ça ne va pas arriver – et ensuite, quoi ? Vous avez peur qu'il arrive un désastre ? Demandez à l'Univers de vous montrer la voie de la facilité ou déléguez-lui le problème pour qu'il le règle. Demandez-lui quelles sont les possibilités infinies qui s'offrent à vous dans cette situation. En faisant cela, vous invitez ces possibilités à venir jouer avec vous. Et lorsque les possibilités viennent jouer... la magie opère !!

Cessez d'essayer d'avoir raison (l'erreur n'existe pas !)

Selon Gary Douglas et Dain Heer, les fondateurs d'Access Consciousness®, le besoin d'avoir raison est l'un des plus grands facteurs de distraction qui nous empêchent de créer la vie que nous désirons. C'est une chose que j'ai remarquée pendant la pandémie de 2020. Les gens se sont tellement polarisés en choisissant leurs camps – les pro-masques contre les anti-masques. « Quelle horreur » contre « C'est juste une grippe ». Des décisions ont été prises sur la façon de faire les choses, puis des jugements ont été prononcés lorsque d'autres ne suivaient pas ces décisions.

Le besoin « d'avoir raison » nous empêche de suivre l'énergie, de puiser dans la magie et de recevoir. Quand j'apprenais à maîtriser tous les aspects du marketing dans le monde du livre, j'essayais tout le temps d'avoir raison. Je voulais apprendre LA bonne méthode pour pouvoir prouver qu'elle fonctionnait, encore et encore.

Si je trouvais une façon de faire des publicités sur Facebook qui fonctionnait bien, je me démenais pour prouver que ma méthode était la meilleure. Je ne voulais pas seulement réussir, je voulais *avoir raison*. J'essayais cette méthode-là une fois après l'autre, en faisant comme si de rien n'était si elle ne fonctionnait pas sur un livre en particulier. Ou peut-être ignorais-je lorsque la stratégie cessait de fonctionner. Mais mon besoin maladif d'avoir raison me faisait jeter de l'argent par les fenêtres en essayant de me prouver quelque chose. Une meilleure stratégie aurait été d'utiliser mon intuition comme guide. De demander à chaque livre la quantité d'argent que je devrais dépenser pour lui. De savoir s'il fallait que j'insiste sur les publicités, ou au contraire que je les réduise.

Cet attachement à « avoir raison » et, à l'inverse, l'aversion à avoir « tort » sont d'excellentes façons de perdre ses objectifs de vue. Lorsque nous sommes ouverts à la magie, lorsque nous n'avons rien à prouver, c'est là qu'elle peut opérer. Penser que nous connaissons une seule « bonne » façon de faire quelque chose est un leurre qui nous empêche de basculer quand nous devons le faire. Ça nous empêche d'entendre les chuchotements de l'inspiration, ou de suivre notre instinct plutôt que la sagesse conventionnelle. N'oubliez pas que vous pouvez toujours demander à vos livres ce dont ils ont besoin !

Le fait de se cramponner à une certaine perspective peut vous limiter. C'est un peu comme si vous vous concentriez sur une seule partie du paysage. Si vous dézoomez, vous verrez tellement plus de choses.

Utilisez les questions d'écriture libre ci-dessous pour découvrir les domaines où vous essayez d'avoir raison et où vous avez peur de vous tromper. Pouvez-vous laisser ces deux options derrière vous et revenir à la simplicité de la troisième étape vers l'abondance pour écrivains – « aimez vos livres » ? C'est ça, l'énergie dans laquelle vous voulez être. Rien à prouver. Rien à craindre. Inutile d'avoir toutes les réponses. Elles apparaîtront au moment exact où vous en aurez besoin.

Exercice d'écriture libre : puisez dans votre génie

Écrivez librement pour répondre aux questions suivantes :
- Où est-ce que j'essaie d'« avoir raison » ? Dans quel domaine ai-je peur « d'avoir tort » ?
- Qu'est-ce que j'essaie de prouver ? À qui est-ce que j'essaie de le prouver ?
- Dans quel domaine ai-je été conditionnée à faire, être, ou croire quelque chose ?
- Où ai-je déjà essayé, « échoué » et qu'ai-je décidé de ne plus jamais refaire ?
- Qu'est-ce qui selon moi ne fonctionnera jamais pour moi ?
- Quelles décisions limitantes ai-je prises ou quelles conditions ai-je fixées, comme « si j'ai _____, alors _____ » ?
- Dans quel domaine est-ce que je me limite moi-même ? Quelles sont les possibilités infinies que m'offre cette situation ?
- Pensez à quelque chose qui se passe dans votre vie en ce moment même et que vous aimeriez confier à l'Univers.

Avec de l'amour dans votre cœur et cette situation dans votre conscience, posez-vous la question : qu'est-il possible de faire, encore et encore ? Permettez simplement aux possibilités de se manifester.

Étape 7 : Honorez-vous

Chapitre 18
Tout dépend de vous

Vous êtes l'architecte de votre vie

Pour s'honorer soi-même, il faut d'abord reconnaître la puissance, le pouvoir et la magie que l'on possède.

Pour comprendre cela, vous avez le libre arbitre... le libre arbitre pour créer la vie que vous rêvez.

Tout ce qui vous reste à faire, c'est de le choisir.

Mais parfois, passer de l'idée de « l'envoyer à l'Univers » à reconnaître réellement que vous contrôlez votre destin est un véritable saut dans l'inconnu. À certains moments, il s'agit de prendre une petite décision à la fois, et à d'autres, faire un choix différent représente un grand saut.

Lorsque j'ai plongé dans mon pouvoir personnel, il m'a fallu abandonner mes anciens schémas qui consistaient à me victimiser ou à être pathétique. Croyez-moi, j'ai passé la majeure partie de ma vie à me poser en victime, donc je suis très bien placée pour en parler avec vous.

Selon le test de personnalité *Four Tendencies*[1] de Gret-

---

1. NDLT : Gretchen Rubin a mis en place un test de personnalité en

chen Rubin, je suis une personne qui cherche à plaire ou une « obligée ». C'est l'une des raisons pour lesquelles la coécriture marche aussi bien pour moi. Je travaille plus dur pour quelqu'un d'autre que pour moi-même.

Mais cela signifiait aussi que

J'attendais que quelqu'un d'autre reconnaisse ma grandeur.

J'attendais que cette personne me découvre. J'avais un peu le fantasme du preux chevalier.

Est-ce que vous attendez que quelqu'un découvre votre talent ? Qu'on vous dise enfin que vous en êtes digne ? Que vous y êtes arrivée, même ?

Laissez-moi vous dire une chose : *ça n'arrivera pas tant que vous ne vous honorerez pas.*

Dans mes relations, j'ai tendance à être passive, à m'en remettre aux désirs de l'autre personne, quels qu'ils soient. Je laisse l'autre mener la danse. Tout cela est lié à ma peur de mal faire ou d'être jugée. Si l'autre personne fait un choix, je ne peux pas en être tenue pour responsable.

Bien sûr, cela signifie que si les choses tournent mal, je lui ferai probablement des reproches, discrètement ou non. L'énergie du reproche est une autre énergie dont j'ai dû guérir. Je me souviens avoir remarqué à quel point je faisais souvent des reproches à mes enfants. Pour de petites choses, comme le fait de partir en retard à l'école. Je leur faisais sentir que c'était leur faute parce qu'ils ne se dépêchaient pas, parce qu'ils n'enfilaient pas leurs chaussures assez vite, etc.

---

douze questions appelé « The Four Tendencies Quiz ». Sa théorie est que les personnalités se répartissent en quatre tendances qui déterminent les aspects de nos comportements : les défenseurs, les questionneurs, les obligés et les rebelles.

Simone Gers, ma guérisseuse quantique, a travaillé sur ce problème avec moi, et m'a dit que je devais adopter davantage l'énergie latino-américaine, qui consiste à lever les mains vers le ciel, hausser les épaules et dire : « Eh bien, ce sont des choses qui arrivent. » Ce n'est de la faute de personne, c'est arrivé, tout simplement.

Ce simple concept m'a donné tellement plus de souffle et de liberté dans ma vie. Lorsque j'ai commencé à chercher sur qui rejeter la faute, je me souvenais que je devais hausser les épaules et penser « ça arrive ». Mais mon désir de faire des reproches était étroitement lié au fait de vouloir avoir raison. J'avais peur d'avoir tort. J'avais besoin d'être parfaite, correcte, irréprochable. La gentille fille qui ne fait jamais de bêtises ni d'erreurs.

Si j'avais tellement peur d'avoir tort, alors vous pouvez comprendre à quel point il était important pour moi de pouvoir rejeter la faute sur quelqu'un d'autre. Et si les choses n'allaient pas dans mon sens, je préférais jouer la victime plutôt que de croire que mes choix avaient créé la situation dans laquelle je me trouvais.

En psychologie, on parle d'individus qui ont un locus de contrôle interne ou externe. Ceux qui ont un locus interne pensent que les effets de leurs actes sont le fruit de leurs propres capacités. Ceux qui possèdent un locus de contrôle externe croient que c'est la vie qui leur tombe dessus – que leurs succès ou leurs échecs sont le résultat de facteurs externes indépendants de leur volonté, tels que la chance, le destin, les circonstances, l'injustice, la partialité, ou les professeurs qui sont injustes, pétris de préjugés ou inexpérimentés.

Les individus qui pensent contrôler leur existence ont tendance à mieux réussir dans la vie.

Je crois sincèrement que tous les livres de développement personnel ont pour but d'aider leurs lecteurs à comprendre qu'ils ont le contrôle sur leur propre destin.

La loi de l'attraction affirme que la vibration dans laquelle nous nous trouvons – nos pensées et nos croyances – forme et attire notre réalité.

Vous avez déjà remarqué à quel point ce concept met les gens en colère ? Ils n'ont pas envie de croire qu'ils pourraient être responsables de la création de quelque chose qui n'est pas parfait. S'ils sont prisonniers de leur idée qu'on a raison ou qu'on a tort, cela signifierait qu'ils ont tort !

C'est quelque chose de particulièrement difficile à comprendre dans des situations affreuses comme la maltraitance ou la maladie. Ça a des relents de reproches faits à la victime. Si quelqu'un est atteint d'un cancer, le fait de penser que d'une certaine manière, cette personne l'a choisi semblera choquant. Si une personne est née de parents maltraitants, l'a-t-elle choisi, ou a-t-elle attiré cette énergie lors de son enfance ? Comment un nourrisson pourrait-il choisir la maladie ou la maltraitance ?

Tanner Gers, le fils de ma chamane quantique, Simone, a perdu la vue dans un accident de voiture à vingt et un ans. Lorsqu'il était aux soins intensifs, dans le coma, avec la tête aussi grosse qu'un ballon de basket, elle a recouvert les murs de photos de sa vie, pour que chaque visiteur puisse le voir sous son meilleur jour. Quand les gens entraient dans la chambre de Tanner, la première chose qu'elle leur disait était : « Entre ! Tu as vu comme il a bonne mine ? » Elle savait que la capacité des autres à voir Tanner vibrant de vie et en pleine forme, même si à ce moment-là, le diagnostic n'était pas rassurant, était l'un des éléments clés de sa guérison. Elle observait leurs regards confus pendant qu'ils essayaient de passer du « oh merde, c'est horrible » à un « d'accord, je vais jouer le jeu ». Grâce à sa capacité à détenir le pouvoir de l'âme de son fils, elle savait qu'elle était la meilleure mère qu'il aurait pu avoir. Bien entendu, elle a vécu des moments de peur, mais elle s'est montrée courageuse dans ces circonstances.

Quelques mois plus tard, alors que Tanner se remettait d'une fracture de la colonne vertébrale et d'un trauma crânien, qu'il devait faire face à sa cécité soudaine et qu'il avait perdu un tiers de son poids d'origine, le mari de Simone est rentré chez eux et a retrouvé Tanner particulièrement déprimé. Lorsque son beau-père lui a demandé ce qui n'allait pas, Tanner a répondu quelque chose comme : « Tu ne vois pas ? Je suis aveugle. Je suis faible. Ma vie est foutue. » Et le mari de Simone lui a répondu quelque chose comme : « Oui, tu es aveugle. Mais tu n'es pas aveugle, sourd et tétraplégique. Tu as tant de choses à vivre. Garde la tête haute. Vis ta vie. » Et c'est exactement ce qu'il a fait. Un choix à la fois. Il est devenu athlète paralympique, champion de cyclisme, joueur de baseball de renom, il a obtenu trois diplômes, est devenu père et écrivain. Il a choisi de vivre.

Il y a une chose que je garde à l'esprit : je suis un être infini. Ainsi que tous les autres êtres humains. Je suis venue au monde pour vivre des expériences et faire des choix. C'est ce que nous faisons tous. Avec chaque expérience, il y a des choix infinis, même si parfois nous n'en voyons que très peu. Nous pouvons choisir la peur, la colère, la victimisation, l'abus, la culpabilité, la honte, la joie, l'optimisme, l'amour. Tout cela est à notre disposition.

Vous êtes peut-être venue dans cette réalité-ci pour faire face à la maltraitance, la maladie ou le traumatisme et décider de vous en sortir, de dire *plus jamais*, ce qui aide aussi les autres à faire de même. Ou peut-être est-il temps de vous choisir vous-même au lieu de vous sacrifier. De choisir de connaître le succès, cette fois-ci.

Tout cela aide à comprendre que les énergies de l'abus, de la maladie et du traumatisme existent tout autour de nous sur cette planète. Lorsque nous vivons en mode automatique, sans penser que nous avons un choix conscient à faire, ces énergies peuvent nous nuire. Ou alors, nous pouvons créer quelque chose de plus grand.

Quand j'avais seize ans, mon frère a été diagnostiqué schizophrène après une tentative de suicide. À l'époque, je me sentais victime de cette situation. Tout cela me semblait injuste. J'étais en colère contre les docteurs qui lui avaient collé ce diagnostic auquel je ne croyais pas. J'en voulais à ma mère pour la façon dont elle essayait de naviguer le long de ce chemin qui, je m'en rends compte aujourd'hui, était rempli d'embûches et sans presque aucun soutien de la part de la société.

Mais à présent, avec la perspective du choix, je réalise que finalement, nous n'étions peut-être pas tous à la merci d'un Dieu impitoyable. Je crois aujourd'hui que mon frère, qui est parfaitement intégré à la société, a choisi de faire l'expérience de la maladie mentale dans cette vie-là pour prendre part au changement en faveur de l'acceptation et de la défense des intérêts des malades mentaux. Et c'est une pensée bien plus stimulante et valorisante que de penser qu'il est une victime de la schizophrénie, et que moi, en tant que sœur, je suis aussi une victime – ce qui est exactement ce que je ressentais à l'époque.

Réfléchissez-y. Lorsque je regarde mon frère comme cet être puissant qui a choisi de vivre une certaine expérience pour faire grandir son âme et pour contribuer à l'humanité, la perception que j'en ai et l'énergie qui en découle nous élèvent tous les deux. Ma croyance change tout – pour lui comme pour moi. La recherche nous prouve que, grâce aux intrications quantiques, la guérison des patients est positivement influencée si le corps médical a une perspective positive sur leur état – si les médecins pensent que le patient peut guérir et avoir une belle vie. Personne n'a envie que son médecin attrape son dossier et ait des pensées négatives avant d'ouvrir la porte de sa chambre d'hôpital. Pensez au pouvoir que vous avez entre vos mains à chaque fois que vous choisissez d'écrire. Vous avez la possibilité de penser : « Je suis un grand écrivain. J'adore écrire. Ma vie est incroyable. J'aime ce livre, et il va cartonner ! J'adore l'idée que mon livre contribue à changer la vie des lecteurs. Waouh ! Je suis une créatrice puissante. » Et ensuite, commencez à écrire. Vous êtes dans un endroit important pour écrire. Vous avez la possibilité de choisir ce en quoi vous croyez à chaque fois que vous écrivez.

Se sentir impuissant, comme si on n'avait aucun contrôle sur la situation, est une chose épouvantable. De tous les endroits énergétiques depuis lesquels on peut faire un choix, la peur est l'un des pires. En vérité, vous avez bel et bien le contrôle sur votre prochaine décision et sur l'endroit énergétique depuis lequel vous la prendrez. Je ne suis pas en train de vous dire que c'est tout le temps facile. Ce que je vous dis, c'est que vous avez le choix. Parfois, vous aurez peut-être besoin d'un moment pour reconnaître tout ce qui se présente à vous. Reconnaissez tout. Contemplez-le dans votre journal, même. Cependant, gardez toujours en tête que vous pouvez choisir depuis votre lieu de pouvoir. Souvent, nous nous mettons la pression pour choisir tout de suite ! Et à ce moment-là, vous avez peur. Respirez. Donnez-vous l'espace dont vous avez besoin pour revenir à cet état d'esprit : vous êtes un être puissant, fantastique. Ensuite, depuis cet endroit-là, vous pouvez décider.

Si vous pensez avoir le choix dans toutes les situations, vous pouvez transformer radicalement votre vie. Imaginez que vous ayez la possibilité de choisir de croire que des millions de personnes lisent vos livres. Ou qu'Amazon va sortir votre livre du *content review*[2] ou des oubliettes que constitue la section « romans érotiques », ou quel que soit l'obstacle que vous rencontrez. Si Facebook désactivait votre compte publicitaire, pensez-vous pouvoir choisir de le faire réactiver en toute facilité ? Pouvez-vous vous rendre dans le lieu énergétique où votre compte est déjà réactivé, et où de plus en plus de personnes cliquent sur le bouton « acheter » ? Ce lieu existe déjà, il n'attend plus que vous le choisissiez.

Tout est possible, si nous décidons d'y croire.

Il est crucial que vous vous souveniez que vous avez le choix. Vous avez peut-être vécu en mode automatique parce que vous étiez conditionnée à travailler dur, à avoir des attentes modestes, à ne pas accepter vos dons, et vous n'avez pas réalisé à quel point vous étiez profondément puissante. Maintenant, vous êtes au courant ! Vous pouvez tout changer !

D'une certaine manière, il semblerait que cette étape devrait être la première, et pourtant je l'ai placée en dernière position. Parfois, vous avez besoin de voir comment vous avez changé les choses, comment l'Univers répond à vos demandes. Manifestez vos désirs, pour croire que vous êtes le maître de votre propre univers. Si vous envisagez ces étapes non pas comme étant linéaires, mais comme un cercle que vous répétez sans cesse, alors vous verrez

---

2. NDLT : le *content review* ou révision de contenu chez Amazon peut prendre trois à dix jours, voire plus. Les délais varient selon le type de livre soumis. Il faut valider le formatage, le contenu et les droits d'édition.

qu'après avoir réellement terminé cette étape – s'honorer soi-même en ayant la croyance que vous êtes un être puissant qui a le choix et qui crée avec ses pensées, ses sentiments et son énergie – vous serez vraiment prête à soulever des montagnes. À changer le monde et à changer cette réalité tout entière simplement en réalisant vos rêves.

S'honorer soi-même, ça change tout

Dans cette étape, il s'agit d'apprendre à se *traiter soi-même* comme un écrivain millionnaire. Ce qui veut dire vous placer en haut de la liste. Vous donner la priorité. Nous sommes si nombreux à être tiraillés de toute part. Vous devez vous occuper de vos enfants, de vos parents vieillissants, vous avez peut-être un époux ou un conjoint, des animaux de compagnie. Si vous n'avez pas d'autre travail, vous êtes peut-être celle qui a un emploi du temps flexible dans le foyer. Donc les gens ne comprendront pas pourquoi vous ne pouvez pas tout laisser tomber dans la minute pour répondre à leurs besoins.

Cette étape pourrait ne pas vous sembler si importante. Qui se soucie de vos besoins ? Vous allez simplement continuer à travailler dur et à aller de l'avant. Une fois que vous serez riche, vous pourrez vous installer confortablement et profiter des fruits de votre labeur. Pas vrai ?

Faux.

Le fait de vous honorer vous-même est partie intégrante de l'abondance. Cela envoie un message puissant à l'Univers sur la façon dont vous méritez d'être traitée. Vous vous souvenez de ma visite à Miraval et de mon sentiment d'infériorité ? Lorsque vous ne priorisez pas votre temps, votre carrière et votre énergie, ce que vous dites à l'Univers, c'est que vous n'en valez pas la peine. Qu'il devrait débouler de nulle part et vous foutre la honte parce que vous n'avez pas garé votre voiture entre les lignes.

Ce que nous voulons, c'est que l'Univers sache comment nous désirons être traités – avec honneur et respect. *Comme une reine, nom d'un petit bonhomme !* Et c'est quelque chose que nous faisons en nous traitant nous-mêmes avec honneur et respect.

Ce qui implique le suivant :

•Fixez-vous des limites appropriées, et respectez votre temps pour écrire.

•Prenez soin de votre corps.

•Ne modifiez ni votre temps, ni votre emploi du temps pour les autres.

•Ne vous occupez pas des autres avant d'avoir pris soin de vous-même.

•Remarquez-le, quand vous faites passer les autres en premier.

Lorsque ma coautrice, Lee, a eu son deuxième bébé, elle était crevée, exténuée. Elle allaitait deux enfants, elle écrivait et faisait la promotion de ses propres livres, et n'avait pas eu une nuit de sommeil complète depuis des mois.

S'occuper d'enfants en bas âge, c'est intense. Il est extrêmement difficile de se faire passer en premier lorsqu'on a des bébés qui ne peuvent absolument rien faire par eux-mêmes, ne serait-ce que survivre. Lee avait à peine le temps et la concentration nécessaires à consacrer à ses livres et à sa carrière d'écrivain, et elle ne pouvait assurément pas donner la priorité à son corps, même s'il se plaignait à grand bruit.

C'est à peu près à la même époque où je m'étais engagée à exercer une activité sportive régulière, parce que c'était une nécessité absolue pour mon corps et ma santé mentale, pour m'aider à surmonter mon divorce. Après m'avoir vue me faire passer en premier, Lee a décidé de consacrer le mois qui a suivi à son propre bien-être. Elle l'a baptisé « Un mois pour moi ». Elle s'est réservé un massage et un soin du visage et s'est engagée à aller régulièrement à des cours de yoga. Elle a aussi demandé à l'Univers de l'aider à trouver un moyen de passer plus de temps avec son bébé tout en continuant à consacrer du temps à sa carrière.

Pendant ce mois-ci, elle s'est concentrée sur elle-même et sur son bien-être, et c'est là que la magie a opéré.

Elle a discuté avec son amie autrice, Stasia Black, au sujet d'une ancienne trilogie de *dark mafia romance* qu'elle avait écrite – les tout premiers livres qu'elle avait publiés. Stasia lui a proposé d'y jeter un œil dans l'idée de collaborer pour les réécrire et les recommercialiser.

Cette trilogie est devenue le *best-seller* de Lee. Stasia a fait le plus gros du travail en les restructurant, puis elles ont investi massivement dans les publicités Facebook – chose dont Stasia a, une fois de plus, pris l'initiative. La trilogie a fait un malheur. Un carton. Elles ont donc continué et écrit une seconde trilogie.

C'était le miracle que Lee avait demandé – du temps avec ses bébés tout en poursuivant sa carrière et en ayant du succès. En pensant d'abord à elle, elle a ouvert les portes à la réception. Ce n'était pas une chose qu'elle aurait pu prévoir, ni même qu'elle savait qu'il fallait demander.

Elle ne s'est pas opposée à l'énergie qu'elle voulait – elle n'a pas râlé et ne s'est pas plainte du fait qu'il était impossible d'être une jeune maman tout en poursuivant sa carrière. Elle n'a pas lutté contre sa situation. Cela l'aurait placée dans l'énergie du manque, ce qui, comme nous le savons, ne fait que créer encore plus de manque. Lee a demandé de l'aide et s'est fait passer en premier.

L'abondance a coulé à flots. Elle est arrivée rapidement,

facilement, depuis une direction totalement insoupçonnée ! Elle a passé le meilleur été de sa vie. Elle s'est mise en tête de sa liste de choses à faire, et n'a pas vraiment pensé aux affaires.

Comme nombre d'écrivains, j'avais un boulot lorsque j'ai commencé à écrire. J'avais aussi des enfants en bas âge. J'ai pris l'habitude d'écrire dans les moments intermédiaires. J'écrivais sur mon ordinateur portable pendant les trente minutes que durait le cours de natation. Sur mon téléphone au terrain de jeux. Au lit, la nuit, après que les enfants étaient couchés. Maintenant, dix ans plus tard, je me surprends encore à adapter mon emploi du temps à celui de mes enfants. Ils sont adolescents. Ils n'ont pas besoin que je m'impose cette gymnastique mentale, mais j'en ai fait une habitude. Au lieu de prioriser mon travail – une entreprise qui pèse plusieurs millions de dollars – je me préoccupe encore de conduire les enfants à l'école, d'aller les chercher, de les emmener au centre commercial ou chez Starbucks pour leur faire plaisir.

Bien entendu, j'aime beaucoup faire la plupart de ces choses-là, mais il me faut examiner tous mes engagements et m'assurer de les choisir activement et ne pas agir par défaut. M'assurer de ne pas agir en fonction d'un comportement acquis : celui de faire passer les besoins des autres avant les miens.

Je dois souvent me rappeler de prioriser mon écriture et ma carrière, car je ne suis pas la seule à être capable de flexibiliser mon emploi du temps.

Étude de cas : Rebecca Hefner/Ayla Asher – Il pleut des Bookbubs !

Rebecca Hefner écrit des romances paranormales et de science-fiction, aussi bien que de la romance contemporaine, sous le nom d'Ayla Asher. Avec ses deux noms de plume, elle a publié vingt-deux livres en trois ans et demi.

« Mon principal blocage lié à l'argent, c'était que je distribuais tout gratuitement – j'offrais des exemplaires dédicacés de mes livres au lieu de les vendre. »

C'est un blocage courant qui découle de la gentillesse et de la générosité. Mon ex-mari fonctionnait à partir de cet espace-là. Lorsque l'abondance lui parvenait, il s'empressait de la partager, ce qui veut dire qu'en général, elle ne restait pas longtemps dans les parages. Naturellement, nous avons envie d'être gentils et généreux, mais il nous faut aussi nous valoriser, ainsi que notre travail et notre temps.

L'une des choses qui ont permis à Rebecca d'atténuer son envie de donner ses livres a été de créer une boutique en ligne où les lecteurs pouvaient acheter directement des exemplaires dédicacés de ses livres. « La boutique a été très utile, parce qu'elle est un régulateur entre le lecteur et moi. »

Rebecca est administratrice d'un groupe Facebook pour écrivains qui souhaitent obtenir des informations sur la commercialisation des livres audio à grande échelle. Par l'intermédiaire de ce groupe, elle proposait des consultations individuelles gratuites. « Je suis ravie de faire ça – je veux aider tout le monde », explique-t-elle.

« Il y a quelques semaines, après une consultation avec une autre membre de notre groupe [des écrivains abondants], cette dernière m'a gentiment fait remarquer qu'elle observait chez moi quelques blocages liés à l'argent. » Rebecca s'est rendu compte que le fait de ne pas facturer pour son temps était une manière de se déshonorer, et que ça avait des conséquences sur l'abondance qu'elle recevait.

« J'ai toujours cru dur comme fer à la manifestation, à la méditation, à l'expression de la gratitude, au fait de poser des intentions, etc. Mais cette remarque a vraiment résonné en moi et m'a poussée à participer à votre réunion Zoom du mois dernier [à propos de l'abondance], au lieu de l'écouter le soir, comme je le fais d'habitude. »

Assister à la réunion lui a suffi. « Ça a été génial, et j'ai senti que les choses changeaient en moi. Je pense que le fait d'en prendre conscience a constitué une bonne étape de franchie. »

Après cette réunion, Rebecca a été acceptée non pas pour un, mais pour deux – un pour chaque nom de plume – *featured deals*, un chez Bookbub et un chez Chirp[1] dans la même semaine, **après avoir passé presque trois ans sans en obtenir un seul.** Elle nous raconte : « J'ai

---

1. NDLT : Chirp est un service de vente de livres audio à la carte. Comme Bookbub, il fonctionne avec des « offres en vedette » ou *featured deals*.

commencé à travailler là-dessus et **_voilà_**[2]**... Soudain, il pleuvait des Bookbubs !** »

« Ma première pensée a été : "Il y a un bug chez Bookbub ? Peut-être qu'ils m'envoient ces réponses positives par accident..." Mais je me suis rendu compte qu'il s'agissait probablement d'une manifestation du travail que j'avais effectué, dont une grande partie avait été générée grâce au groupe d'écrivains abondants. »

Pendant un moment, elle a commencé à se crisper, à se demander si elle devrait relire les livres qui avaient été acceptés, au cas où ils ne seraient pas assez bons, mais elle a continué à se débarrasser de ses blocages. « Je dois avoir confiance, penser que ça va fonctionner, et j'attirerai les bons lecteurs. »

---

2. NDLT : en français dans le texte.

Chapitre 19

Intégrez votre corps

Votre corps peut attirer l'abondance

Pouvez-vous croire que lorsqu'il s'agit d'attirer l'abondance ou de manifester ce que vous désirez, votre corps fait partie intégrante de votre équipe ?

Le truc, c'est que l'abondance ne profite pas réellement à nos êtres. Elle profite à nos corps. Indirectement, elle profite à nos esprits parce qu'elle élimine le stress de nombreuses situations, mais pour l'essentiel, le principal bénéficiaire de votre abondance sera votre corps. C'est votre corps qui recevra les bénéfices et la gloire de posséder des choses luxueuses. C'est votre corps qui profitera de conduire une belle voiture, de vivre dans un cadre plus confortable et de manger des aliments de meilleure qualité. Donc il est plutôt logique que votre corps soit inclus dans ce processus de création, n'est-ce pas ?

Certains d'entre vous savent déjà que je travaille sur le corps. En plus de plusieurs modalités énergétiques, j'ai suivi une formation en méthode Feldenkrais qui a duré quatre ans. C'est une thérapie somatique qui fait appel au système nerveux pour amener le corps à un meilleur alignement et à une plus grande aisance. L'une des choses que l'on m'a apprises pendant ma formation a été de ne PAS séparer le corps de l'esprit. Lorsque nous décrivons un mouvement ou un placement corporel, nous devons toujours dire « toi » et pas « ton corps ».

Néanmoins, ce n'est que lorsque j'ai commencé à traiter le corps et l'esprit comme deux entités énergétiques séparées que j'ai pu faire des progrès dans le travail avec mon corps. Vous avez déjà entendu parler de l'alimentation intuitive ? Eh bien, les messages peuvent vite devenir confus, si vous essayez de les écouter sans savoir qui vous écoutez. Par exemple, j'essayais de savoir de manière intuitive ce que je devais manger au petit-déjeuner. Le problème, c'était que mon cerveau voulait manger quelque chose de réconfortant (des céréales), tandis que mon corps me réclamait quelque chose de plus sain (un smoothie), et comme j'entendais mon corps et mon cerveau en même temps, je n'arrivais jamais à savoir lequel suivre. Comme j'avais les deux options, je n'avais aucun mal à me dissuader d'aller au plus sain, et j'allais vers l'option réconfortante. Dès que j'ai commencé à considérer mon corps comme une entité distincte, j'ai obtenu des réponses claires. J'ai aussi arrêté de brutaliser mon corps – enfin, c'est un travail de longue haleine, donc disons plutôt que j'ai progressé. J'ai commencé à le traiter avec plus de bienveillance, de respect et de tolérance, au lieu d'en attendre des miracles et de m'énerver quand il ne correspondait pas aux attentes que j'en avais.

Utiliser le corps pour manifester nos désirs

Lorsqu'il s'agit de manifester et de créer votre meilleure vie, le corps agit véritablement comme un guide ou un ange gardien. Vous savez probablement déjà que vous pouvez l'utiliser pour obtenir des informations sur des situations données – c'est ce que l'on appelle suivre son instinct – mais vous pouvez aussi ainsi attirer et recevoir l'abondance.

Le corps agira comme un aimant pour attirer ce que vous désirez. Comment ? Donnez-lui du travail. Intégrez-le à votre équipe. Écoutez-le. Et surtout... SOYEZ GENTILLE AVEC LUI.

Si vous ne faites pas attention à lui, si vous ne lui donnez pas ce dont il a besoin ou ce qu'il mérite, et si vous ne l'écoutez pas lorsqu'il vous parle, vous ne serez pas alignée avec lui, et la magie ne pourra pas opérer. Je sais que quand je malmène mon corps, que je le pousse à bout ou que je l'ignore, je finis par me sentir déconnectée de l'énergie source.

Si vous ne prenez pas l'habitude d'écouter les messages de votre corps, vous ne pourrez pas les utiliser pour affiner votre intuition. Il est votre premier canal intuitif. Si vous avez déconnecté votre corps de votre cerveau, vous risquez fort de passer à côté d'informations qui pourraient potentiellement faire prospérer votre activité d'écrivain.

Alors, mes chers écrivains stars du rock... Quels sont les moyens les plus simples pour utiliser la magie de votre corps ?

Exercice pratique

Demandez à votre corps ce qu'il veut manger avant votre prochain repas et faites confiance à ce qui vous vient à l'esprit. Si vous êtes au restaurant, essayez de poser d'abord la question à votre corps, puis de parcourir le menu des yeux pour voir par quoi votre regard est attiré en premier. Lorsque j'ai suivi cette méthode, les plats que j'ai fini par commander – de la nourriture qu'en temps normal, j'aurais écartée tout de suite, car elle ne faisait pas partie de mon régime alimentaire ou n'avait aucun intérêt à mes yeux – ont été si incroyablement délicieux qu'ils ont illuminé mon corps tout entier.

•Prenez le temps de bouger – une heure par jour, dans l'idéal. N'importe quel type de mouvement fera l'affaire – tout ce qui plaira à votre corps.

•Remarquez-le lorsqu'il proteste. Êtes-vous restée assise trop longtemps ? Vous avez envie d'uriner, mais vous avez beaucoup attendu ? Est-ce que vous avez soif ? Votre corps est là pour vous – il est temps que vous soyez là pour lui.

•Mettez-vous à l'écoute de votre corps et demandez-lui s'il a besoin de quelque chose en particulier (un massage, de l'acupuncture, une visite chez le médecin, une journée au spa...), puis prenez les dispositions nécessaires pour vous l'offrir.

•Mettez-vous à l'écoute de votre corps et demandez-lui où il a envie de travailler. Peut-être qu'un jour, il aura envie de travailler dehors. Un autre jour, dans un fauteuil confortable. Le lendemain, peut-être devant un magnifique paysage ou dans un café que vous adorez.

•Demandez à votre corps s'il aime l'espace que vous appelez « votre bureau ». Sinon, demandez-lui ce qui lui ferait plaisir. Peut-être qu'il a envie d'une nouvelle peinture ou d'une nouvelle disposition des meubles.

•Configurez votre bureau ou votre espace de travail de manière à en optimiser l'alignement et l'ergonomie. Achetez ce tabouret oscillant ou cette chaise ergonomique qui vous fait tant envie. Investissez dans un support pour votre ordinateur portable, de façon à ne pas trop regarder vers le bas et ne pas fatiguer votre cou. Utilisez une souris et un clavier sans fil. Écrire est votre métier, et si vous ne le pratiquez pas confortablement, votre écriture en pâtira.

•Consignez vos réflexions dans un journal : « Quelles sont toutes les façons dont je pourrais prendre soin de mon corps ? Quels mouvements plaisent à mon corps ? »

Le sexe crée l'abondance

Commeeeeent ? Je sais ce que vous pensez : Renee, là, tu exagères. On savait que tu étais une autrice sexy et intelligente, mais là, c'est vraiment trop.

Très bien, si vous êtes d'humeur bégueule, sautez ce passage.

Si vous pouvez tenir le coup, j'ai un autre potin pour vous.

Le sexe est créateur.

Réfléchissez-y – l'acte sexuel en lui-même a pour but de

concevoir. L'abondance est aussi source d'excitation sexuelle. Pourquoi croyez-vous que les *billionaire romances* se vendent aussi bien ? Ce n'est pas seulement grâce au pouvoir conféré par l'argent. L'argent est sexy à nos yeux.

C'est l'une de mes clientes qui m'a fait remarquer cela pour la première fois, en me racontant qu'elle avait dîné avec un autre couple. Elle m'a raconté que ce couple était excité par l'argent. Ils adoraient en parler à table, le brandir. C'était presque un fétiche.

J'avais déjà vu ça dans un documentaire sur la mode haut de gamme. La femme racontait que les couples venaient souvent dans les grands magasins de luxe pour y acheter des vêtements... *en guise de préliminaires*.

Hé, je plaide coupable : j'ai utilisé cette technique dans un roman d'amour... ou deux !

Si vous vous sentez d'humeur aventureuse, prenez un moment pour vous mettre à l'écoute de votre corps. Maintenant, imaginez que vous gagnez le gros lot. Remarquez l'endroit de votre corps où vous ressentez cette somme d'argent. Fermez les yeux et mettez-vous réellement à l'écoute.

Qu'avez-vous observé ? Une sensation de chaleur dans votre cœur ? Comme une plénitude dans votre poitrine ? Et un picotement entre vos jambes, peut-être ? Cette abondance vous a-t-elle un peu excitée ?

Dans notre société, la sexualité est taboue. Le fait même d'attirer l'attention sur le caractère sexuel de la créativité me semble tabou. Mais ce n'est pas mal. Nous avons juste été conditionnés à penser que c'était mal.

J'attire votre attention sur ce point uniquement au cas où vous vous priveriez de la possibilité de recevoir l'abondance parce que vous réprimez votre sexualité. Seriez-vous prête à laisser l'argent vous exciter ?

Et si le sexe était en réalité l'ingrédient magique dont

vous aviez besoin pour attirer l'argent ? Et devinez quoi... Nul besoin de partenaire pour le faire ! Pourquoi ne pas vous octroyer votre propre séance de masturbation à un million de dollars ? Vous seule savez à quoi vous aimeriez qu'elle ressemble, mais que se passerait-il si vous imaginiez le but de votre manifestation juste avant ou après avoir joui ? L'orgasme illumine tous les centres du plaisir de notre cerveau et inonde notre corps d'hormones du bien-être. Ainsi, vous mettriez en relation toute cette énergie du bien-être avec les idées et les images de votre création tant désirée.

Lorsque je pense à quelque chose que j'ai envie de manifester, je prête attention à mes émotions. Si je suis excitée, ça me prouve que ce que je manifeste est en train de se produire – j'en reçois déjà l'abondance. Si je ne suis pas excitée, je sais que je dois élever mes vibrations et l'attirer à moi. *Ça vous branche, une petite session de masturbation à un million de dollars ?*

Chapitre 20

Célébrer pour mieux créer

L'énergie de la gratitude est presque la même que celle de l'abondance, c'est la raison pour laquelle *toute manifestation comprend la gratitude.*

La plupart du temps, nous abordons la gratitude depuis la perspective du « je devrais ». Nous essayons de nous forcer à ressentir de la gratitude. Je pense que ça arrive lorsqu'on ne se reconnaît pas soi-même. Si vous avez du mal à vous apprécier à votre juste valeur, il peut être difficile de trouver d'autres raisons pour être reconnaissante, n'est-ce pas ?

Nous avons tous l'habitude de détourner nos propres victoires. J'ai transformé tellement de succès en échecs, en me susurrant à moi-même des choses comme : « Ce succès-là sur la liste de l'*USA Today* ne comptait pas parce que c'était avec un coffret », ou encore « Le revenu à sept chiffres en droits d'auteur de l'année dernière ne compte pas parce qu'il comprenait des romans coécrits ». Avant, j'avais cette conception complètement idiote : si j'avais fait de la promotion, le fait d'être bien placée dans les classements ne comptait pas. Comme si d'une manière ou d'une autre, je manipulais artificiellement le système, et que mon succès n'avait de valeur que si les gens trouvaient mystérieusement mes livres sans que je leur indique la direction ! Comme si la seule légitimité était le bouche-à-oreille, et que tout le reste était du chiqué !

Toutes ces façons de minimiser notre succès tuent la magie dans l'œuf. La magie opère lorsque nous disons à l'Univers : « YOUPI ! J'AI FAIT ÇA ! C'ÉTAIT INCROYABLE ! JE SUIS GÉNIALE ! J'ADORE RÉUSSIR ! » Cette énergie envoie le message à l'Univers que vous voulez continuer à réussir. Que vous adorez le succès, que vous vous épanouissez en sa présence, et que l'Univers est prié de vous en apporter une autre dose généreuse.

Plus vous célébrez vos victoires de tous les jours, comme écrire mille mots, trouver le prochain élément de votre intrigue, envoyer votre newsletter... plus les choses couleront de source. Congratulez-vous cent fois aujourd'hui et observez la façon dont vous commencez à tout créer avec une facilité déconcertante.

Faites-en votre nouvelle habitude, la plus importante. Reconnaissez vos satanés mérites, toute la journée, tous les jours ! Associez le fait de vous sentir bien à vos succès et à vos victoires. Ne vous contentez pas de simplement passer à l'objectif suivant sans réellement reconnaître à quel point le fait que vous ayez atteint votre objectif actuel est extraordinaire. Le fait de court-circuiter, de ne pas vous autoriser à recevoir pleinement le succès, envoie à l'Univers le message que vous n'en êtes toujours pas digne, et c'est exactement ce qui se manifestera.

N'ayez pas peur, ne croyez pas que le succès vous « montera à la tête » si vous fêtez vos victoires, et ne pensez pas que vous cesserez de progresser, ou que vous deviendrez paresseuse. Je suis fermement convaincue que ce sera l'inverse – vous vous débarrasserez de toutes les résistances qui vous empêchaient d'avancer, qui entravaient votre créativité et ralentissaient votre progression vers les objectifs que vous vous étiez fixés.

Souvent, nos victoires nous semblent décevantes, et c'est parce que sur un plan énergétique, nous devrions déjà avoir atteint cet objectif. Au moment où le succès pointe le bout de son nez, vous l'avez déjà vécu sur un plan énergétique, et vous voilà, déjà en train de zoomer sur la prochaine étape. Le fait de se précipiter sur l'objectif suivant permet trop facilement de sauter les célébrations, et pourtant c'est un élément si important quand on veut cultiver un état d'esprit abondant. Êtes-vous convaincue que votre succès est inévitable, et que le fait de faire une pause pour vous honorer, vous et vos réussites, créera réellement quelque chose de plus grandiose encore ? Valez-vous le temps et l'espace nécessaires à la célébration ?

Comment aimez-vous fêter vos succès ? Moi, j'oublie souvent de le faire. J'écris tellement de livres que lorsque j'en termine un, j'ai l'impression que c'est un jour comme un autre. Mais il est important de marquer ces réussites. L'autrice Jane Henry s'offre une nouvelle paire de chaussures à chaque fois qu'elle termine un livre. Vanessa Vale s'achète une nouvelle plante.

L'autrice Lisa Daily colle des stickers en forme de sacs de billets sur son calendrier de parutions, sur les jours de paie. Lorsqu'elle jette un œil à son agenda et qu'elle le voit recouvert de petits stickers verts, elle se sent abondante.

Récemment, deux de mes livres ont figuré sur la liste de l'*USA Today* dans la même semaine. Cela fait plus d'une douzaine de fois que ça arrive, il serait donc facile de laisser passer l'événement sans tambour ni trompette. Je ne le désire plus autant, je n'y vois plus la preuve que je suis à la hauteur ou que j'y suis arrivée. Bon, d'accord, peut-être encore un peu, mais j'essaie d'éliminer cette croyance !

Je sais que figurer sur la liste reste quelque chose de spécial, que c'est un événement qui mérite d'être célébré. J'ai toujours besoin de recevoir pleinement la splendeur de ce qui m'arrive dès que ça arrive pour affirmer que je veux plus de succès de ce genre. Que je veux plus de *best-sellers*. Je veux figurer sur plus de listes. J'en veux plus, plus, plus !

Alors quand Tess Summers, une autrice locale, m'a appelée pour me dire : « Tu es sur la liste ! Comment est-ce qu'on fête ça ? », je n'ai pas balayé sa proposition d'un revers de main. Nous avons organisé une fête, en nous retrouvant avec plusieurs autrices du coin dans un bar pour porter un toast à la joie.

Je devrais mentionner à quel point c'est génial d'appartenir à ce groupe d'autrices locales qui sont toujours prêtes à m'encourager. Écrire peut être une activité solitaire – faites en sorte de trouver une bande qui vous soutiendra et fêtera vos réussites avec vous. Si ce n'est pas encore le cas, posez cette intention, et ces amies se manifesteront.

Si vous faites partie d'un groupe de réflexion ou d'un groupe d'auteurs, quel qu'il soit, essayez de faire en sorte que le partage des réussites fasse partie de votre routine. Dans un groupe de réflexion d'écrivains à sept chiffres dont je fais partie, nous nous accordons un moment pour le faire au début de toutes les réunions, et ce moment ajoute à l'énergie positive et solidaire pour laquelle nous participons à ce groupe.

. . .

Écrivez votre réussite

Choses à célébrer et manières de le faire :

•Célébrez la quantité de mots que vous avez écrits. Que vous ayez écrit un mot ou dix mille, c'est toujours une avancée. Montrez-vous reconnaissante envers chaque mot que vous écrivez. Vous pouvez le célébrer tous les jours, toutes les semaines, tous les mois, ou les trois à la fois ! Quand elle atteint une certaine quantité de mots par mois, Tess Summers aime aller passer une journée au spa.

•Ouvrez une bouteille de champagne pour fêter votre nouvelle parution, qu'elle soit en tête des ventes ou non. Vous avez terminé et vous avez publié un livre ! Voilà une bien belle réussite. Il vous faut prendre conscience du fait que vous avez déjà accompli une chose dont la plupart des gens ne font que rêver.

•Essayez l'astuce de Lisa Daily qui consiste à coller des stickers en forme de sacs de billets chaque fois que vous êtes payée.

Les objectifs ambitieux

« Ouais ! » J'ai bondi sur mes pieds et j'ai levé les deux poings en l'air dans un élan de victoire, comme si j'assistais à un match et que mon équipe venait de marquer un point. Puis un moment de doute m'a envahie, je me suis rassise pour vérifier à nouveau mon écran, avant de bondir une deuxième fois pour célébrer à nouveau.

Ma famille s'est moquée de moi pendant que je faisais un tour d'honneur au trot autour de la table de la cuisine.

C'était un mercredi après-midi de 2016, et je venais d'utiliser la botte secrète : consulter les *best-sellers* de l'*USA Today* de la semaine précédente la veille de la publication de la liste.

Je figurais dessus.

C'était un rêve devenu réalité. Je sentais au plus

profond de moi que je le méritais, et aussi que j'en avais désespérément besoin. Voyez-vous, j'étais en quête de validation. J'avais besoin d'une récompense ou d'une médaille venant de l'extérieur pour confirmer que ce que je faisais – écrire des histoires d'amour *kinky* – était méritant. J'avais besoin de sentir que j'étais une *vraie* romancière. Plus tard dans l'après-midi, mon mari de l'époque m'a demandé : « C'est quoi la suite ? »

Je lui ai lancé un grand sourire. « La liste du *New York Times*. »

Il a secoué la tête. « Non, c'est pas à ça que je pensais. Je voulais dire : qu'est-ce qu'il te faut de plus pour sentir que tu y es arrivée ? »

Il avait raison. Être publiée n'était pas suffisant. Gagner assez d'argent pour payer mon prêt n'était pas suffisant. Je voulais la totale.

Et il n'y a rien de mal à cela. Comme dirait Abraham-Hicks, le gourou de la loi de l'attraction : « On ne se trompe jamais, et on n'accomplit jamais rien. » Nous sommes constamment à la recherche du prochain idéal – c'est dans notre nature. C'est là toute la joie de vivre et de créer, mais il est aussi important de célébrer véritablement ce que vous avez déjà accompli. Plus vous accepterez à quel point vous êtes déjà formidable – avec ou sans médaille – plus ces choses vous parviendront facilement.

Personnellement, croire que je ne suis pas à la hauteur est l'une de mes blessures fondamentales. Ainsi, figurer sur la liste de l'*USA Today* avec une anthologie n'était pas assez, même si c'est arrivé huit fois. Ensuite, je devais prouver que j'en étais capable avec un livre qui ne faisait partie d'aucune anthologie. Puis je devais prouver que je pouvais y arriver avec un livre à plein tarif – et non avec un livre vendu à 0,99 $. Bien entendu, la RWA ne vous reconnaîtra pas tant que vous n'aurez pas atteint le top 50 de la liste avec un livre qui ne fera pas partie d'une anthologie, donc je suppose que ça ne compte toujours pas, n'est-ce pas ?

C'est quoi, la suite ? Eh bien, la liste du *New York Times*. Oui. Mais en réalité, je suis à la hauteur aujourd'hui. *Vous* êtes à la hauteur aujourd'hui.

Il est tout à fait légitime – plus que légitime, *encouragé*, même – de vouloir atteindre absolument tous ces objectifs passionnants. Des contrats avec Netflix. Du succès sur TikTok. Les listes de *best-sellers*. Oui ! Demandez-le, croyez-y, recevez-le ! Tout ça à la fois. Mettez-le sur vos tableaux de rêves, posez vos intentions.

Mais l'une des astuces pour aligner votre énergie sur vos objectifs, c'est d'imaginer que vous les avez déjà atteints. Autrement dit, **que vous êtes déjà à la hauteur.**

Il y a peu, un jour que j'essayais d'intégrer une liste, je me suis affolée. J'avais une offre Bookbub, et mon livre était en vente à 0,99 $. J'avais décidé d'essayer de figurer sur la liste, et cela faisait quelques jours que je dépensais mille dollars par jour en publicités Facebook, mais les chiffres ne me semblaient pas assez bons pour y arriver (je visais un minimum de six mille ventes). Au milieu de la semaine, j'ai dû prendre une décision : continuer à dépenser ou battre en retraite.

Ma coach énergétique, Katherine McIntosh, m'a conseillé de demander à mon livre ce qu'il voulait. Lorsque je me suis mise à l'écoute de l'énergie du livre, je me suis rendu compte qu'il se moquait bien de figurer sur la liste des *best-sellers* ou non, mais par contre, ce qu'il *voulait*, c'était que je croie en lui. Autrement dit, il voulait que je le voie d'office comme un *best-seller*. Il voulait être à la hauteur. *Plus* qu'à la hauteur, même. Il voulait que je le voie au summum. J'ai eu l'intuition qu'il fallait réduire mes dépenses, sans pour autant abandonner mes rêves de figurer sur la liste. J'ai donc réduit mon budget publicitaire et j'ai diffusé l'énergie que mon livre était déjà un *best-seller* de la liste de l'*USA Today* ou qu'il méritait de l'être.

Aussi incroyable que ça puisse paraître, j'ai réussi à figurer sur la liste avec à peine plus de quatre mille ventes !

Grâce aux intrications quantiques. À la manifestation. Ou peut-être, si vous ne croyez pas à l'énergie, grâce à la chance pure et dure.

Je n'ai pas abandonné mon livre, mais je ne me suis pas non plus trop attachée aux résultats. En toute logique, il était complètement improbable que je puisse figurer sur la liste avec ces chiffres-là, mais j'ai réussi à m'y faufiler tant bien que mal !

C'est la magie de l'Univers qui a opéré.

Est-ce que je pense que vous devez figurer sur la liste de l'*USA Today* pour prouver que vous êtes à la hauteur ? Nan.

Vous. Êtes. À la hauteur.

Vous avez écrit un livre ! Est-ce que vous savez combien de personnes rêvent de le faire et n'y arrivent jamais ? Vous avez publié votre livre ! Si vous gagnez plus de cinq chiffres par an, vous faites déjà partie des dix pour cent des auteurs les plus riches !

Recevez l'énergie de toutes les consécrations que vous avez toujours rêvé de recevoir – la liste de l'*USA Today*, du *Publisher's Weekly*[1], du *Wall Street Journal*, du *New York Times*, le Vivian, l'Hugo[2], ou n'importe quel autre prix décerné pour votre genre de prédilection. Vous pouvez

---

1. NDLT : magazine étasunien ciblant les maisons d'édition, les bibliothèques, les librairies, les maisons de distribution et les agents littéraires. Il publie aussi une liste de best-sellers.
2. NDLT : prix littéraires étasuniens.

obtenir tout cela sur un plan énergétique. Fermez les yeux et demandez à ressentir cette énergie, voyez ce que vous ressentez. Moi, je dis quelque chose comme : « Univers, montre-moi l'énergie de mon livre quand il sera sur la liste du *New York Times* », et ensuite je ressens le sentiment de célébration et de gloire.

Si vous ne parlez pas en termes énergétiques, faites appel à votre imagination. Jouez à faire semblant. Faites comme si c'était déjà arrivé. Agissez comme si c'était déjà arrivé. Prenez des décisions en vous prenant pour un écrivain qui a déjà figuré sur la liste de *best-sellers* du *New York Times*, qui gagne déjà un million par an – ou plus encore, qui a atteint tous ses objectifs. Croyez que ces objectifs vous appartiennent.

Et souvenez-vous : lorsque vous voyez quelqu'un d'autre atteindre un objectif que vous chérissez ou que vous en entendez parler, dites : « Moi aussi, je veux ça », ressentez leur succès comme si c'était le vôtre au lieu de sombrer dans une énergie de jalousie, de manque ou de résistance.

Séance de méditation sur l'abondance : l'alignement énergétique

1. Fermez les yeux.
2. Percevez votre bulle d'énergie autour de vous, à environ un mètre dans toutes les directions.
3. À présent, agrandissez votre champ énergétique jusqu'à ce qu'il soit aussi grand que la pièce dans laquelle vous vous trouvez.
4. Élargissez-le jusqu'à ce qu'il soit aussi grand que votre pâté de maisons. Aussi grand que la ville. Aussi grand que l'État ou la province. Aussi grand que le pays dans lequel vous vous trouvez. Élargissez-le jusqu'à ce qu'il soit aussi grand que la Terre. Maintenant, aussi grand que la galaxie. Élargissez votre champ énergétique à des centaines de millions de kilomètres, et dans toutes les directions.
5. Ouvrez-vous à recevoir toutes les possibilités, tous les cadeaux de l'Univers. Invitez l'énergie d'un best-seller cité par l'*USA Today* pour le livre de votre choix. Si c'est un objectif que vous avez déjà atteint, invitez l'énergie du premier livre sur la liste, ou le fait d'y rester pendant vingt semaines, ou d'y avoir cinq livres qui y figurent en même

temps – tout ce que vous voulez, tant que ça vous fait plaisir !

6.Demandez à cette énergie d'entrer dans votre champ. Invitez-la dans votre corps, dans chaque cellule. Demandez-lui de se synchroniser avec votre champ énergétique. Cherchez tous les endroits où l'énergie ne se synchronise pas – tout ce qui n'autoriserait pas cette énergie à vous appartenir, et demandez-lui de s'harmoniser ou de partir.

Si vous visez déjà la liste pour un livre en particulier, demandez à ce dernier ce qu'il a besoin que vous fassiez, que ce soit sur le plan énergétique ou en pratique. Vous pouvez écrire librement dans votre journal pour vous assurer de bien saisir ce dont il a besoin.

Exercice d'écriture libre : puisez dans votre génie

- Dressez la liste de cinq victoires accomplies au cours de la semaine écoulée et que vous pouvez célébrer. Ces victoires peuvent être grandes ou petites. Plus vous les reconnaissez, plus les choses deviendront faciles pour vous. C'est un peu comme lubrifier les rouages de la réussite.
- Quels sont les objectifs et les succès que vous avez déjà atteints et obtenus et que vous pouvez honorer et célébrer dès à présent ?
- Comment comptez-vous vous récompenser après avoir atteint vos objectifs ?
- Comment pouvez-vous vous améliorer en tant qu'écrivain ?
- Quelle est la chose que vous avez créée au cours de l'année passée pour laquelle vous aimeriez vous montrer reconnaissante ?
- Qu'est-ce qui a été génial, incroyable, et à quoi avez-vous donné suite ?
- Qu'avez-vous ciblé, visé et concrétisé ?
- Quelle est la chose qui est apparue comme par magie et qui vous a surprise et ravie ?

Chapitre 21

Le drame est destructeur

S'honorer, c'est en partie se créer de l'espace. Vous ne pouvez pas créer si vous êtes encombrée par l'énergie des autres.

L'écriture peut être une entreprise solitaire et isolée, et nous sommes si nombreux à chercher à faire partie de la cybercommunauté des écrivains. La communauté des auteurs de romance, ou *romancelandia,* est particulièrement dynamique.

Elle peut être d'un grand soutien. Et elle peut aussi être fort toxique.

Il y aura toujours du drame. Le drame est addictif. C'est excitant. Pour nous, auteurs et autrices de fiction, c'est notre univers tout entier. Nous utilisons la tension et le drame pour raconter des histoires captivantes.

Mais le drame vous détournera aussi de votre futur. C'est une perte d'énergie, et un véritable gouffre. Il vous éloigne de ce qui est réellement important et vous place dans une vibration inférieure. Vous vous souvenez de mon histoire de clients volés ? J'étais prise dans son engrenage, je voulais courir partout et la raconter à tout le monde pour qu'ils adoptent mon point de vue, jusqu'au moment où j'ai entendu cette voix dans ma tête me dire : « Ne raconte plus jamais cette histoire. »

Le fait de plonger dans le drame et le traumatisme n'aide jamais à la créativité. Ce n'est pas un espace de gentillesse ou de tolérance, même si vous avez l'impression d'encourager l'opprimé.

Vérifiez votre niveau d'addiction au drame – le drame est-il toujours très présent dans votre réalité ? Êtes-vous sur la même fréquence vibratoire que lui, de sorte qu'il ne cesse de se manifester ? Lorsqu'il arrive un malheur, vous empressez-vous d'en parler sur les réseaux sociaux ? Êtes-vous attirée par les publications qui ont pour sujet le dernier drame en date ? Pensez à ce que tout cela crée. Le message que vous envoyez à l'Univers, c'est que vous avez envie de voir d'autres malheurs arriver. Vous mettez votre énergie et votre attention sur quelque chose qui va complètement vous épuiser.

Posez-vous la question : « Qu'est-ce que ça crée ? »

Si vous choisissez de publier des articles sur vos propres traumatismes ou de réagir aux derniers drames en date sur les réseaux sociaux, avant de cliquer sur « publier », vérifiez avec votre intuition. Posez-vous des questions comme : « Cette publication créera-t-elle du positif ? » ou : « Est-ce bienveillant ? Suis-je indulgente ? » Si la réponse est non, vous êtes sûrement en réaction ou en résistance à quelque chose, ce qui ne crée pas votre futur, mais peut au contraire le détruire. Si vous entendez un « non », supprimez votre publication. Même si vous pensez avoir « raison » ou avoir quelque chose à prouver, ou peut-être *surtout* parce que vous pensez avoir raison ou avoir quelque chose à prouver ; en général, rejoindre la mêlée ne crée pas quelque chose de plus grand dans votre vie. Ceci dit, c'est parfois le cas. Faites un examen d'intuition, et la bonne réponse s'imposera d'elle-même.

Plus vous ferez la sourde oreille aux drames qui se déroulent autour de vous, moins ils apparaîtront dans votre monde. En ce moment, je rate tous les drames des écrivains. Je ne sais jamais ce qui se passe, ni ce que signifient les vagues publications qui parlent de harcèlement, et ça me va très bien !

Les drames sont une perte de temps et d'énergie. Pensez à cela : la dernière fois que vous vous êtes laissé entraîner dans un drame, combien de temps cela a-t-il pris sur votre journée ? Qu'auriez-vous pu faire à la place ? Vous faire masser ? Finir votre chapitre ? Chercher une inspiration pour votre prochain *best-seller* ? Quel a été l'effet résiduel du temps que vous avez investi dans ce drame ? Avez-vous répété l'histoire à un ami, à votre conjoint ou à votre partenaire, au lieu de célébrer la réussite de votre travail d'écriture ? Pendant combien de temps ce drame s'est-il attardé dans votre champ énergétique ?

Lorsque vous ignorez les drames, vous gardez votre attention, votre temps et votre énergie focalisés sur ce que vous essayez de créer. Vous ne serez pas distraite par ce que font les autres. Vous vous comparerez moins et vous resterez fidèle à votre propre énergie, qui est le lieu puissant à partir duquel vous créez.

Lorsque vous célébrez vos réussites et minimisez les pertes (les problèmes, les drames, les injustices), vous obtenez davantage de bonnes choses, et au fond, c'est ça que vous voulez avoir dans votre vie.

La comparaisonite aiguë

« Personne ne peut vous faire vous sentir inférieur sans votre consentement. » – Eleanor Roosevelt

. . .

La jalousie est réellement un sentiment terrible, qui nous bloque totalement sur le plan énergétique. La meilleure approche pour y faire face est de l'utiliser comme outil qui vous montrera que vous en voulez plus dans tel ou tel domaine. **C'est quand vous vous faites petite que vous vous sentez menacée.**

Le livre d'un autre auteur est numéro un sur Amazon et vous ressentez une pointe de jalousie ? Voyez-y un message de l'Univers qui vous montre un potentiel inexploité en vous. Vous êtes en résistance face à quelque chose que vous désirez. Vous aussi, vous voulez être numéro un. Au lieu de poser votre intention et d'avoir confiance dans le fait que vous allez y arriver, vous vous mettez dans une posture de manque. « Cette personne-là a ce que je désire. »

Voici mon astuce de pro préférée, à utiliser chaque fois que vous remarquez qu'une autre personne vit ce que vous aimeriez vivre. C'est tout simple, vous n'avez qu'à dire à l'Univers : « Moi aussi, je veux ça, s'il te plaît. » ***Au lieu de repousser l'énergie du succès, ça l'attire.***

Lorsque vous voyez une publication sur le contrat à sept chiffres que quelqu'un a signé pour un film, dites à l'Univers : « Moi aussi j'en veux un ! » Lorsque vous constatez que la nouvelle parution de votre meilleure copine fonctionne mieux que la vôtre, célébrez cette victoire comme si c'était la vôtre. Ressentez réellement son succès comme si c'était le vôtre. Cela envoie à l'Univers le message que vous voulez plus de ÇA (même si ÇA n'est pas véritablement une victoire personnelle). Cela vous met dans une énergie de réception au lieu de bloquer votre abondance. Leur victoire est votre victoire. Tout est une question d'énergie. Vous pouvez recevoir cette énergie dès à présent. Cela vous permettra de la matérialiser physiquement dans votre vie.

En revanche, chaque fois que vous dites « Pourquoi pas moi ? » ou « Pourquoi son livre et pas le mien ? » et que vous vous laissez entraîner par la jalousie, vous renforcez le fait que vous ne l'avez pas. Que vous êtes dans une posture de manque. Je ne vais pas vous mentir : c'est une chose que j'ai ressentie un million de fois. Vraiment. Et ça m'arrive encore. Mais il me devient de plus en plus facile de choisir de célébrer les réussites de ceux qui m'entourent (que je les connaisse ou non) afin d'envoyer à l'Univers le message suivant : j'aime ce dénouement.

En 2012, lorsque j'ai commencé à publier, j'ai trouvé intéressant de voir à quel point les auteurs de romance s'agaçaient et critiquaient E.L. James et sa trilogie, *Cinquante Nuances de Grey*. De toute évidence, sa réussite fulgurante a réajusté les gens, et pas forcément dans le bon sens du terme. Il y a eu tant de débats sur les mérites de son écriture, sur l'histoire en elle-même et sur la représentation qu'elle faisait du BDSM. Il y a eu beaucoup de controverses, en particulier parmi les auteurs de romance *kink* (la niche dans laquelle je suis tombée).

Plutôt que de penser que *la marée montante soulève tous les bateaux* – et pour être honnête, je suis convaincue que *Cinquante Nuances de Grey* a *réellement* aidé à soulever tous les auteurs de *kink* – les gens étaient avides de trouver les failles de l'histoire. Il y avait de la jalousie à l'égard de son succès et une certaine amertume à l'idée qu'un tel succès ne soit pas tombé dans l'escarcelle de tout le monde. Mais en réalité, si nous avions tous exprimé notre *gratitude* envers James et *Cinquante Nuances de Grey* pour avoir ouvert la porte de la romance érotique à tant de lecteurs, nous aurions pavé énergétiquement notre chemin vers l'abondance.

J'ai vu une réaction similaire à l'égard de Brandon Sanderson, un auteur de science-fiction, et son projet sur Kickstarter[1] qui lui a rapporté cinquante millions de dollars. Il a prouvé que c'était possible, et certaines personnes se sont enthousiasmées, mais pour beaucoup d'autres, ça avait agi comme un déclencheur. On aurait presque dit que les gens étaient en colère face à son succès, c'était comme s'ils tapaient du pied en criant : « Et moi alors ? » Comme si ce succès les poussait à se sentir inférieurs et qu'ils devaient compenser cela en critiquant l'idée dans son ensemble.

La compétition est une énergie ancienne – une énergie au-delà de laquelle l'humanité est prête à évoluer. J'aime à penser qu'à l'origine, la comparaison était un outil de survie. Au temps des hommes des cavernes, nous devions absolument nous adapter et ressembler à tous les membres de nos tribus pour survivre. Nous nous comparions et nous imitions les autres pour ne pas être dévorés par les animaux sauvages et pour trouver de quoi manger à notre faim.

C'est cet instinct qui nous fait nous sentir troublées et en danger lorsque, dans notre esprit, nous ne sommes pas à la hauteur. Nous pensons devoir faire les choses de la même manière que les auteurs à succès, et nous sommes déçus si nous n'atteignons pas les mêmes objectifs que les leurs. En vérité, vous ne pouvez pas avoir le même succès qu'eux, ni le connaître, car ces auteurs se sont créé leur propre succès. Vous n'êtes pas venue sur Terre pour être quelqu'un d'autre, pour vivre la vie de quelqu'un d'autre, pour écrire les histoires de quelqu'un d'autre. Vous êtes un être unique. Vos livres sont des créations uniques. Vous aurez du succès

---

1. NDLT : entreprise étasunienne de financement participatif.

Écrivez votre réussite

à votre manière, et en vous comparant aux autres, vous ne faites que bloquer ce chemin. C'est en étant un maximum VOUS-MÊME que vous exploiterez votre potentiel.

Avant, quand je me rendais aux séances de dédicaces, j'étais une vraie boule de nerfs. J'étais convaincue que je m'y prenais mal. Tout le monde s'en sortait mieux que moi. Il y avait un secret ou une formule que je ne connaissais pas encore, et une fois que je l'aurais découvert, tout deviendrait beaucoup plus facile pour moi.

Ma coautrice Lee Savino m'a aidée à comprendre que la seule formule secrète qui existait, c'était d'être moi-même, tout simplement. Que je devais me rendre aux séances de dédicaces en étant « la Renee la plus Renee qui ait jamais existé ». Cet état d'esprit m'a procuré tellement plus de liberté. J'ai réussi à me détendre et à laisser l'Univers me faciliter la vie au lieu d'essayer de tout contrôler et de juger mes faits et gestes en permanence.

Dans tous les domaines où vous pensez avoir besoin de vous comparer à quelqu'un d'autre pour faire les choses correctement, seriez-vous prête à laisser tomber cet instinct et à faire exploser votre propre magie ? D'aviver votre propre lumière ? D'être davantage vous-même ? Vous allez y arriver. Vous aurez le même succès qu'eux, mais ce sera à votre manière, parce que vous êtes unique au monde. Fiez-vous à cela. Utilisez l'énergie de la réussite des autres comme catalyseur de votre curiosité. Essayez de poser à votre corps des questions telles que : « Comment aimerais tu connaître le succès ? Qu'est-ce qui est une réussite, à tes yeux ? » Au lieu de vous concentrer sur la façon dont les réussites des autres se manifestent, alignez-vous sur ce à quoi ressemble le succès et sur ce que vous ressentez en votre intérieur.

Regardons nos merveilleux amis écrivains figurer sur la

liste du *New York Times* ou sur le top 25 d'Amazon et disons : « Ça, je prends. Merci, Univers, de me prouver que c'est possible ! » Lorsqu'une amie autrice reçoit un Bookbub, fêtez ça avec elle ! Ensuite, après avoir reçu l'énergie du succès dans votre champ énergétique, posez cette question à votre corps : « Quel succès as-tu envie de connaître, maintenant ? »

Êtes-vous prête et disposée à laisser la compétition derrière vous ? En réalité, dès qu'un auteur connaît le succès, nous en profitons tous. Il est inutile d'être en compétition les uns avec les autres.

Êtes-vous prête à accueillir tout le succès que vous êtes capable de manifester ? C'est là, la partie la plus délicate. Souvent, nous voulons avoir énormément de succès, et quelque part en toile de fond, nous avons une croyance qui nous empêche de concrétiser cet objectif. Alors, si vous commencez à profiter de l'énergie des réussites des autres et à en recevoir un peu, soyez attentive. Si vous êtes mise au défi, penchez-vous sur ce qui vous bloque. Ayez le courage de révéler ce qui vous arrête.

Récemment, une amie m'a appelée pour me raconter que son mari venait de gagner 200 000 $ en bitcoins en une semaine ! Un peu plus tard, je me suis rendu compte que je n'avais pas éprouvé ni jalousie, ni désarroi, ni peur de rater quelque chose, même pas pendant une seconde. Quand j'ai raccroché, j'étais en pleine forme, comme si c'était moi qui avais gagné cet argent. Parce que je ressentais sincèrement que sa réussite était la mienne ! J'ai décidé d'investir un peu tant que j'avais l'impression d'avoir obtenu le même succès qu'eux, pour surfer sur cette vague. Lorsque j'aurai gagné mes 200 000 $, je vous le raconterai.

Exercice pratique

1. Identifiez quelques auteurs qui cartonnent de différentes manières, et demandez à goûter à l'énergie de leur succès, en faisant passer le message à l'Univers que vous aussi, vous en voulez.

2. À présent, pensez à des personnes qui peuvent parfois déclencher des choses en vous – en général, c'est quelqu'un avec qui vous êtes au coude-à-coude en matière de succès. Souvent, c'est une amie. Parfois, c'est votre meilleure ennemie. Ressentez sincèrement que toutes ses victoires sont les vôtres. Invitez son succès à se joindre au vôtre. Votre succès accompagné de son succès. Soutenez-la sincèrement et observez le soutien qui vous est apporté en retour.

* Note à part : parfois, il arrive que les gens qui nous voient comme des concurrents soient ceux qui déclenchent le plus de choses en nous. C'est leurs affaires, pas les vôtres. Quelquefois, le simple fait de réaliser que ce n'est pas à vous de le régler vous aide à rester loin de leurs vibrations pour ne pas les imiter ou les suivre, mais parfois, il vous faut couper les ponts et trouver des amis qui vous soutiendront davantage. Détourner votre attention des relations qui ne vous apportent pas grand-chose demande beaucoup de travail. Il vous faut déplacer votre attention et votre conscience vers les expériences et les relations qui créent quelque chose de plus grand, car ce faisant, les personnes et les relations qui vous traînent hors de votre pouvoir disparaîtront. Ne craignez rien et observez ce qui s'écoule désormais, dans cet espace nouveau que l'énergie que vous consacriez à ces relations occupait, jadis.

Chapitre 22

Arrêtez de vous juger et de juger vos livres

Vous êtes déjà parfaite. Si vous avez choisi ce livre parce que vous pensez que quelque chose ne tourne pas rond chez vous, laissez-moi vous rassurer tout de suite. Vous avez déjà en main toutes les cartes dont vous avez besoin. Ne vous jugez pas.

Le jugement est omniprésent, et personne ne vous jugera plus sévèrement que vous-même. Changer cette habitude marquera une énorme différence dans votre réalité économique, parce que ça enverra à l'Univers le message que vous n'êtes pas un gros tas de boue (chose que vous avez peut-être déjà projetée) et que vous méritez toute l'abondance et le succès du monde, et de voir tous vos rêves se réaliser.

Lorsque vous jugez vos livres, vous ne faites pas confiance à votre instinct et vous réduisez le champ des possibles. Vous ne pouvez ni voir ce qui doit être fait, ni être objective.

Récemment, j'ai récupéré les droits d'une série que j'ai écrite en 2015. À l'époque, je l'avais adorée, mais j'ai manifestement beaucoup évolué dans mon écriture pendant les années qui ont suivi. En relisant les livres, j'ai grimacé devant mon ancien style et le fait que les livres étaient plus érotiques que romantiques.

En sachant que ce n'était pas une bonne énergie pour les rééditer, je me suis efforcée de me débarrasser du jugement que je portais sur mes livres, afin de voir ce qu'ils exigeaient. J'ai demandé à Vanessa Vale, l'une de mes coautrices, de me donner un avis objectif sur la quantité de travail que je devais consacrer à la réécriture de mes livres avant de les rééditer.

Ça n'a pas été facile. Il est bien plus facile de juger ses livres que de les célébrer, mais à présent, j'ai un plan pour les revisiter – et ce plan n'inclut pas de les cacher dans une boîte sous mon lit ! Maintenant, je les réécris avec beaucoup de joie et d'amour. Prenez la rénovation d'une maison, par exemple. Lorsque vous avez acheté ou construit votre maison, vous l'aimiez. Le temps a passé, et vos goûts ont changé. Rénover, changer, agrandir... Tout cela fait partie de la vie. Il est bien plus puissant de se concentrer sur la beauté que vous créez que sur l'énergie du passé.

Je l'ai déjà dit, mais je ne le répéterai jamais assez : c'est *vous* qui avez les réponses.

Arrêtez de vous donner tort à vous-même et de donner raison au reste du monde.

Ou vice versa. Dans les deux cas, votre énergie est en résistance face à quelque chose. Vous n'avez pas à justifier vos choix. Ce sont vos choix, tout simplement. Vous pouvez ne pas aimer le choix de quelqu'un d'autre, et ça ne fait rien si vous choisissez quelque chose de différent. Vous n'avez pas besoin d'invalider le choix de quelqu'un d'autre pour pouvoir choisir autre chose.

Cessez de chercher toutes les réponses hors de vous-même. Soyez ouverte à l'idée que vos réponses arrivent d'elles-mêmes. Oui, elles peuvent très bien venir à vous à travers l'opinion d'un expert, ou d'un enseignement sur un certain sujet, par quelque chose que vous voyez et qui vous inspire, mais en fin de compte, c'est vous qui savez si leur méthode fonctionnera pour vous ou non, ou comment vous comptez l'utiliser. Si ça vous enthousiasme, vous le saurez. Si vous le ressentez comme quelque chose de facile et d'amusant. Si la mise en œuvre se fait en douceur.

Si vous vous cassez la tête à tenter de maîtriser quelque chose exactement comme quelqu'un vous a dit de le faire, faites une pause et prenez un moment pour vous demander ce que vous savez réellement à propos de _____ (réaliser des vidéos TikTok, écrire des textes publicitaires, choisir des couvertures, traduire des livres). Ne vous contentez pas de la « meilleure façon de procéder » telle que vous l'avez *décidée* . Il vous faut rester ouverte, vous remettre en question, et suivre les six premières étapes de ce livre afin de pouvoir réellement vous engager dans la magie de l'Univers pour créer des choses avec facilité et fluidité.

Exercice pratique

Commencez à prêter attention à tous les domaines où vous vous jugez, ou les endroits où vous ne vous faites pas confiance. Remplacez tous les jugements par des questions – mais pas des questions qui commencent par « pourquoi » ! Posez-vous ces questions et soyez ouverte à la réponse qui viendra au moment parfait, ou essayez d'écrire librement à ce sujet, de préférence le matin à la première heure, lorsque votre subconscient est ouvert, pour permettre à l'Univers d'intervenir et de venir vous aider. Par exemple, au lieu de dire « Je suis tellement lente, je n'arrive pas à écrire plus de 500 mots à l'heure », transformez cette phrase en question :

- Ô, mon corps, est-ce que je me sentirais mieux si j'écrivais plus vite ?
- Comment pourrais-je écrire plus rapidement en toute simplicité ?
- Comment pourrais-je prendre plus de plaisir à écrire ma quantité de mots ?
- Comment puis-je célébrer les mots que j'ai déjà écrits sur ma page ?

Au lieu de « Pourquoi est-ce que je n'arrive pas à

augmenter assez mes droits d'auteur pour pouvoir quitter mon boulot ? », essayez plutôt de vous poser ces questions :

•Qu'est-ce que je peux faire ou être pour gagner assez d'argent pour pouvoir écrire à temps plein ?

•Qu'est-ce que je *refuse* de faire ou d'être pour gagner assez d'argent pour pouvoir écrire à temps plein ? Cette question peut mettre au jour certains blocages, des résistances ou des arrière-pensées cachées dont vous pourriez souffrir.

•Que faudrait-il pour que mes livres me rapportent assez d'argent pour que je puisse quitter mon emploi ? Univers, montre-moi.

Au lieu de « Mes parutions ne me rapportent jamais rien », essayez de poser des questions comme :

•Que dois-je faire pour que ce lancement soit le meilleur possible ?

•De quoi mon lancement a-t-il besoin pour atteindre tel ou tel objectif ?

•De quelle énergie ai-je besoin pour que ce livre ait le meilleur lancement possible ?

Vous remarquerez que j'ai dit *possible,* parce que nous voulons que nos livres aient toujours la possibilité de continuer à se développer. Et bien sûr, je tiens aussi à souligner que la croissance n'est pas un processus linéaire. Certains livres marchent mieux que d'autres, et les autres ont toujours leur place dans votre catalogue dans son ensemble !

Exercice d'écriture libre : puisez dans votre génie

Écrivez librement sur les questions suivantes :
- Dans quel domaine (et quand et avec qui) est-ce que vous ne vous honorez pas, vous ou votre temps ?
- Dans quel domaine (et quand) est-ce que vous vous jugez, vous êtes dure avec vous-même, ou vous ne vous valorisez pas ?
- Dans quel domaine (et à propos de quoi) est-ce que vous vous imposez des attentes élevées qui sont impossibles à satisfaire ou que vous ne comptiez de toute façon pas satisfaire ?
- À quel moment vous êtes-vous obligée à répondre à des exigences linéaires ou vous êtes-vous comportée d'une certaine manière pour atteindre vos objectifs ? Pourriez-vous atteindre vos objectifs d'une façon nouvelle et différente ?
- Y a-t-il quelque chose dont vous avez honte ? Seriez-vous prête à vous débarrasser du jugement autour de cette chose-là ?
- Dans quel domaine est-ce que vous doutez de vos

propres connaissances et où vous essayez de suivre les avis d'experts ?

•Dans quel domaine essayez-vous de changer au lieu de reconnaître à quel point vous êtes déjà formidable ?

•Dans quel domaine résistez-vous à votre propre grandeur ?

Chapitre 23

Soyez indulgente avec vous-même

Regardons les choses en face : la personne la plus cruelle avec vous, ce n'est autre que vous-même. Parleriez-vous à une amie comme vous vous parlez à vous-même ? Auriez-vous les mêmes attentes à son égard ?

L'année où mon père est mort et où j'ai demandé le divorce, j'ai gardé les mêmes attentes : doubler mon chiffre d'affaires. Sans surprise, ma courbe de revenus n'a presque pas bougé. J'ai passé l'année à avoir l'impression de faire du surplace et à être déçue de n'avoir pas réussi à doubler mes revenus comme je l'avais espéré. Mais en arrivant à la fin de l'année, je me suis enfin accordé un peu de répit.

J'ai reconnu que j'avais vécu beaucoup d'épreuves, et que le simple fait de maintenir mon niveau de revenus annuels était un exploit en soi. Lorsque j'entends mes amies se torturer parce qu'elles n'arrivent pas à écrire après la mort d'un parent, ou pendant une grossesse ou un divorce, je leur rappelle que ça fait beaucoup. Le simple fait d'être là et de tenir le coup toute la journée est déjà extraordinaire en soi.

En vérité, plus vous prenez soin de vous dans ces

moments difficiles, moins vous aurez de mal à rebondir une fois que vous aurez retrouvé votre énergie et votre concentration. Et peut-être que, comme Lee a pris soin d'elle à la naissance de son deuxième bébé, vous invoquerez votre meilleure année si vous permettez à l'Univers d'y contribuer.

Lorsque je me suis séparée de mon mari, je n'arrivais pas à arrêter de pleurer. J'ai pris un rendez-vous Zoom avec Katherine McIntosh, ma coach énergétique, et je lui ai demandé pardon, parce que j'étais incapable de m'arrêter assez longtemps pour pouvoir me ressaisir et lui dire ce qui se passait. Elle m'a posé la question suivante : « De combien de temps est-ce que tu as besoin pour pleurer ? Cinq jours ? Cinq semaines ? Cinq mois ? »

Mon instinct m'a soufflé qu'il me faudrait une semaine. Elle m'a dit de me donner la permission de pleurer pendant une semaine. De me laisser aller, de tout évacuer sans rien juger.

Son conseil m'a semblé radical. Je ne devais ni me ressaisir ni essayer de faire comme si tout était normal ? Je ne devais pas ravaler mes larmes ?

J'ai suivi son conseil et je me suis laissée aller à pleurer. Je me suis aussi autorisée à vivre l'angoisse d'être seule pour la toute première fois de ma vie. Dès que je ressentais de l'anxiété, je m'asseyais, je posais ma main sur ma poitrine et je l'accueillais dans son intégralité. Au lieu de résister et de lutter contre l'anxiété, je lui ai permis de s'exprimer. Étonnamment, c'est à ce moment-là que j'ai découvert que l'anxiété disparaissait souvent en moins de trente minutes, alors que dans le passé, elle m'aurait tourmentée pendant des mois.

Les pleurs ont duré cinq jours. C'est tout.

Parce que je me suis autorisée à traverser mes émotions

sans les juger ni y résister, elles n'étaient plus tapies en moi, elles n'occupaient plus aucun espace mental, elles n'affectaient plus mon système nerveux et ne sapaient plus mon bien-être. Je n'ai pas résisté à la douleur et au chagrin qui voulaient s'évacuer de mon corps. Je les ai laissés s'écouler sans les filtrer ni les juger.

En m'autorisant à pleurer pendant cinq jours sans rien m'imposer d'autre, j'ai surmonté le traumatisme assez rapidement. Après coup, je me suis sentie fatiguée et un peu vidée, mais beaucoup, beaucoup plus claire dans ma tête.

Avant cet épisode, mon premier instinct aurait été d'essayer de contrôler mes larmes. J'aurais eu peur de « m'apitoyer sur mon sort » ou de devenir dépressive. Je me serais battue ou j'aurais essayé de résoudre le problème. Quand ma mère est décédée, j'ai eu tellement peur de m'apitoyer sur mon sort que même des mois plus tard, le chagrin était encore coincé dans ma gorge. Ma guérisseuse quantique, Simone Gers, m'a dit d'aller de l'avant et de l'exprimer. Elle m'a expliqué que mes pleurs ne constituaient pas un échec dans ma tentative de garder le contrôle, mais plutôt un hommage à ma mère.

Lorsque nous nous accordons du répit, lorsque nous sommes douces, gentilles et bienveillantes avec nous-mêmes pendant les moments où nous pensons ne pas être à la hauteur, il est beaucoup plus simple de passer au travers des moments difficiles et de remonter la pente. Et pas seulement de remonter la pente, mais de faire un grand bond en avant.

Si vous ne vous sentez pas accomplie, regardez ce que vous avez bel et bien *fait*, au lieu de ce que vous n'avez pas fait. Vous n'avez pas pu écrire tous vos mots parce que vous avez dû amener votre animal de compagnie en urgence chez le vétérinaire et vous avez passé la journée là-bas ? Reconnaissez le fait que vous êtes une maman d'animal attentionnée et que vous avez fait passer la prise en charge d'un membre aimé de la famille en premier.

Profitez des victoires, même les plus petites.

Vous avez passé toute la journée à faire des courses au lieu de rester assise devant votre bureau ? Essayez d'écrire ne serait-ce que pendant quinze minutes, puis félicitez-vous d'avoir travaillé. Vous avez avancé. Reconnaissez ce que vous avez fait.

Je connais tellement d'auteurs qui ont lutté pendant la pandémie. Nous autres, auteurs, qui aimons tellement profiter de la tranquillité de notre foyer, avons été assez perturbés par le fait d'avoir des enfants ou un conjoint à la maison. Voici l'exemple parfait d'une période où il faut réduire ses attentes. S'attendre à fonctionner à plein régime ne serait pas bienveillant de notre part.

Un conseil pour s'octroyer de la latitude et de la compréhension quand on ne fonctionne pas à plein régime est de se poser la question suivante : « Qu'est-ce que je dirais à un ami qui vivrait cette situation ? » Puis de se retourner le conseil.

Honorez votre temps – engagez de l'aide !

J'ai vraiment énormément de mal avec ça. Ma lignée familiale m'a inculqué la valeur du travail acharné et sans relâche. Aujourd'hui encore, je me sens coupable de lire un roman pour le plaisir parce que j'ai l'impression qu'à la place, je devrais plutôt écrire mes propres livres.

Je me refuse à engager l'aide dont j'ai besoin jusqu'à ce que les choses dépassent largement le niveau critique.

Écrivez votre réussite

Voici quelques-unes de mes croyances limitantes à ce sujet :

- Il me faudrait autant de temps pour expliquer à quelqu'un d'autre comment effectuer cette tâche que si je le faisais moi-même. Dans l'immédiat, c'est peut-être vrai, mais c'est une vision à très court terme. Une fois que la personne saura comment faire, je n'aurai plus jamais à le faire, ni à le lui expliquer.

- Je peux le faire moi-même.
- Je n'ai pas peur de travailler dur.
- Je sais mieux le faire.
- Je n'ai pas le temps de gérer quelqu'un d'autre.
- Je risque d'engager quelqu'un et de ne pas avoir assez de travail à lui proposer.
- Je pourrais très bien embaucher une personne, mais si mes droits d'auteur se tarissent, je ne pourrai plus la payer.
- Il se peut que je me voie dans l'obligation de virer quelqu'un, et je n'aime pas le conflit.

En dessous de tout cela repose cette blessure fondamentale qui est la mienne : je ne suis pas à la hauteur. Je ne suis pas digne d'embaucher des gens. Là-dedans, on retrouve aussi la blessure liée à l'argent. Je ne m'identifie pas à la patronne qui assure, je m'identifie à l'abeille ouvrière.

N'est-ce pas complètement stupide ? Je gagne des revenus annuels à sept chiffres – on pourrait penser que j'accorde assez de valeur à mon temps et à moi-même pour m'honorer en embauchant quelqu'un pour m'aider.

En conclusion : vous méritez de recevoir de l'aide. Vous en valez la peine. Votre temps vaut la peine d'être honoré. Votre santé mentale est beaucoup plus importante que de tout faire. Faites-vous aider.

S'il vous plaît, relisez cette phrase :

Faites-vous aider dans tous les domaines où vous en aurez besoin.

Ne sautez pas ce passage parce que vous pensez que vous n'en avez pas les moyens, ou que vous n'en êtes pas encore arrivée là.

L'aide, ça peut être juste d'embaucher une baby-sitter pour quelques heures, afin de pouvoir recharger vos batteries créatives en vous accordant un moment de détente. Ça peut prendre la forme d'une personne qui vient faire le ménage chez vous. D'un nettoyage ponctuel du jardin avec une entreprise paysagiste. Ça peut vouloir dire externaliser une mission de marketing à un sous-traitant. Existe-t-il un aspect de votre carrière d'écrivain qui ne vous plaît pas ? Faites-vous aider – s'il vous plaît. Il existe peut-être une personne qui adore le faire ! Peut-être quelqu'un dans votre communauté d'écrivains qui adore faire ce qui vous déplait mais déteste faire quelque chose qui vous plaît. Échangez. Ce n'est pas simplement une question de gagner du temps – le fait de vous honorer vous-même vous en apportera tellement plus. Faire des choses que vous détestez est une véritable perte d'énergie. Le fait de prendre soin de vous vous donnera davantage d'énergie pour mieux vous concentrer sur les aspects de votre carrière que vous adorez, comme l'écriture.

Et cela n'implique pas forcément de s'engager sur le long terme avec un employé.

Vous pouvez vous délester d'une tâche simple – la communication sur les réseaux sociaux. Ou les newsletters.

Ou les publicités. La personne ne doit pas nécessairement se trouver dans le même état que vous, ni dans le même pays. Vous pouvez trouver quelqu'un pour pas cher sur Upwork ou Fiverr. Au moment même où j'écris ce livre, il existe un groupe Facebook[1] qui met en relation des écrivains et des assistants personnels.

Je vous recommande aussi vivement le livre de Tim Ferriss, *La semaine de 4 heures,* qui vous donnera des idées sur la manière d'utiliser un assistant virtuel et vous soufflera l'inspiration nécessaire pour sortir de l'impasse de l'autoentrepreneur.

Pour moi qui cherche toujours à faire plaisir à tout le monde, ça m'a pris un bon moment avant de comprendre que la personne que j'embauchais était là pour m'aider, et non pas le contraire. Lorsque je réfléchissais à la personne que je devrais engager, je me demandais : « Qui a besoin d'un revenu supplémentaire ? » ou « Qui pourrais-je aider en lui proposant ce travail ? » au lieu de penser à trouver la personne qui me conviendrait le mieux.

Mes premières tentatives d'embauche n'ont pas été formidables. J'ai laissé mes premiers traducteurs me marcher sur les pieds et se disputer avec les éditeurs. C'était absurde. Je me suis aussi littéralement arraché les cheveux pour ma première assistante, à essayer de lui trouver des tâches qui lui plairaient, plutôt que des tâches sur lesquelles j'avais le plus besoin d'aide. J'étais très réticente à être la patronne qui assure, même à être la patronne tout court. Je crois que j'essayais de montrer à quel point j'étais une patronne cool.

Au début, ça a mieux marché lorsque j'ai embauché des

---

[1]. NDA : groupe Facebook anglophone (Author PA Meet & Greet : https://www.facebook.com/groups/628826870633445).

personnes qui savaient déjà comment faire certaines tâches pour les écrivains, comme un conseiller en marketing, quelqu'un qui s'occupait de l'aspect graphique et de mes publications sur les réseaux sociaux, quelqu'un qui préparait mes newsletters et quelqu'un qui m'aidait à gérer ma communication sur TikTok.

Si vous rechignez à vous faire aider, posez-vous la question suivante : « Si j'embauchais quelqu'un, en quoi ça me libérerait ? » ou « Qu'est-ce que je perds à ne pas engager quelqu'un ? » (de l'argent, du temps pour ce que vous aimez faire, de la santé mentale). Lorsque vous considérerez les choses sous cet angle, vous vous rendrez compte qu'il est insensé de ne pas se faire aider.

Un autre moyen de repenser cette situation est de calculer votre taux horaire (ou votre taux horaire potentiel) et de le comparer à ce qu'il vous en coûterait de :

- Faire nettoyer votre maison deux fois par mois.
- Faire appel à quelqu'un pour publier vos créations graphiques et gérer vos réseaux sociaux.
- Demander à quelqu'un de préparer vos newsletters et organiser des échanges de newsletters avec d'autres auteurs.
- Faire appel à quelqu'un pour mettre vos livres en page.
- Obtenir de l'aide pour tenir votre comptabilité.
- Gérer votre calendrier.
- Gérer Goodreads[2].
- Gérer les concours et les soirées Facebook.
- Préparer des cadeaux pour les gagnants.
- Préparer des publications croisées sur Facebook et Goodreads.
- Réaliser des vidéos TikTok et Instagram à votre place.

---

2. NDLT : site anglophone de recommandations de livres.

Écrivez votre réussite

•Mettre à jour votre site Internet avec vos nouveaux livres et des contenus bonus.

Demandez-vous si l'obsession de tout faire est liée à votre identité. Vous êtes fière de vous occuper des tâches ménagères ou d'être capable de faire tout cela. Vous ne voulez pas vous défaire de votre ancienne image de vous-même. Pour ma part, j'ai eu énormément de mal à abandonner mon rôle dans l'association des parents d'élèves. Je l'avais endossé avec une telle fermeté... Avant que mes enfants n'aillent à l'école, un autre parent m'avait vendu avec force l'idée d'être la maman toujours présente sur le campus. Les instituteurs s'occupent davantage de vos enfants, et les autres parents vous racontent tout ce qui a pu leur arriver dans la journée. Je voulais que mes enfants aient l'impression que l'école était quelque chose d'amusant et que j'en faisais partie.

Mais est arrivé un moment où je le faisais plus par culpabilité et parce que le poids des responsabilités pesait plus lourd dans la balance. J'avais comme l'impression que si je ne le faisais pas, personne d'autre ne le ferait. Mes enfants grandissaient et se moquaient de savoir si j'étais à l'école ou non. J'avais besoin de me débarrasser de cette ancienne identité et d'endosser celle de l'écrivain million-naire. L'effritement de l'ancienne identité et l'entrée dans la nouvelle n'ont pas été sans douleur. J'ai vraiment aimé être une maman de l'association de parents d'élèves tant que ça a duré. Mais je vous jure que je suis encore plus heureuse aujourd'hui, avec ma nouvelle identité d'écrivain million-naire. Et l'association des parents d'élèves se porte toujours aussi bien sans moi. (Message aux associations de parents d'élèves : désolée, j'espère que personne ne désertera suite à la lecture de ce livre. Je vous aime de tout mon cœur.)

À la recherche des problèmes

J'avais l'habitude de résoudre les problèmes en utilisant cette stratégie fort peu efficace. Je l'ai surnommée « L'appel à trois amies ». Dès que quelque chose clochait – avec mon mariage, avec l'un de mes enfants, avec quoi que ce soit dans ma vie – j'appelais au moins trois amies différentes pour qu'elles me donnent leur opinion à ce sujet. Bien sûr, ce n'était pas une recette officielle. Je n'en appelais pas toujours trois, et je ne m'étais pas rendu compte consciemment que c'était une stratégie prévisible, mais c'était ma méthode. Ensuite, je faisais un mélange de tous les conseils et les réflexions que je recevais de mes amies et les utilisais pour tourner la page. J'aimerais dire *aller de l'avant,* mais je ne pense pas que cette stratégie m'ait réellement fait avancer. Elle m'a juste permis de me sentir plus à l'aise dans le trou que j'avais creusé pour m'y asseoir.

D'une part, plus on parle de nos problèmes, plus on demande à l'Univers de nous en apporter d'autres, donc le simple fait d'appeler trois amies ne faisait qu'enraciner le problème. D'autre part, personne d'*autre que moi n'a la réponse à mes problèmes*. Solliciter les conseils et les opinions d'amies ou même simplement raconter l'histoire à l'infini n'aide pas.

Faites-vous aider par votre équipe énergétique

Tout n'est qu'énergie. La physique nous enseigne que même les objets solides sont constitués de minuscules particules en mouvement, et la physique quantique nous apprend qu'un observateur peut influencer le comportement de ces particules.

Alors, pouvez-vous croire que tout ce qui vous entoure

peut vous accompagner dans votre voyage ? Vous avez une équipe énergétique autour de vous – vos protecteurs – qui conspire pour que les choses deviennent possibles, simples et abondantes.

Vous pouvez travailler consciemment avec votre équipe et utiliser l'aide qu'elle vous propose, ce qui vous permettra de recevoir davantage.

Votre équipe peut être composée de toutes sortes d'énergies – vos animaux de compagnie, l'arbre devant la fenêtre où vous écrivez, vos enfants, votre conjoint, les entités qui n'ont plus de corps, comme les membres de la famille qui sont décédés, ou encore les bonnes places de parking. Il se peut même que des anges gardiens, des fées, des nymphes, des guides spirituels, des esprits animaux et l'intelligence de la nature travaillent avec vous.

Vos plantes d'intérieur peuvent contribuer à votre avenir. Vos vêtements peuvent contribuer à votre avenir. Votre jardin. Vos enfants – même les plus petits bébés – sont des membres de votre équipe énergétique qui contribuent à créer votre avenir.

Votre corps fait partie de votre équipe ! Raison de plus pour veiller à l'honorer et à en prendre soin !

Les livres que vous avez écrits ou que vous n'avez pas encore écrits font partie de votre équipe !

Au début de ce livre, j'ai raconté comment le fait de me valoriser assez pour acheter ma maison a fait une énorme différence dans ma vie. Lorsque j'ai emménagé ici, ma maison est devenue un membre de mon équipe énergétique. Elle soutient ce que je suis et ce que je deviens. Ma Tesla accompagne mon avenir parce qu'elle me rend heureuse chaque fois que je prends le volant.

Reconnaître l'importance qu'a l'énergie des choses dont on s'entoure montre pourquoi le fait de désencombrer, de nettoyer et aussi de s'offrir du luxe peut constituer une partie fructueuse de la manifestation de l'abondance.

Écrire peut être une activité solitaire. La commercialisation de vos livres peut même parfois vous donner l'impression de pousser un rocher jusqu'en haut d'une colline. Cela aide de savoir que vous n'êtes pas seule, que les énergies dont vous vous entourez sont toutes disposées à contribuer à votre abondance et à vous aider à gagner de l'argent.

Les enfants sont d'excellents membres de notre équipe pour attirer l'abondance !

Ils n'ont pas encore de points de vue fixes sur la facilité ou la difficulté à gagner de l'argent. Vous pouvez les entraîner à croire en quelque chose que vous n'êtes vous-même pas encore sûre de croire. Lorsque mes enfants étaient plus jeunes et qu'ils me faisaient une demande importante (comme la sculpture de dinosaure à 10 000 $ de l'exposition de pierres précieuses), je leur répondais : « Oui ! On l'achètera lorsque mes livres rapporteront un million de dollars. » Ainsi, ils commençaient à ressentir la joie de ce qui serait possible une fois que je serais un écrivain millionnaire. J'ai bien fait attention à ne pas dire « nous ne pouvons pas nous le permettre » ou à ne pas projeter de limites basées sur notre réalité à ce moment-là. J'ai essayé de rester dans le domaine du possible, même si à l'époque, ça paraissait extravagant.

Vous n'avez pas besoin de faire quoi que ce soit de spécial pour rassembler votre équipe et recevoir son aide, si ce n'est de reconnaître que vous en avez une. Vous pouvez inclure ses membres dans votre conscience lorsque vous faites vos demandes à l'Univers. J'aime saluer énergétiquement mes enfants, mes animaux, ma voiture et ma maison, et les inviter à m'aider à gagner de l'argent, car cela profite à tout le monde.

Écrivez votre réussite

Vous pouvez aussi les inclure quand vous demandez des conseils. J'ai entendu parler de personnes qui invitaient le fantôme qui hantait leur maison à leur amener un million de dollars, ou à leur apporter des contrats. Nous pourrions même les inviter à nous amener des lecteurs. Si vous voulez en savoir plus sur la façon de vous connecter directement à vos guides supérieurs ou aux entités, je vous recommande les livres *Opening to Channel,* de Sanaya Roman, et *Talk to the Entities,* de Shannon O'Hara.

Exercice d'écriture libre : puisez dans votre génie

Quelles sont toutes les façons dont je pourrais recevoir de l'aide ?
•Qui ou quoi fait partie de mon équipe énergétique ?
•Comment puis-je m'ouvrir pour recevoir davantage d'eux ?

Chapitre 24

Investissez dans votre entreprise

Ce livre parle d'attirer l'abondance, pas de la dépenser. Pas vrai ?
Parfois, nous sommes réticents à investir, et cela nous bloque. Nous nous accrochons si fermement à notre argent que nous ne pouvons pas en créer plus.

N'imposez pas une mentalité de manque à votre entreprise – parfois, il faut dépenser de l'argent pour en gagner, et il existe un temps pour investir dans votre affaire.

Investir peut constituer une manière de vous honorer vous-même et votre carrière. Cet investissement peut prendre la forme d'une publicité, d'une conception graphique, d'une embauche, de l'achat de photos de couvertures personnalisées ou de la traduction de vos livres. Il y a des endroits où dépenser de l'argent vous rapportera beaucoup. Ne vous laissez pas freiner par la peur de perdre cet investissement ou de ne pas obtenir de rendement.

En ayant la conviction que votre carrière est suffisamment importante pour que vous y consacriez de l'argent, vous envoyez un signal puissant à l'Univers. Lorsque vous honorerez votre entreprise, l'Univers vous répondra sur le même ton.

Quand vous envisagez une dépense, utilisez les outils que nous avons perfectionnés dans ce livre pour accéder à votre sagesse intérieure. Écrivez librement dans votre journal ou répondez à des questions comme celles-ci :
- Est-ce que ça m'aidera à toucher de nouveaux lecteurs ?
- Est-ce que ça me fera gagner de l'argent ?
- Est-ce que ça va créer davantage ?

Parfois, vous obtiendrez un oui à l'une de ces questions, mais pas forcément à l'autre. Par exemple, lorsque j'essayais de décider si je devais dépenser beaucoup d'argent en publicités Facebook afin de faire figurer l'un de mes livres sur la liste de l'*USA Today*, j'ai demandé si cela me ferait gagner de l'argent et j'ai entendu « non », mais quand j'ai demandé si ça créerait davantage, j'ai entendu « oui ». J'ai donc compris qu'à part figurer sur la liste de l'*USA Today* – ce qui constituerait un profit à court terme – il y avait peut-être d'autres raisons de dépenser cet argent. Finalement, le livre a atterri sur la liste et a dégagé des bénéfices, mais peut-être aurait-il rapporté plus s'il n'avait pas figuré sur la liste. Ça ne m'a pas dérangée, car je faisais confiance aux informations que je recevais. Le fait de figurer sur la liste aurait un impact plus important sur ma carrière, et cette dépense en a valu la peine.

J'ai aussi constaté que le fait de poser la question *Est-ce que ça va créer davantage ?* m'aide à décider de l'endroit où consacrer mon temps et mes efforts. Par exemple, je suis souvent invitée à écrire des anthologies. Même si ces anthologies me détournent de mes séries alimentaires, et me rapportent rarement beaucoup d'argent, en général, je me laisse convaincre d'y participer. Elles n'ont peut-être pas de retombées monétaires immédiates, mais elles apportent quelque chose de plus à ma carrière. Il peut s'agir d'un lien avec une autre autrice qui se tisse. Ou ce peut être un avantage intangible, comme élargir votre audience et votre visibilité. Planter des graines pour de futurs projets.

Si vous décidez d'investir pour votre entreprise et que vous êtes encore nerveuse à ce sujet, essayez d'utiliser l'un des changements de scénario dont nous avons parlé plus tôt :

« Chaque sou que je dépense pour mon entreprise me reviendra au décuple. »

Une autre technique qui pourrait vous aider à y voir plus clair consiste à vous imaginer six mois après l'avoir fait, et à vous demander si vous vous sentez plus lourde ou plus légère.

Et si votre investissement n'aboutit pas ?

Inutile de se voiler la face : vous n'aurez pas de retour direct sur tous vos investissements. Parfois, vous dépenserez beaucoup d'argent, et votre rendement sera nul. Ce sont des choses qui arrivent. Lorsque j'étais chez Kindle Unlimited, c'était chose courante, parce que les gros investissements publicitaires faisaient partie du jeu et qu'il y avait un pari à faire. Vous ne pouvez pas suivre le retour sur investissement en temps réel, vous misez sur le fait que votre investissement sera rentabilisé par les pages lues.

J'ai essuyé des pertes décevantes. Mais au lieu de les répertorier comme des échecs, je me suis rappelé que chaque dollar dépensé est un investissement dans mon entreprise. Vous avez entendu dire qu'un consommateur a besoin de voir sept fois la même publicité avant d'acheter le produit ? Eh bien, il se peut que toutes ces dépenses publicitaires aient servi à préparer le terrain pour de futurs livres.

La prochaine fois, les lecteurs verront votre publicité, se souviendront qu'ils ont déjà vu votre nom et cliqueront.

L'erreur n'existe pas. Chaque étape que vous franchissez, chaque choix que vous faites pour votre entreprise la fait réellement *progresser*. La seule chose qui la fait stagner, c'est de ne rien faire. Ne pas choisir, ne pas suivre son instinct, ne pas investir, ne pas agir en écoutant son inspiration.

Même si c'est en apprenant que la voie que vous venez de choisir n'est plus la bonne, vous aurez quand même appris quelque chose. Vous êtes une personne différente de celle que vous étiez avant de faire ce choix.

Gérer les revers

Chapitre 25

Burn-out et syndrome de la page blanche

Les questions sur le *burn-out* et le fait de se sentir submergé reviennent souvent dans notre club des écrivains abondants.

Nous connaissons tous des hauts et des bas dans notre production et notre débit de création. La vie est pleine de flux et de reflux, mais il y a des moments où l'on a l'impression de se heurter à un mur ou d'être bloqué. Vous ressentez de l'épuisement ou un vide dans votre puits créatif. Les mots ne viennent pas, ou vous n'avez même pas envie de vous asseoir devant l'ordinateur parce que vous avez l'impression que c'est forcé, ou parce que vous trouvez ça laborieux.

En général, l'accablement n'est pas lié au travail qui doit être accompli – vous pouvez le faire plutôt facilement. Même les objectifs ambitieux en matière de quantité de mots peuvent être atteints simplement si vous changez d'état d'esprit. L'accablement, c'est la résistance à ce que vous pensez devoir faire, et comme si ce n'était pas déjà assez lourd, c'est un sentiment général qui prend de la place et qui est alourdi par tout un tas de jugements que vous portez sur vous-même parce que vous n'avez pas encore accompli cette tâche, parce que vous êtes trop lente, ou que vous pensez être en train d'échouer, d'une manière ou d'une autre.

Le syndrome de la page blanche est un mélange de **résistance et de jugement**.

Nous nous mettons la pression pour écrire, et comme cette pression n'est pas agréable, nous résistons au travail. Ensuite, nous nous jugeons parce que nous n'avons pas fait le travail. Et ça devient un cercle vicieux. Une tempête parfaite pour ne plus jamais écrire un seul mot.

En général, ce sont les attentes que vous avez envers vous-même qui vous brûlent les ailes.

L'un des grands coupables, c'est le perfectionnisme. Entre écrire un manuscrit pour un agent et écrire un livre pour mes fans, les deux expériences sont complètement différentes. Écrire pour un agent me bloque complètement. Je juge le moindre mot.

Je regarde mon travail avec un œil beaucoup trop critique. Je me condamne moi-même à la défaite.

Dans notre société, on nous apprend à nous décortiquer nous-mêmes. À chercher nos moindres défauts. J'ai grandi dans l'une de ces familles où l'on manifestait notre amour en pointant les défauts des autres. L'idée était que nous devions nous observer à la loupe les uns les autres, pour nous assurer que personne n'avait d'épinards entre les dents avant de sortir pour affronter le monde. Je sais que tout cela était pensé pour me soutenir et m'empêcher de me ridiculiser, mais laissez-moi vous dire une chose : ça ne m'a pas du tout donné confiance en moi.

J'ai entendu dire que l'une des principales causes de la manie de l'accumulation est le perfectionnisme. Si l'accumulateur compulsif ne peut pas clarifier les choses à la perfection, il ne le fera pas du tout. À l'université, j'avais une colocataire qui m'expliquait quelque chose de similaire. Elle me racontait que soit elle faisait son lit avec une règle en mesurant les draps de chaque côté pour s'assurer que ce soit absolument parfait, soit elle laissait son lit défait. Pour elle, il n'y avait pas d'entre-deux. Elle ne relevait pas les couvertures vite fait bien fait pour donner l'impression que le lit était fait.

Ma coautrice, Lee Savino, a un jour décidé qu'il était temps d'améliorer son style d'écriture. Elle avait envie d'écrire des comédies romantiques et a lu quelques livres sur la meilleure façon de procéder. Puis elle s'est mise à écrire ses prochains romans et... pouah.

Ça a été douloureux. Elle s'en arrachait les cheveux. Elle peinait à arriver aux mille mots par jour. Elle résistait à l'écriture parce qu'elle avait des exigences élevées vis-à-vis d'elle-même.

Cela a duré presque un an avant qu'elle ne trouve sa porte de sortie : elle a décidé qu'elle serait *médiocre*. Elle s'est rendu compte que ses fans aimaient déjà ce qu'elle écrivait. Ils n'attendaient pas d'elle qu'elle se surpasse. Il lui suffisait donc d'écrire des livres aussi bons que ceux qu'elle avait écrits auparavant.

Il lui suffisait d'être médiocre.

Dès qu'elle s'est autorisée à ne pas être parfaite, les mots sont revenus. Elle a recommencé à apprécier ses histoires et à tomber amoureuse de ses personnages. Tout est devenu simple.

Et bien sûr, sans la pression de devoir être parfaite, elle est complètement montée en grade.

C'est écrasant, d'être critique avec soi-même. Ça crée une spirale infernale. Vous perdez confiance en vous, puis vous n'arrivez pas à être conforme à vos attentes, donc vous perdez encore plus confiance en vous. Et c'est l'effet boule de neige.

C'est exactement comme l'insomnie. L'une des principales causes de l'insomnie est... le *fait de s'inquiéter de ne pas arriver à dormir*. Il est tout à fait normal qu'un humain se réveille en pleine nuit. Biologiquement, nous avons été conçus ainsi – peut-être pour entretenir le feu dans nos cavernes, à l'origine. Le problème, c'est que les gens se réveillent au milieu de la nuit et paniquent parce qu'ils sont réveillés. Cette panique les maintient éveillés... Vous voyez comment tout cela devient un cercle vicieux.

Les rares fois où j'ai écrit un livre pour un agent et non pour mes fans ont été angoissantes au possible. Au lieu de me laisser aller à plonger dans l'histoire, je passais le plus clair de mon temps à me remettre en question, en essayant de voir les choses à travers un regard critique.

Il existe un temps et un lieu pour laisser place au regard des autres – en général, c'est pendant le processus d'édition. Quel que soit ce qui vous empêche d'écrire, choisissez d'effectuer un basculement – libérez-vous de la prison des croyances, des perceptions ou des attentes qui vous retiennent captive. Choisissez un point de vue différent, inventez le futur, demandez ce que vous pouvez faire d'autre, allez au fond de votre croyance limitante. Choisissez quelque chose de différent. Si cette croyance vous empêche d'écrire, il faut vous en débarrasser. Voici d'autres suggestions pour sortir de l'impasse :

Ne le nommez pas

Tout d'abord, les mots ont une énergie. Même si je viens de le faire, *ne le nommez pas*. À la seconde où vous commencez à parler de *burn-out* ou de *syndrome de la page blanche,* vous en renforcez l'énergie. Vous lui avez donné un nom, et par conséquent, une forme et une structure à laquelle s'accrocher. Vous en êtes le propriétaire. Vous vous y cramponnez. Plus vous vous concentrez dessus, plus il deviendra solide et lourd.

Et si, au lieu de le nommer, vous vous ancriez dans l'instant présent avec ce que vous vivez ? Vous pourriez dire : « Je vis un moment d'épuisement, mais ça va passer » au lieu de : « Je *suis* épuisée » ou : « Je *fais* un *burn-out*. »

Dès que vous nommez une chose, que vous la considérez comme réelle, vous commencez à prouver qu'elle est vraie. Les psychologues appellent cela le « biais de confirmation ». Vous cherchez un problème et vous trouvez des preuves de son existence.

J'ai remarqué ce même phénomène avec mon corps. Quand je commence à dire des choses comme « mon métabolisme a ralenti, je n'arrive pas à perdre de poids », mon corps me donne raison. La balance reste bloquée sur le même chiffre, et rien de tout ce que je fais ne peut le changer. Mais lorsque j'élimine cette croyance limitante, lorsque je décide que bien au contraire, mon corps se porte à merveille, je suis au top de ma forme, et mes kilos en trop me lâchent les baskets, eh bien j'en perds cinq en une semaine et je me raffermis nettement d'une manière qui semblait impossible.

Éliminer le jugement et les résistances

La deuxième meilleure façon de renforcer l'énergie qui entoure le *burn-out* ou le syndrome de la page blanche est de vous juger ou de juger votre expérience. Et si ce n'était pas une mauvaise chose, que de se retrouver dans l'impasse et d'avoir besoin de rester allongé dans le canapé pendant cinq jours à manger des bonbons avant de pouvoir recommencer à créer ? C'est peut-être votre processus à vous, tout simplement. En le jugeant, vous l'empêchez de fonctionner correctement. Lorsque vous acceptez votre expérience, le monde s'ouvre à vous.

Parfois, si je me retrouve dans l'impasse, j'appelle mon amie Simone et, dans le cours naturel de la conversation, nous évoquons le livre sur lequel je travaille. Elle adore m'entendre parler de mes livres et de mon processus créatif. Elle me pose des questions d'un intérêt sincère et, au fur et à mesure que je partage avec elle, les idées nouvelles affluent. Un espace s'ouvre. Quelle est la personne de votre entourage qui vous aime et vous apprécie tellement, votre travail et vous, qu'elle se délecte d'entendre parler de votre processus créatif, d'échanger, voire de discuter librement avec vous de personnages, d'intrigues ou d'idées potentielles pour l'avenir ? Parfois, le fait de créer à voix haute avec quelqu'un peut tout changer.

Souvent, c'est la résistance au *burn-out* et au syndrome de la page blanche qui les maintient dans votre réalité et crée un cercle vicieux qui ne fait que renforcer la situation. Vous sentez que le *burn-out* vous guette, et vous en êtes terrifiée, alors vous le repoussez de toutes vos forces, ce qui consomme une tonne d'énergie et crée encore plus d'épuisement.

Peut-être même êtes-vous le genre de personne qui se donne à fond et qui a ensuite besoin de se reposer. Votre écriture vit au gré des saisons. Y a-t-il une raison de craindre les périodes de repos ? L'hiver ? Un agriculteur n'a pas peur de laisser sa terre en jachère. Il tient compte de cette période, qui est nécessaire pour rétablir la fertilité.

Et si vous vous penchiez sur le *burn-out* que vous percevez et que vous le laissiez passer ? Et si vous aviez une conversation avec lui ? Ou avec votre corps ? « Bonjour, mon corps. Pendant combien de temps veux-tu te reposer ? » Ou encore avec le livre que vous essayez d'écrire – ou que vous vous refusez à écrire ? « Bonjour, mon livre ! Est-ce qu'il y a une chose en particulier que je devrais savoir ? »

Le meilleur moyen de sortir de ce que vous considérez comme un *burn-out* ou un syndrome de la page blanche est de commencer à vous poser des questions.

Essayez de répondre aux questions suivantes, ou fermez simplement les yeux et ressentez l'énergie pour trouver les réponses.

• Quelles sont mes croyances à propos du *burn-out* ?

• Quels sont les mensonges à propos du *burn-out* auxquels j'ai adhéré ? Notre état naturel est la joie, la santé, l'abondance, donc si vous n'êtes pas dans cet état-là, vous avez gobé un mensonge. Lequel ?

• À quoi est-ce que je résiste ?

• Fouillez dans votre corps et demandez-lui ce dont il a besoin. Me faut-il du repos, de l'inspiration, un changement d'air, un film drôle ?

• Est-ce que cela m'appartient ? Parfois, nous absorbons les énergies des autres, comme on attraperait un rhume ou une grippe.

• Est-ce que c'est un problème ou une possibilité ?

Si vous utilisez l'EFT, essayez le tapping sur l'affirmation suivante : « Je peux écrire en toute sécurité. »

Étude de cas : Jennifer Owenby – Écrire plus vite

Jennifer Owenby, qui est membre du club des écrivains abondants, écoute ma méditation guidée *Écrire plus vite* avant de commencer à travailler. « Je l'adore. Depuis le début de l'année, j'ai réussi à sortir un livre tous les deux mois. Nous sommes en juin et je suis déjà en train de réfléchir à un livre de Noël. Je suis en avance sur mon calendrier, ce qui me permet de ne pas être stressée à propos de l'écriture. »

Elle raconte que la méditation l'aide à y voir plus clair dans les moments où elle n'a aucune idée de ce qu'elle va écrire. « Une fois que je sais clairement ce que je vais écrire, tout se passe bien, mais il y a des jours où j'ai l'impression que mon chemin est obstrué par un énorme parpaing, et que mon processus créatif est parti bouder dans son coin. Quand j'abaisse les barrières, que je me détends et que j'écoute la méditation, je termine tous mes livres AVANT échéance, et c'est depuis que j'ai commencé à participer à tes appels mensuels et à méditer. En plus, j'aime prévoir, alors si un livre me demande à être publié plus tôt, je suis prête. »

Elle est aussi plus en paix avec le fait de s'avancer dans l'écriture. « Ça me plaît d'avoir toujours un livre ou un coffret sous le coude que je peux publier pour prendre du temps pour moi. Je fais confiance à mon corps et à mon cerveau pour me dire : *Non, maintenant, tu prends des vacances.* »

Les revenus de Jennifer ont aussi augmenté. « Ce dernier livre a été mon meilleur lancement, et celui qui m'a rapporté le plus d'argent. J'ai atteint la 356ᵉ place dans le classement Amazon. Ces méditations fonctionnent, c'est certain. »

Elle me raconte que l'un de ses principaux blocages liés au succès était la peur. « Plus tu as du succès, plus les auteurs deviennent méchants et s'en prennent à toi. C'était comme si je voulais avoir du succès, mais je me pelotonnais pour me protéger des rumeurs et de la maltraitance. » Grâce aux appels mensuels, elle s'est rendu compte qu'elle se faisait toute petite. « Dès que je peux, j'abaisse mes murs, je m'élargis encore et encore jusqu'à ce que je me retrouve dans mon refuge avec l'Univers et où je reçois tout le bien, l'aide, l'amour, la paix et la guidance dont j'ai besoin. Ça m'arrive de le faire plusieurs fois par jour. Parfois, je suis occupée et j'oublie, mais je me concentre sur le moment où je sens que je me fais toute petite et où je me cache, et j'utilise les outils que tu nous as donnés. »

Chapitre 26

Les mauvaises critiques, ou l'absence de critiques

Les mauvaises critiques peuvent vous faire gagner de l'argent

Je vous ai appâtée avec cette affirmation ? Elle est vraie. Peut-être pas exactement comme vous le pensez, ou peut-être que si. Parfois, les critiques à une étoile poussent réellement les ventes d'un livre. J'ai beaucoup d'amies autrices futées qui ont utilisé des citations de critiques à une étoile dans leurs publicités pour promouvoir leurs livres.

Mais j'envisage cette question d'un point de vue énergétique. Vous avez déjà entendu la phrase : « La mauvaise communication n'existe pas » ? Eh bien, la raison pour laquelle cette phrase est vraie, c'est que toutes les critiques constituent une source d'énergie pour votre livre. Qu'elles soient bonnes ou mauvaises n'a aucune importance. Vous êtes la seule à pouvoir déterminer comment cette énergie affecte votre livre. Astuce : ce n'est pas à travers les mots de la critique, c'est au travers de votre réaction ou de votre absence de réaction à ces mots.

Gary Douglas, maître à penser reconnu à l'international

et fondateur d'Access Consciousness®, affirme que pour chaque jugement que vous recevez sans émettre de point de vue, ou mieux encore, avec gratitude, vous recevrez 5 000 $ supplémentaires dans la même année. En revanche, pour chaque jugement auquel vous résistez et réagissez, vous perdrez 10 000 $. Pourquoi cela ? Parce que le fait d'accepter avec gratitude une mauvaise critique de votre livre vous place dans une posture de réception, et c'est exactement l'endroit où nous voulons être pour attirer l'abondance.

J'adore me souvenir de cela chaque fois qu'une critique vient piquer mon ego. Je prends la décision consciente de changer l'énergie et de recevoir. « Ah ! Tu as détesté mon livre ? Merci, ça me fait 5 000 $ de plus ! »

Finalement, ce que pensent les autres de nos livres ne nous regarde pas. Je ne sais pas si ces chiffres sont exacts à la virgule près, mais ce dont je suis sûre, c'est que depuis que j'ai cessé de lire les critiques, mes revenus ont grimpé en flèche. Je me souviens qu'au début de ma carrière, Annabel Joseph, autrice à succès citée par le *New York Times*, m'a conseillé de ne pas me concentrer sur les critiques, parce que c'était quelque chose qui échappait à mon contrôle. Ce sur quoi il fallait se focaliser, c'était ce que l'on peut contrôler, comme la qualité des livres et le marketing.

J'ai toujours maintenu que si je trouve que quelque chose est incontournable, si je l'aime, quelqu'un d'autre l'aimera aussi. Est-ce que ça plaira à tout le monde ? Nan. Et ça ne fait rien. Aucun livre n'est destiné au monde entier. Certains livres peuvent plaire à une petite frange de lecteurs. D'autres pourront trouver écho auprès d'un plus grand nombre. Le vrai ou le faux n'existe pas. Pas plus que le bon ou le mauvais. Votre livre est votre création, il est brillant, et il trouvera ses lecteurs parfaits.

Écrivez votre réussite

Lorsque vous lisez une critique qui vous contrarie, cela crée une oscillation dans votre monde. Votre résistance et votre réaction (ou le fait d'être alignée et d'accepter une bonne critique) peuvent créer une charge positive ou négative.

Cette charge, qu'elle soit positive ou négative, envoie le message à l'Univers que, dans une certaine mesure, vous pensez que la personne a raison, ce qui attirera d'autres mauvaises critiques. Vous ne voulez pas envoyer à l'Univers le message énergétique que votre livre EST imparfait (et puis franchement... chaque livre n'est-il pas imparfait pour certains lecteurs ? Nous ne pouvons pas plaire à tout le monde !), parce que les autres lecteurs saisiront cette énergie et verront les défauts au lieu de voir ce qui est formidable. Vous ne devez pas résister, puis réagir à n'importe quelle critique et générer cette charge énergétique. Au contraire, il faut s'entraîner à les laisser couler à travers vous ou à les laisser vous nourrir énergétiquement. Cela ne vaut pas seulement pour les mauvaises critiques, mais pour n'importe quel jugement. Vous pouvez vous entraîner à les recevoir avec gratitude.

Pendant mes appels de coaching, je commence souvent les méditations en invitant les auditeurs à laisser tomber leurs barrières et à s'étendre jusqu'aux confins de l'Univers. Cette expansion permet à l'énergie de vous traverser sans vous affecter. Si vous recevez des jugements ou de mauvaises critiques dans cet espace, ils peuvent en fait vous dynamiser. Ouvrez-vous à l'énergie de la critique – toutes les critiques. Si votre livre n'a pas reçu de critiques, vous pouvez quand même recevoir l'énergie des critiques de livres d'autres écrivains. Dites « Merci pour ce jugement » avec votre voix intérieure, la plus agréable possible. Ça pourrait avoir des airs de sarcasme, mais ça ne fait rien !

Vous venez de gagner de l'argent ! Vous venez peut-être de transformer concrètement une mauvaise critique en revenus.

Connaissez-vous Netgalley ? C'est un site qui vous aide à obtenir des critiques sur vos livres. J'ai dépensé 500 $ – une somme gigantesque pour moi à cette époque – pour y placer un de mes livres, mais ensuite, j'ai paniqué à l'idée d'obtenir de mauvaises critiques parce que le roman que j'avais soumis était *kinky*, et par conséquent, il ne convenait pas à tout le monde. Ma peur n'a pas attiré de mauvaises critiques : elle n'a attiré AUCUNE critique. Mon livre est resté là, à poireauter pendant des mois, à ne recevoir qu'une petite poignée de critiques. Je me suis rendu compte que j'avais caché mon livre ou que je l'avais empêché d'être vu. Dès que je l'ai compris, j'ai rouvert l'énergie et j'ai invité les critiques à entrer, et elles ont commencé à affluer. Et elles étaient toutes bonnes !

À une autre occasion, je publiais le deuxième tome de ma série *Zandian Masters*. C'était la première fois que je lançais une série autopubliée sur Kindle Unlimited. J'avais eu l'intuition que je devais publier le second tome le plus tôt possible pour que l'algorithme me permette de faire une *rapid release,* alors plutôt que d'écrire un autre livre de 50 000 mots, comme le premier, j'en ai écrit un plus court – il ne faisait que 35 000 mots – et je l'ai publié trois semaines après le premier tome. Était-ce la stratégie adéquate ? Absolument ! Il n'y avait qu'un seul problème : j'étais terrorisée à l'idée que les lecteurs soient fâchés de voir que le second tome était si court. J'ai ramené mon énergie de la peur lors de la parution, et bien évidemment, les deux premières critiques étaient des plaintes de lecteurs qui trouvaient le livre trop court.

J'ai appelé ma meilleure amie, Lee Savino. C'est une

amie merveilleuse et unique en son genre, car elle ne s'aligne pas et ne fait pas semblant d'être d'accord avec moi lorsque je l'appelle pour lui faire part d'un problème (soyons honnêtes : en général, c'est exactement ce que nous attendons de nos amies). À la place, elle m'a tout de suite servi une bonne dose de vérité. « C'est toi qui as créé ça. Tu t'es inquiétée pile à ce sujet-là, et c'est exactement l'énergie qu'ils ont reçue. Lâche prise. Ton livre est très bien. Aime-le », m'a-t-elle conseillé. Comme stimulée, j'ai fait basculer mon énergie, en reconnaissant qu'elle disait vrai. Et devinez quoi ? Ces critiques sur la longueur du livre ont été les premières et les dernières que j'ai reçues à ce sujet. Tous les autres lecteurs l'ont adoré !

Séance de méditation sur l'abondance : attirer les critiques

Vous voulez stimuler votre livre avec des commentaires ?

1.Fermez les yeux et laissez tomber vos barrières.

2.Étendez votre champ énergétique jusqu'à ce qu'il soit aussi grand que la pièce dans laquelle vous vous trouvez. Puis aussi grand que votre quartier. Puis aussi grand que votre ville. Aussi grand que votre État ou votre province. Étendez-le jusqu'à ce qu'il remplisse votre pays tout entier. Maintenant la Terre. Maintenant la galaxie. Et enfin, l'Univers.

3.Tenez votre livre dans vos mains avec votre imagination, ou avec votre livre papier – c'est vous qui choisissez – ça fonctionne de la même manière !

4.Imaginez que votre livre a un aimant qui attire tous les commentaires merveilleux qu'il pourrait recevoir.

5.Puis abandonnez tout point de vue sur les critiques, qu'elles soient bonnes ou mauvaises, et recevez simplement l'énergie de toutes les critiques, et des tonnes d'yeux et d'avis sur vos livres.

6.Ressentez l'énergie autour de votre livre qui grandit et grandit avec les critiques les plus chargées en énergie que vous recevez.

7.Envoyez de la gratitude à toutes les critiques pour avoir envoyé de l'énergie à votre livre.

Chapitre 27

J'ai été virée de Kindle Unlimited... et c'est l'année où j'ai doublé mes droits d'auteur

Tout d'abord, si vous pensez que ce chapitre va constituer une plaidoirie pour ou contre Kindle Unlimited, détrompez-vous. Je ne compte pas argumenter sur les mérites de Kindle Unlimited par rapport à une diffusion plus large, parce que je crois sincèrement que dans votre activité d'autrice, c'est à votre propre instinct que vous devez vous fier. Ce qui me convient pourrait ne pas vous convenir. Vous êtes la seule à savoir ce qui vous correspond.

Cette histoire décrit comment un état d'esprit abondant transforme les citrons en limonade. De la façon dont nos pensées créent notre réalité. Et elle parle aussi de l'Univers, et de la façon dont il assure vos arrières.

Lorsque j'ai commencé l'autoédition en 2017, Kindle Unlimited était mon gagne-pain. La dernière fois que j'ai vérifié, mon tableau de bord indiquait près de 300 millions de pages lues, ce qui représentait plus d'un million de dollars en droits d'auteur. Par conséquent, la perte de mes privilèges chez Kindle Unlimited aurait dû me faire mal, n'est-ce pas ?

Ça aurait pu faire mal, sans aucun doute. La première fois que Kindle Unlimited m'a menacée de me retirer mes privilèges, j'ai failli vomir. J'avais un livre gratuit que j'avais accidentellement remis en vente chez KU avant qu'il soit supprimé par un autre revendeur, et j'ai reçu une lettre type m'informant qu'ils allaient fermer mon compte. Je suis entrée en panique, je me sentais aussi petite et faible qu'un caillou. Mais très vite, j'ai réussi à changer la donne. Je me suis débarrassé des sentiments de honte et d'impuissance qui m'envahissaient et j'ai demandé à l'Univers de régler le problème. Lorsque j'ai appelé Amazon, le problème a été résolu rapidement et simplement. Les sensibilités ont été soignées, et je n'ai pas été bannie.

Mais au printemps dernier, je n'ai pas eu cette chance

Ou plutôt, comme l'histoire le confirme, j'ai eu beaucoup de chance ! C'était la même situation que la fois antérieure, j'avais mis en vente un livre gratuit sur KU en pensant l'avoir retiré de chez tous les autres revendeurs. Puis, ils m'ont contactée pour me dire que ce fameux livre était sur un site appelé Ghandi.mx. Perplexe, j'ai d'abord pensé qu'il s'agissait d'un site pirate, mais il semblait légitime. Vanessa Vale, ma coautrice, m'a aidée à faire quelques recherches et a découvert qu'il s'agissait de l'un des distributeurs de Kobo. J'ai contacté ces derniers et leur ai demandé de m'aider à le supprimer. Ils ont été très serviables et ont envoyé un message à Ghandi.mx. Je croyais le problème résolu. Il s'est avéré que ce n'était pas le cas. C'est entièrement ma faute. Finalement, comme il s'agissait d'un livre gratuit, je l'avais lancé par l'intermédiaire de Draft2Digital, au lieu de Kobo. Par conséquent, j'avais fait fausse route en demandant à Kobo de résoudre le problème à ma place. La lettre suivante que j'ai reçue d'Amazon m'informait qu'en raison de violations répétées de leur politique, mon catalogue tout entier serait retiré de Kindle Unlimited.

Plutôt que de m'effondrer et d'entrer en crise comme je l'avais fait la première fois, **j'ai suivi mon instinct, qui me soufflait qu'il ne s'agissait pas d'un problème, mais d'une opportunité.** L'Univers me conseillait de passer à une diffusion à grande échelle.

À cette époque, ma série coécrite avec Vanessa Vale était déjà en diffusion à grande échelle, et j'avais constaté à quel point les lancements étaient plus faciles, car il n'y avait nul besoin de se stresser pour satisfaire l'algorithme d'Amazon. (Encore une fois, je n'essaie pas de vous convaincre d'opter pour une solution ou l'autre – vous savez ce qui est la meilleure option pour vous !) J'ai donc fait une tentative sans grand enthousiasme pour faire changer Amazon d'avis, et lorsqu'ils ont refusé, j'ai mis tout mon catalogue en diffusion à grande échelle.

Imaginez ma joie quand j'ai vu mes chiffres de 2021. J'avais doublé mes revenus, mais ceux d'Amazon n'avaient augmenté que d'environ 100 000 $. La majorité de ma progression pour l'année – *près de sept chiffres supplémentaires* – était due à d'autres détaillants. J'ai suivi les étapes pour maintenir un état d'esprit abondant – j'ai éliminé la négativité, j'ai fait confiance à mon instinct et je me suis ouverte à la réception – et elles ont porté leurs fruits.

Ça peut très bien porter ses fruits pour vous aussi.

Des études scientifiques ont prouvé que les personnes qui pensent avoir de la chance *sont en réalité plus chanceuses que la normale*, parce qu'elles recherchent et voient des opportunités que ne voient pas les gens qui pensent que le sort s'acharne sur eux.

Un état d'esprit abondant peut vous soulager dans votre

activité d'autrice, car il attirera plus de richesse, de joie et de facilité dans votre vie.

Des hauts et des bas

Inutile de se voiler la face : dans ce milieu, le succès et la croissance ne sont pas toujours linéaires. Ce n'est pas comme si vous démarriez votre activité avec un certain salaire pour le voir augmenter chaque année jusqu'à ce que vous touchiez enfin le gros lot. Il y a des hauts, et il y a des bas. Il y a des sommets, et il y a des vallées. Lorsque vous vous trouvez au milieu d'une vallée, rappelez-vous que ce n'est qu'une vallée. Un autre sommet viendra. Ça ne signifie pas forcément que vous avez fait une bêtise. Que votre livre est nul. Ou que les gens ne lisent plus tel ou tel genre. Ou que votre époque est révolue. Ou que vous ne réussirez plus jamais à rien.

N'empruntez pas ce chemin. Même les plus grands écrivains connaissent des hauts et des bas. Cela n'a rien à voir avec la qualité de leurs livres. Quand ils sont au sommet, ce n'est pas parce que leurs livres sont meilleurs, ou de moindre qualité s'ils sont coincés dans des vallées. Il existe tellement de facteurs énergétiques qui peuvent entrer en jeu. Lorsque j'étudiais l'écriture à l'université, l'écrivain Jane Smiley a remporté le Pulitzer, et je me souviens que certains de ses collègues ont dit : « Ce n'était même pas son meilleur livre. » Ce n'était peut-être pas son meilleur livre, mais son heure était bel et bien venue. Il y a un calendrier divin à l'œuvre. L'actualité mondiale. Les tendances de lecture. Toutes sortes de choses dont nous ne pouvons pas suivre le cours. C'est pour cela que nous devons confier cette tâche à l'Univers et faire confiance à notre instinct. Formuler nos demandes. Poser nos intentions. Suivre le fil d'Ariane qui est tracé pour nous.

J'entends souvent des histoires d'auteurs qui ont connu

un premier succès surprenant suivi d'une grosse déception. Il peut être intéressant de creuser dans l'énergie du pourquoi ça peut se produire. Lorsque nous commençons à publier ou à essayer quelque chose de nouveau, nous sommes dans un état d'espoir – nous n'avons pas d'attentes quant à la façon dont les choses se dérouleront parce que nous ne l'avons jamais fait auparavant, et nous sommes donc ouverts à toutes les possibilités. Combiner l'optimisme et le fait d'être ouvert à toutes les alternatives nous amène au succès. Ensuite, nous publions le livre suivant et, au lieu d'être optimistes et d'être ouverts à toutes les éventualités, nous avons des attentes sur ce que ça va donner. Nous pensons que cette parution sera reçue de la même façon que la précédente. Les attentes ferment les portes aux possibilités. Cette attente, ce pronostic, limite les possibilités infinies qui s'offrent à ce livre. Par conséquent, les résultats risquent d'être décevants.

Ayez confiance, le succès que vous avez demandé est en chemin. Vous avez passé commande à l'Univers, et il va bientôt vous livrer. Si vous êtes ouverte à la magnificence de ce succès, il sera là, que vous le reconnaissiez ou non sur le moment. Vos revenus connaîtront des hauts et des bas. Vous figurerez sur certaines listes, et d'autres parutions auront des résultats médiocres. Tout cela fait partie du jeu, mais la partie est longue. Vous pouvez surmonter les hauts et les bas, parce que maintenant, vous avez un état d'esprit abondant. Vous avez confiance en l'Univers, vous savez qu'il est là pour vous et qu'il vous apportera tout ce que vous demanderez et autorisez à entrer dans votre vie.

Étude de cas : A.L. Jackson – Des hauts et des bas

A.L. Jackson, autrice à succès citée par le *New York Times,* le *Wall Street Journal* et l'*USA Today,* écrit de la romance contemporaine depuis treize ans. Comme de nombreux écrivains indépendants, ses revenus ont énormément fluctué au fil des ans.

Elle a vendu son premier livre à une petite maison d'édition en Australie. « La première année, ce livre s'est vendu à 50 exemplaires. C'était démoralisant, mais je découvrais à peine le monde de l'édition indépendante. On commençait tout juste à lire des ebooks. Je voyais que certains auteurs avaient du succès et je voulais qu'il m'arrive la même chose. »

Après avoir publié deux livres, elle a racheté ses droits à son éditeur et s'est lancée dans l'autoédition.

« La première année, je n'ai eu pratiquement aucun succès. Mais un jour, mon quatrième livre s'est retrouvé sur la liste du *New York Times*, avec le premier tome de cette série. J'ai vu mes revenus grimper en flèche, c'était dingue. Je pensais que tous les mois allaient être comme ça. »

Elle a signé un contrat pour trois livres avec Penguin[1], mais ça n'a pas marché. « J'ai reçu une belle avance, mais ils ne savaient pas comment concilier le succès des indépendants avec leurs méthodes de travail. J'étais très frustrée de voir que ça ne fonctionnait pas. J'avais plein d'attentes, et eux m'avaient fait beaucoup de promesses. Il y a eu énormément de leçons difficiles à en tirer des deux côtés. »

En conséquence, elle a vu ses revenus chuter brutalement. « Je venais d'acheter une nouvelle maison. C'était vraiment effrayant. »

Une fois qu'elle s'est acquittée de son contrat pour trois livres, elle est revenue à l'édition indépendante. « J'adore être une autrice indépendante, parce que ça me laisse la main sur mes ventes, sur le prix, et sur mes couvertures. »

La reconstruction lui a pris beaucoup de temps. « Ça n'est pas devenu une grande épopée dès le départ. Beaucoup d'écrivains indépendants ont connu des bas à cette époque-là, mais je me suis accrochée et j'ai surfé sur cette vague. »

C'est à ce moment-là que le deuxième tome de sa nouvelle série a atterri sur la liste de l'*USA Today*. « Après la parution, j'ai connu de grosses baisses de revenus, mais la progression était constante. J'ai démarré chez Kindle Unlimited en 2016. J'ai eu d'énormes pics à la sortie, puis d'énormes baisses pendant les mois sans parution, mais ça s'est stabilisé au fur et à mesure que mon catalogue s'est étoffé. »

Elle est consciente que dans ce domaine, il y aura toujours des hauts et des bas. « Je sais que ma carrière connaîtra d'autres creux. Je suis dans le métier depuis assez longtemps pour le savoir. Dans les moments difficiles, il faut

---

1. NDLT : Penguin Books est une référence dans l'édition britannique.

trouver en soi la raison pour laquelle on fait ce métier et s'en souvenir. »

Le conseil qu'elle donne aux autres auteurs, c'est : « Restez fidèle à votre passion. Si vous avez une folle envie d'écrire, alors vous êtes un écrivain. Vous devez tout faire pour que ça fonctionne. Nourrissez cette passion avec ces mots dès que vous le pouvez. Vous devez le faire par amour et pas parce que vous devez le faire, c'est ça, l'état d'esprit que vous devez avoir. »

C'est maintenant ou jamais

Chapitre 28

Vous allez y arriver !

Si vous êtes restée avec moi aussi longtemps, vous avez probablement déjà compris qu'un état d'esprit abondant peut vous changer la vie, et que c'est ce qu'il fera. L'état d'esprit est essentiel. Il vous débarrasse de l'impression que ce que vous désirez est hors de portée. Il apaise les blessures infligées par les comparaisons et les échecs perçus. Il atténue la tension et l'anxiété que crée la croyance que si vous essayez plus fort, vous allez y arriver. Ou trouver une façon de faire les choses correctement.

Faire les choses correctement, ça n'existe pas.

Vous êtes déjà parfaite.

Et vous pouvez tout avoir.

Si vous suivez les sept étapes de ce livre – non pas comme une tentative unique, mais plutôt comme une pratique qu'on met en œuvre – vous manifesterez tous vos désirs. Je ne peux pas vous dire quand, ni comment. Tout ce que je sais, c'est que plus vous croirez en vous-même – en votre magie, en votre potentiel, en votre pouvoir – plus vous deviendrez puissante.

Ce livre a été conçu pour allumer la flamme de la

mentalité abondante chez vous, pour que vous soyez ouverte aux bonnes réponses, aux bonnes connexions, et disposée à laisser la magie de l'Univers vous tomber dessus au bon moment. Lorsque vous croirez en vous-même et en vos livres, lorsque vous serez ouverte à l'abondance, c'est à ce moment-là que les intrications quantiques pourront se mettre en marche pour propulser votre carrière vers les plus hauts sommets.

À partir d'aujourd'hui, vous ne créerez plus par défaut, en agissant à partir de fonctionnements anciens enracinés dans la peur ou le manque d'amour-propre. Vous pouvez maintenant créer en posant votre intention. Envisagez la carrière que vous désirez maintenant, invitez l'énergie de ce futur dans votre présent.

Je crois que vous pouvez atteindre tous vos objectifs d'autrice sans vous pousser. Vous pouvez demander à l'Univers de vous accompagner et recevoir cette aide en toute simplicité. Vous pouvez permettre à l'Univers de vous donner des moyens que vous n'envisagez même pas, en suivant votre guidance intérieure, en prenant des mesures concrètes lorsque vous savez que vous devez le faire, en écrivant ce qui vous plaît, en le commercialisant avec sincérité, et en laissant la magie de l'Univers opérer pour vous maintenir dans un état d'esprit abondant.

Je sais que vous pouvez atteindre cette vision.

Souvenez-vous bien que l'erreur n'existe pas – tous vos choix vous feront avancer.

Vous allez y arriver, et nous sommes là pour vous. Vous pouvez exploiter la magie de l'Univers pour créer absolument tout ce que vous voulez.

Rejoignez notre communauté

L'une des meilleures manières d'attirer l'abondance dans votre vie est de vous entourer de personnes qui partagent vos idées. On dit que sur le plan énergétique, nous sommes la moyenne des cinq personnes que nous côtoyons tous les jours, donc il vaut mieux s'assurer que ces personnes soient celles à qui nous avons envie de ressembler.

Si vous êtes prête à vous entourer d'autres auteurs qui vivent toutes sortes de possibilités et qui sont animés par l'envie d'inspirer les autres, nous vous invitons à nous rejoindre dans notre groupe d'écrivains abondants sur Facebook[1].

Inscrivez-vous[2] et recevez nos affirmations pour écrivains abondants directement dans votre boîte mail toutes les semaines !

Rejoignez le club des écrivains abondants[3] pour avoir accès à notre coaching en direct, à des nettoyages énergétiques, des méditations guidées et des réflexions groupées sur vos possibilités.

---

1. NDA : https://www.facebook.com/groups/authorabundance/
2. NDA : https://www.subscribepage.com/authorabundanceaffirmations
3. NDA : https://millionaire-author-coaching.teachable.com/p/author-abundance-membership

Chapitre 29

Ressources pour écrivains abondants en anglais

Rejoignez *Écrire votre réussite*, notre formation en ligne de huit semaines

Vous êtes prête à faire passer vos compétences en manifestation au niveau supérieur ?

Plongez en profondeur dans ce processus pour *écrire votre réussite* avec cette nouvelle formation de huit semaines accompagnée et approfondie.

Le simple fait d'unir vos forces à celles d'une communauté de personnes qui manifestent leurs intentions et partagent les mêmes idées que vous peut activer votre capacité à recevoir, créer et générer des choses pour votre avenir.

Vous êtes sur le point d'avoir tout ce que vous voulez. Prenez-le. Activez-le, gardez-le. C'est à vous.

Cette formation de huit semaines vous ouvrira les yeux sur les blocages et les restrictions que vous avez mises en place et vous aidera à agir. Il y aura un cours vidéo et des réunions Zoom hebdomadaires en direct ainsi qu'un *journaling cafe* auquel vous pourrez assister pour poser à l'Univers toutes les questions que vous voulez sur votre carrière.

https://write-to-riches.teachable.com

Affirmations pour écrivains abondants
Inscrivez-vous pour recevoir des affirmations pour écrivains abondants dans votre boîte mail toutes les semaines ! Envoyées directement par l'Univers (en passant par moi) ! Ces rappels hebdomadaires vous maintiendront sur la bonne voie et vous aideront à rester positive pendant que vous vous réalisez en tant qu'écrivain millionnaire.

https://www.subscribepage.com/authorabundanceaffirmations

Méditation pour *Écrire plus vite* – GRATUITE
J'ai enregistré cette méditation guidée pour aider les auteurs à trouver leur rythme et écrire tous leurs mots du jour. Vous pouvez y accéder gratuitement à l'adresse suivante :

https://millionaire-author-coaching.teachable.com/p/a-meditation-for-fast-writing

Newsletter pour écrivains abondants
Inscrivez-vous pour recevoir des informations sur nos réunions Zoom et le coaching mental :
https://www.subscribepage.com/abundantauthor

Groupe Facebook pour écrivains abondants
Rejoignez notre groupe Facebook d'écrivains abondants : https://www.facebook.com/groups/authorabundance/

. . .

Rejoignez le club des écrivains abondants

Une adhésion au club des écrivains abondants inclut des réunions mensuelles en direct avec Lee Savino et moi-même, ainsi qu'un accès à une communauté d'écrivains qui partagent les mêmes idées que vous, une bibliothèque de méditations, d'hypnoses et de vidéos de tapping, ainsi que des enregistrements d'anciennes réunions et des ressources bonus.

https://millionaire-author-coaching.teachable.com/p/author-abundance-membership

Les livres qui m'ont changé la vie

You are a Badass at Making Money, de Jennifer Sincero (**en anglais**)

Get Rich, Lucky Bitch et *Chill and Prosper*, de Denise Duffield-Thomas (**en anglais**)

Feel Free to Prosper: Two Weeks to Unexpected Income with the Simplest Prosperity Laws Available, de Marilyn Jenett (**en anglais**)

Playing the Matrix, de Mike Dooley (**en anglais**)

E2 –9 expériences toutes simples qui prouvent que vos pensées créent votre réalité, de Pam Grout

L'univers veille sur vous !, de Gabrielle Bernstein

We Should All Be Millionaires, de Rachel Rodgers (**en anglais**)

La semaine de 4 heures : Travaillez moins, gagnez plus et vivez mieux !, de Tim Ferriss (pour l'abondance de temps et l'aménagement du mode de vie)

Excusez-moi, mais votre vie attend : Le prodigieux pouvoir des sentiments, de Lynn Grabhorn

Don't Diet, Be Happy, de Katherine McIntosh (**en**

anglais), pour être bienveillante envers votre corps et l'inclure dans vos manifestations

Sois toi et change le monde, de Dain Heer (pour une introduction aux magnifiques outils énergétiques que j'ai appris de l'Access Consciousness®)

Remerciements

Je suis très reconnaissante envers les stars du rock qui ont contribué à l'écriture de ce livre : la coach pour auteurs Lisa Daily, et ma très chère relectrice et amie, Simone Gers. Merci à Lee Savino, ma merveilleuse coautrice, d'être toujours prête à jouer avec l'abondance en ma compagnie.

Merci aux autrices qui ont accepté de partager leurs histoires pour des études de cas, et à vous tous, lecteurs, qui vous êtes joints à moi sur le plan énergétique dans ce voyage vers l'abondance.

Je suis aussi infiniment reconnaissante envers les coachs en énergie, les maîtres et les guérisseurs que j'ai la chance d'avoir dans ma vie, en particulier Simone Gers, Erin Chanel, Katherine McIntosh, ainsi que les outils de Access Consciousness®.

À propos de Renee Rose

Renee Rose est autrice de romance à succès, citée 15 fois sur la liste de *USA Today*. Sa passion consiste à aider d'autres écrivains à trouver leur état d'esprit abondant et à le maintenir pour propulser et créer le meilleur avenir possible. Elle utilise des outils et des techniques énergétiques pour aider ses clients à se débarrasser des résistances et des blocages liés à l'argent, accéder à leur guidance intérieure et puiser dans leur amour et la gratitude pour réaliser leurs rêves.

www.write2riches.com
renee@reneeroseromance.com

www.ingramcontent.com/pod-product-compliance
Lightning Source LLC
Chambersburg PA
CBHW030225100526
44585CB00012BA/213